U0018433

中國歷史穿越指南

逛名城、訪美景，跟歷史人物聊八卦

解愛芹——著

前言

近幾年，穿越小說紅了，穿越劇更是爆紅。不知多少年輕人圍觀著虛構情節裡的俊男美女頻繁穿越，帶著今天的思維，回到昨天的時代。更有甚者，連懵懂無知的少年孩童，都打算放棄學業，叨念著要回清朝做格格……

然而，過去的時代究竟如何，今天嚮往回到過去的人們其實並不了解。

古人擁有怎樣的食衣住行？像今人一樣，開門七件事少不了受到重視，衣裝服飾更是不僅具有功能，更代表了時尚潮流，住房問題和交通問題，更是政府和百姓共同關心的話題。

古人如何交流溝通？和我們的印象不同，那些刻板的文言文，只是紙面上的交流方式，而過去時代的日常生活中，自有著其鮮活的口頭交談語言。其生動性、形象性、有效性、便捷性，絲毫不亞於今天的民間口語。

古人生活在怎樣的城市裡？不要懷疑，那些城市的公共服務體系可能相當完備，甚至一定程度上超過了今天城市的某些特點。古代城市的繁華程度和人性化，更是隨著朝代的演進，而不斷提升進步。

……

除此之外，對嚮往穿越的人更具吸引力的，可能是那些或風雲詭譎，或波瀾壯闊，或浪漫清新，或催人淚下的時代劇本。

在那些逝去的時代中，曾經發生過動人悱惻的愛情故事，也有黯然銷魂的悲劇屢屢上演；政壇上種種你方唱罷我登場的表演尚未過去，民間故事中不同版本的名人八卦就已經開始傳播；有過對外對內的金戈鐵馬，也有過和平繁榮的貿易交往。帝王將相、英雄美人層出不窮，共同構成了整部中華民族歷史中栩栩如生的群像。有些人物的形象或許不再那麼鮮活，甚至與事實產生差異，

但無論其中正邪善惡，都對今天的人們有著各自不同的影響。

正因為如此，我們嚮往過去，我們也必須回到過去。回到過去不應停留在幻想的層面，更不應該是對現實矛盾的迴避，真正的穿越時空，是為了更好地了解過去，是為了尋找文化傳統的根源，也是重新看待歷史和現代關係的契機。

但是，並非所有人都能找到穿越時空之門。

有人在古裝電視劇中尋求過去，但可惜的是，他們看到更多的是灌水之後的浮誇表演；有人在充滿閱讀趣味的網路小說裡回望過去，但那裡更多的是謬誤和矛盾。

時代需要一本書，能夠引領人們既興致盎然，又正確無誤地走上真正的穿越時空之路，並能夠在欣悅的古代之旅後，帶著相當的文化知識底蘊，重回到今天，得到更多啟發和認識。

這就是本書的意義所在。

閱讀本書，相信讀者看不到那些不可靠的情節、現代思維混入的故事，與總是似曾相識的人物，因為本書所表現的，是來自於真實歷史的一段段精巧故事。這些故事或幽默雋永，或充滿情趣，或發人深省，或令人驚愕，它們展現在時空長廊上，供我們駐足把玩，回味悠長。

閱讀本書，相信讀者並不會走入枯燥無味的學術迷宮，陷入紛紜雜亂的考古學術名詞和氣味陳腐的批註評點內，因為本書所遵循的原則，是幫助讀者在極精簡的內容裡，獲得對每個時代最宏觀而又最具體的認識。這樣的認識過程既嚴肅科學，同時又妙趣橫生。

閱讀本書，猶如閱讀一本穿越時空的旅行指導手冊。讀者既能夠獲得應有的穿越時空樂趣，又能夠以此手冊為指點，進一步深入地了解每個獨特的朝代，探訪自己最愛的時空、環境和人物，於滄海之大的中國歷史中，尋覓屬於

自己的鍾情一粟。

　　穿越時空不是奢望，當讀者打開本書，便將告別資訊時代，走進另一個世界。

　　穿越時空不是空想，當讀者闔上本書，將會發現，活在當下，的確應該有著更為強大的動力、更為優越的自豪感，和更為扎實的責任感。

　　祝選擇了本書的您，穿越時空愉快！

目次

第一章　**回到春秋戰國！**

七日遊推薦行程

第一天 來到驪山腳下，觀看烽火戲諸侯的烏龍大戲。（小提醒：一定要注意安全！）

第二天 來到鎬京，參觀東周都城。在周天子腳下，感受衰落的周王室最後的輝煌。

第三天 前往齊國，參觀戰國時期最大的城市——臨淄。

第四天 拜訪孔子。你最好選擇在孔子老年時再去拜訪，因為這時你能夠看到孔子教授三千弟子時的宏大場面。

第五天 前往越國，拜訪西施。中國古代四大美女之一的西施，生活在苧蘿村，你只要去村子裡的小溪邊，就能在一群浣紗女中找到她。

第六天 前往秦國參觀。如果你對秦國的霸業比較感興趣，可以選擇在商鞅變法時期，或者再晚些時候去。而如果你對八卦比較感興趣，可以選擇在秦穆公時期去——你可以見證穆公女兒弄玉與蕭史的愛情。

第七天 最後一站，你可以到楚國——這是一個飲食文化比較發達的地方。你可以飽享一頓美食，順便去看看屈原大夫的弟子——美男子宋玉。

行前須知

東周（770 BC-256 BC），是周王朝分崩離析、苟延殘喘的後半段，即自周王室遷都雒邑到其徹底滅亡的這段時間。東周的君王，名義上是天下共主，實際上他們並沒有實權。實權在各個諸侯的手中。

在東周的前半段時間裡，諸侯們的爭霸持續了兩百年，被稱作「春秋時代」。之所以被冠上這個名字，是因為在這段時期裡，大名鼎鼎的孔子，修訂了《春秋》。在春秋時，共有一百四十多個諸侯國。諸侯國之間戰爭不斷，靠拳頭說話，先後出現了五個霸王，人們稱之為「春秋五霸」。他們分別是：齊桓公、宋襄公、秦穆公、晉文公和楚莊王。「臥薪嘗膽」的越王勾踐，也是春秋時期的一方諸侯。

從西元前 475 年開始直到西元前 221 年，即東周的後半段，則被稱作「戰國時期」。之所以有這個名字，也是與一部書有關。這部書是西漢劉向所編纂的《戰國策》——它專門記錄這段時期的歷史故事。在戰國時期，主要的諸侯國一共有七個，被稱為「戰國七雄」，分別是：齊、楚、燕、秦、趙、魏、韓。戰國時期，諸侯國中的卿大夫們的勢力逐漸強大，甚至將諸侯國瓜分。

在一共長達五百多年的混亂之後，直到西元前 256 年，周王室終於滅亡。秦人鑄九鼎，伐天下，在西元前 221 年，滅掉了戰國七雄中的另外六個，統一天下，結束了這五百多年的戰亂。

背景知識

權力逆襲，誰是真的老大？

　　春秋時期，周惠王的兒子帶，從小就受到父母的恩寵，反觀太子鄭，卻不怎麼受喜愛。於是，太子非常忌憚這位弟弟。在周惠王去世之後，太子鄭便祕密尋求到了齊桓公等諸侯的支持，登上王位，即周襄王。然而，王子帶對哥哥的行為非常不滿，便召集附近的少數民族一起攻打自己的哥哥。雖然，這第一次「謀反」失敗了，但王子帶仍然不斷地密謀篡位。數年後，王子帶終於成功打敗了自己的哥哥。如同喪家之犬的周襄王逃到鄭國，求助於魯、晉、秦等諸侯。在諸侯們的幫助下，周襄王終於重回王位，殺死自己的弟弟。

　　怎樣？看了這個故事之後，你是否覺得，周襄王也太憋屈了呢？從他登上王位，到後來重返王位，一直都靠著諸侯們的力量，才能成功。這可太不像一個帝王了！實際上，東周的每一個帝王，幾乎都和周襄王一樣憋屈。再舉一個例子，東周第一代王周平王，窮得叮噹響，死的時候沒錢安葬，只好向魯國借錢。王做到這分上，真是夠辛苦！

　　西周時期，周王身為「天下宗主」，頗有權威。在其統治之下，諸侯之間是不可以互相攻伐的。然而，到了東周之後，這種情形發生逆轉。王室衰微的東周自開始到滅亡，一共經歷了五百多年，分為「春秋」與「戰國」兩個時期。在「春秋時期」，天下權力的中心已被諸侯們從周天子手中奪走。而到了戰國時期，諸侯也不能徹底說了算了——平民布衣與卿大夫們的崛起，又從權力的大鍋中分走了一杯羹。

分封制，讓一部分諸侯先強大起來

從前，有一位葉公，他非常喜歡龍。他的衣衫飾品上都是龍的圖案，居住的房子裡也都雕刻著龍。天上的龍知道這件事之後，非常感動，想去見一見這位超級粉絲。於是龍來到人間，將頭伸進窗子，尾巴擺進堂屋。誰知葉公看了之後，非常恐懼，嚇得失魂落魄而逃。

這個故事，你也許聽過。但是你可能不知道，雖然它是個近乎神話的故事，但其中的主角——葉公，卻是歷史上真實存在的人。葉公，是春秋時期楚國的貴族，名叫子高。因為被封在了葉，所以被稱作葉公。

那麼，這個分封，到底是怎麼一回事呢？

分封制，即周天子將土地分封給有功的臣子、貴族、王室成員。有封地的人，都被稱作「諸侯王」或者「國君」。而這些諸侯，又將他們的土地分封給卿大夫，卿大夫再分封給平民。這由上而下的等級，非常森嚴。

原本，為了維護統治，諸侯是必須服從周天子的。他們的義務，是為周天子守土開疆，繳納賦稅。可惜的是，在東周時期，周天子式微，諸侯們都不大聽話了，爭來搶去，周天子只能乾著急。不過，這種分封制度並沒有隨之廢除。一直到了秦始皇統一天下才廢除了分封制，將其改為郡縣制。

用今天的話來說，分封制下，各諸侯國是自負盈虧的，誰能掙錢、掙地盤，誰家就日子愈過愈好，甚至也不把周天子放在眼裡。結果就是：一部分諸侯國先強大起來，吞併了其他弱國。

大國吃小國，小國吃小小國

春秋時期，按霸主的規定，各諸侯要三年一貢，五年一獻，貢獻一次，要用一百輛貨車，一千人護送。到了霸主國，這些人只能住在破爛的客棧裡，並且要送給霸主的紅人一點好處，才能見到霸主。如果有哪個國家不納貢，那將

受到可怕的討伐。被討伐的國家，井被填塞，樹被砍斷，麥苗被收割，車馬被掠奪，人民不分男女老少，逃不脫的都要當俘虜。男子做各種奴隸，女子年輕的做丫鬟侍妾，一般的就做搗米釀酒的工奴。

　　大國掠奪小國，小國欺軟怕硬，只得去掠奪比自己更小的國家，而小小國則去掠奪「小小小國」。比如晉國剝削魯國，魯國就去欺負比他小的邾國（山東鄒縣）。西元前 524 年，邾人在山東費縣那裡修築城池，回來經過魯地，猛不防被魯兵包圍，很多邾人當了俘虜。邾國不敢向魯國復仇，只好欺負比它還小的鄅國（山東臨沂）。西元前 520 年，鄅國國君到田地裡去督耕，邾人就乘機襲擊鄅國，連鄅國國君的老婆都搶走了。鄅國國君說，我無家可歸了。然後他就跑到邾國去當俘虜，這樣，就能和老婆生活在一起了。

井田制，八個養一個

　　商鞅早年在魏國上班，他的上頭是宰相公孫痤。公孫痤非常看重他。但還來不及向魏國國君推薦他，公孫痤就患上重病，將要死了。魏國國君來探望，於是公孫痤就將商鞅推薦給他。誰知魏國國君卻認為，商鞅既年輕又沒名氣，當不得重用。於是公孫痤就說：「如果您不能用他的話，就馬上將他殺了，不要讓他為其他國家效力。」國君覺得公孫痤可能是病糊塗了，便離開。

　　這時候，公孫痤叫來商鞅，說：「身為國家的宰相，我必須先為國家考慮。所以我先勸國君重用你，看他不信任你，便又勸他殺了你。但我們私交不錯，所以，你現在快逃吧！」商鞅卻說：「沒關係。既然國君不能聽你的話重用我，又怎麼會聽你的話殺了我呢？」果然，魏國國君沒有殺掉商鞅。後來，「潛力股」商鞅到了秦國，一翻身變成超級「績優股」，施行偉大的「商鞅變法」，促進了秦國的強大。

　　商鞅變法中，有一項就是廢除井田制。

井田制，是西周時開始實行的一種土地制度。那時，道路與水溝縱橫，將土地分成一個個方塊，看起來很像「井」字，於是叫作「井田」。「井田」當然是屬於周天子的，不過周天子將這些井田分給平民種植。他們不能買賣和轉讓井田，而且需要繳稅。

　　每一井，一共被分作了九個方塊——即九田。周邊的八田，分屬於八戶平民，叫作私田，出產的作物歸種植者自己，只是要繳稅。而中間的一田，則是公田，由八戶共同耕種，其收入全部歸公。也就是說，農民們種自家田的時候，還要給公家種田，不過好在負擔也不重，八戶人家養一戶「公務員」還算可以。

　　這種制度，直到春秋末期，因鐵器的盛行而提高生產力之後，才漸漸瓦解。

宗法制，古人怎麼分家產

　　齊桓公在當上國君之前，我們稱他公子小白。他和弟弟公子糾都在國外避難——因為他們的哥哥，齊襄公，是個非常殘暴的人。某日，齊國國內發生政變，齊襄公被殺死了。於是，公子小白與公子糾都急著趕回國，因為誰先回國，誰就能當上國君。當時，身為公子糾手下的管仲，為了幫助自己的主人，射了小白一箭。但最終，小白並沒有死，還當上齊國國君，成了齊桓公。

　　齊桓公的手下鮑叔牙向他推薦管仲，說這個人能力超群，可以為相。齊桓公斟酌再三，決定不計較從前的一箭之仇，重用管仲。在管仲的盡心輔佐下，最後齊桓公成為了春秋五霸之首。

　　齊桓公有度量，有才能。但之前，為什麼是他殘暴的哥哥做了國君？原因很簡單——因為他的哥哥，是嫡長子。嫡長子繼位，才是合乎宗法制的規矩的。

　　舉例說明，假設一個國君有三個老婆，正妻、小二、小三，都為他生了兩個兒子（女兒沒有繼承權，不參與分家產），那麼這些兒子在繼承家產上的優先順序是不一樣的。第一，只有正妻所生的兒子可以接班做國君，這叫嫡子繼

17

x

位，小二、小三生的兒子只能一邊喝湯去；第二，嫡子的優先順序是按年齡來，哥哥當國君，弟弟就只能看著，這就叫嫡長子繼位。

國與野，地域歧視任何時代都有

東周時期，天子力量弱小。為什麼呢？一切要從西周時的周厲王時代說起——從那時候開始，周王室就開始走下坡路了。周厲王是個非常殘暴的君王。為了鎮壓人民，他採用了非常嚴酷的刑罰。人們都對他怨聲載道。為了阻止人們議論，周厲王便下令，國人不許批評朝政，如果被發現，就要受刑。這麼一來，國人們真的不敢再公然議論朝政了。他們在路上遇到熟人，也不敢打招呼，只能互相打個眼色，就離開了。正是這種嚴酷的統治，將周王室推向了衰敗。

那麼，上文所提到的「國人」，是指國家的所有民眾嗎？其實不是的。國人，只是國民中的一部分地位較高者而已。

春秋時期，在王國或諸侯國裡，分為國與野兩個部分。所謂國，是指都城與其附近的地方。這些地方，是由君主直接統治。在這裡居住的人，叫作國人。國人地位頗高，可以入仕，但需要服兵役。他們是國家的主體力量，所以君主和貴族們會禮遇國人。

而野，則是指邊境地方。這些地方，一般是被分封給卿大夫的。野中居住的人叫作野人或者庶人。野人的地位不高，不過不用服兵役。但有一點需要注意的是，野人地位雖然低，但他們仍然是身分自由的平民。

世卿，專業經理人的兒子還是專業經理人……

神童甘羅，本是秦國左丞相甘茂的孫子。甘羅小小年紀，就投奔到權臣呂不韋的門下，做了他的才客。那時候，甘羅才十二歲。

恰逢秦國試圖聯合燕國攻打趙國，呂不韋便想派出大臣張唐做使者。但張唐卻不肯去，這讓呂不韋非常煩惱。這時候，甘羅就自告奮勇，說自己可以勸說張唐就任。呂不韋認為他年紀太小，不堪重任。誰知甘羅卻說：「項橐七歲就能做孔子的老師，我已經十二歲了，怎麼不能去試一試呢？」於是呂不韋答應了他的要求。

甘羅來到張唐的住處，說：「武安君白起，當年因不服從應侯范雎的命令攻趙，而被趕出咸陽，最終死在杜郵。如今呂不韋丞相的勢力，比當年的應侯大得多。你違抗他的命令，是不想活了嗎？」這一席話讓張唐毛骨悚然，他立即答應出使燕國。

這還不算完。甘羅又親自去了趙國，對趙王說：「秦燕共同謀事，不過是為了占據趙國的河間地方。如果您願意割讓河間的五座城池給大秦，我就可以勸秦王放棄與燕國結盟。那時候，您可以去攻打燕國，而我們絕對不干涉！這麼一來，您一定能從燕國手中得到超過五座城池的利益呀。」趙王答應了甘羅的要求，割讓了五座城池給秦國。

秦國毫不費力地得到了五座城池，這讓秦王非常高興，便封十二歲的甘羅做上卿。

什麼是上卿呢？這要從東周的官制說起。

王室或者諸侯國中，輔佐主上的重要職位是卿。卿是大夫中能夠主持國政的位高權重者。而在戰爭時期，卿則可以充當將軍或統帥。放在今天，就是專業經理人，你替公司賺再怎麼多的錢，也不是你的；但如果做得好，權力很大，好處也很多。

當然，如果你想要當卿，並不容易。因為，這個重要的職位，一般都是世襲制的。所以，卿又被稱作「世卿」。

不過，這種世代罔替的官制，在戰國初期有了一些改變。此時，一些強大的卿取代了國君，成為諸侯。這麼一來，卿的家臣與主人之間原來相對自由的

從屬關係，就成了新官制的基礎——中央集權官僚制度，就這樣萌芽了。

奴隸制，養奴隸不流行啦！

百里奚是個有才能的人，他本來是虞國的大夫。但虞國被晉國滅掉，百里奚被俘，成了奴隸。不久之後，他作為晉獻公女兒的陪嫁奴隸，隨著結親的隊伍前往秦國。但百里奚不甘心當奴隸，便在半路上逃跑了。倒楣的是，他又被楚國人捉住，無奈只得繼續痛苦的奴隸生涯。這時候，有遠見的秦穆公知道百里奚是個有才能的人，於是用五張羊皮，從楚國人手裡換回了身為奴隸的百里奚，然後不但解除百里奚的奴隸身分，還封他做了大夫。

百里奚可真是太好運了。與他相比，大部分奴隸的命運，都是非常悲慘的。

在以前，中原地區都還處於奴隸制社會的階段。奴隸，是完全被主人所占有的人。他們的社會地位非常低，沒有人身自由，生殺全憑自己的主人。奴隸的來源，大概有下列四種，分別是：戰俘，罪人，被家長賣出或自願賣身者，以及奴隸所生下的子女（那時候不僅有窮二代，還有奴二代）。

不過，這種情況到了春秋戰國時期，已經大大減少。因為鐵器的使用與牛耕的出現，生產力大幅度提高，私田增多。隨著井田制的瓦解，奴隸制也走向了瓦解。

入門指南

春秋戰國時的人怎麼穿？

楚莊王在平息一次叛亂之後，非常高興。他在自己的宮殿裡舉行盛大的慶功宴，君臣一起痛飲。傍晚時，大家還沒盡興，楚莊王便讓人點上蠟燭，大家繼續飲酒狂歡。為了助興，他甚至叫出自己的愛妃許姬給大家敬酒。

貌美的許姬正在給某個臣子敬酒時，一陣風吹過，剛好吹滅了蠟燭。於是，有人趁著酒意，拉住許姬的袖子，想要調戲她。許姬躲開了，並且乘機扯斷了那人帽子上的纓。她偷偷走到楚莊王身邊，請他處罰那個放肆的人。誰知楚莊王聽了許姬的話之後，卻說：「今天宴會大家不要拘束，都把帽纓摘下來吧。」於是群臣都摘下了帽纓，楚莊王也命令人重新點燃蠟燭。

許姬對楚莊王的行為非常不解，楚莊王解釋說：「戰爭獲得勝利，大家開懷暢飲，酒後失禮，情有可原。如果因為這種事殺了功臣，會讓大家寒心的。」這件事就這麼過去了。後來，楚莊王領兵攻打鄭國，誰知遭到了埋伏。危急時刻，他手下一個叫作唐狡的副將單槍匹馬救出了楚莊王。當楚莊王打算重賞他時，他說：「當時被許姬扯下帽纓的，正是在下。大王當年寬宏大量放過了臣子，臣子當然要捨身相報。」

聽完這個故事，你是否會疑惑：春秋戰國時期的士人，都會戴著有纓的帽子嗎？這就要來說說當時服飾的特點了。

東周時期，人們的服飾與商代的服飾差別不大，只是比商代時的更加寬鬆。東周服裝，衣袖有大小兩種款式，而領子則是矩領。這時的衣服是沒有鈕釦的，人們透過在腰間繫一條帶子來固定衣服。這種腰帶，一般是皮革製作的「革帶」或是絲織的「大帶」。人們穿上這樣的衣服，肩上披一件披肩，繫上

腰帶，再在腰帶右邊掛上玉佩，這一身，就是東周士人的標準服裝啦。哦，對了，千萬別忘了，再戴上一頂有纓的帽子。這種帽子的兩側都有組纓，人們戴上時，便將這纓子繫在下頷，以便固定。

當然，平民的服裝，與士人是不相同的。值得一提的是，戰國時期，胡服先是流行於軍中，此後又快速在平民中盛行。這種胡服包括短衣、長褲和皮靴。其中，短衣瘦窄，穿著時，勞動起來非常方便。

不過，這種胡服雖然在平民中流行，但第一個穿上它的，可是趙武靈王。

「避諱」的由來

「避諱」始於春秋戰國。「諱」是指帝王、聖人或尊長的名字。避諱就是人們平時用到與這類人物名字相同的字時，必須設法避開或改寫。避諱，有國諱、家諱、聖諱三種。國諱，主要避帝王本人和其父祖的名諱，如果皇帝的名字是個常見的字，那就麻煩了，所以後來的皇帝都注意到這點，在取名時盡可能找一些生僻的字，或者造一個新字，並盡量取單名。家諱，是指親屬之間晚輩要避長輩的諱，但是外人也需要尊重別人的家諱，顯現了過去的倫理道德。聖諱，主要是過去中央政府對一些歷史上的名人所訂出的規定。像周公、孔子、孟子等人，他們名字中的用字，在其他場合或書寫中要避開。如何避諱呢？有三種方法。第一種是改字法，比如李世民，為了避「世民」諱，當時的人就將「世」改為「代」。柳宗元的《捕蛇者說》把「民風」寫成「人風」，就是為了避李世民的諱。第二種方法是空字法，就是把應避諱的字空下不寫，比如隋朝末年有個大軍閥叫王世充，唐朝人寫書要提到他時，為了避李世民的諱，就寫成了「王充」。

第三種方法是缺筆法，即不寫所避之字的最後一筆或中間一筆。在宋刻古籍中，「缺筆」的情況很多。如宋高宗趙構紹興八年版《世說新語》，即用缺

筆法避宋家帝王諱。遇「弘殷」、「匡胤」等字皆缺末筆。

避諱制度起源於周代，到秦代時，避諱的辦法才初步確立。宋代是避諱最嚴謹的一個朝代。這是一種讓讀書人膽戰心驚的法律，稍不留意，就有掉腦袋的危險。

東周國和西周國

東周分為春秋和戰國。東周是個朝代名，但是東周時代的確有東周國和西周國。西周國是戰國初年，周考王（440 BC-426 BC 在位）分封其弟於河南（河南洛陽市西），稱西周桓公，是一個綠豆般小的國家，西元前 256 年被秦所滅。而東周國比綠豆還小，簡直就是芝麻。西元前 367 年，西周國周威公去世，兩個兒子公子根和公子朝爭立，發生內亂。後來，韓國和趙國幫助公子根在鞏（河南鞏縣西南）獨立，稱東周國。西元前 249 年被秦所滅。

管仲的外貿戰爭

管仲是齊桓公的宰相，有經天緯地之才。特別是很有經濟頭腦，讓人歎為觀止。當時，齊國的近鄰是魯國，也很強大，管仲就採用經濟手段讓它俯首。魯國的紡織技術發達，織出的縞又薄又細，天下聞名。管仲就讓齊王穿魯縞做的衣服，同時鼓勵齊國人都穿魯縞，鼓勵商人大量進口魯縞。魯國人看織縞有利可圖，慢慢發展其成為主要產業，田地種桑養蠶，大量的農人從事魯縞的生產，農業生產就荒廢起來。管仲看著時機成熟，讓齊王一聲令下，禁止齊國人穿魯縞。這樣一來，魯國經濟大壞，出口拉動型經濟一落千丈，糧價大漲，魯國迫於經濟崩潰，不戰而屈於齊國。

好鶴亡國

衛懿公是衛惠公的兒子、衛宣公的孫子。這祖孫三代各有特色：衛宣公好色，衛惠公奸詐，衛懿公有所不同，他的愛好比較高雅，他喜歡的是——仙鶴。所以特意制定了下列法律：

一，凡是進獻仙鶴的人，都可以得到賞賜。

二，根據仙鶴的品種、毛色，甚或是走路的優雅程度，逐一給牠們封爵。

三，要用最好的飼料餵養，否則，餵養仙鶴的人就要受到處罰。

如此一來，衛懿公出巡時就特別熱鬧，那些仙鶴分班侍從，依照品第，乘載於華麗車中。衛國平白增加了成百上千的「官」，衛國的老百姓就在暗地裡將牠們稱為「鶴將軍」。「鶴將軍」都有各自的服務人員、宅第、俸祿和專車，凡此種種，都需要錢，國庫不夠，衛懿公就下令向百姓強征。

不久，北邊的少數民族北狄攻打衛國。衛懿公召集百姓當兵保家衛國。百姓們譏笑他：「不如讓你的鶴將軍們去打仗吧。」

就這樣，沒有防禦的衛國被北狄滅了。這就是衛懿公好鶴亡國的故事。

奇特的動物保護法案

秦國後期，有一條法律讓人奇怪：不許在大路上撒灰燼，違者處斬。原來秦國為了向六國開戰，在城裡養了很多母馬，為的就是生小馬，將來成為戰馬。小馬最怕的就是灰燼，一旦沾上，就會死掉。所以，就有了這樣一條奇特的法律。

社會風俗與文化

◆三月三，單身男女的相親會

溱水與洧水向東方緩慢地流淌，三月的春水，澄澈而浩大。許多少年與少女手中握著祈求吉祥的蘭草，一起來到這河邊春遊。

一個少女說：「我們去看看河水吧！」與她同行的少年回答道：「已經看過了呀。」少女嬌嗔道：「再去看看嘛！河水那麼清澈，那麼漂亮！」少年點點頭，兩人便一起沿河行走。他們臉上帶著羞怯的笑意，非常開心。最後，要分別時，他們互相贈送芍藥，以表達心中的愛意。

這一幕，看起來怎麼也不像發生在保守的古代吧？實際上，這正是《詩經》中描述的情景。

農曆三月三，相傳是伏羲氏與女媧氏交合的日子。這一天，被稱作「上巳節」，又稱「女兒節」。在這一天，春秋戰國時代的人們不但要祭祀神靈，祈求獲得更多的子嗣，還會進行愉快的約會。

在《周禮》中就有這樣的記載：「仲春之月，令會男女，於是時也，奔者不禁。」在這一天，未婚的青年男女們可以穿上好看的服裝，邀約一同外出遊樂。這可是世界上最早的提倡自由戀愛的節日了！

有趣的是，這些青年男女，如果能夠約會成功，甚至可能會被國家賜予土地；而拒絕外出約會的年輕人，則會受到懲罰。

◆遊俠兒，活在武俠世界的人

韓國的大夫嚴仲子和相國韓傀有仇，他害怕被韓傀迫害，就逃亡了。此後，嚴仲子找到了勇士聶政，真心與他結交，並且花重金聘請他幫忙殺掉韓傀。這個聶政本來也是韓國人，但他為了躲避仇家，帶著母親與姊姊逃到齊國。他得

到嚴仲子的禮遇，十分感動。但奈何老母尚在，因此拒絕嚴仲子的聘請。

一段日子之後，聶政的老母親過世。聶政便去見嚴仲子，說自己可以幫他報仇了。聶政獨自一人，帶著劍來到韓傀的府邸。他穿過森嚴的警衛，斬殺了數十人，來到韓傀面前殺了他。之後，聶政毀壞自己的面目，剖腹而死。

聶政堪稱是一位快意恩仇的俠士。實際上，在春秋戰國時期，像他這樣為知己者死的遊俠並不少。比如，荊軻、專諸都屬於此類。

也許，你也曾為武俠小說中的描寫而感到熱血沸騰。但你是否知道，這種俠客文化是在春秋時期就興起了？春秋時期因為連年戰亂，弱肉強食的叢林法則被表現得淋漓盡致。在這種情況之下，為了自保，武力就變得格外重要了。於是，俠客階層，應運而生。

他們或自由行走於各國之間，或成為某些上位者的門客。但不論他們做出怎樣的選擇，他們都恪守著一些規則：不貪財，不守法，不妄殺，施恩不圖報。他們是游離於禮法之外的存在，他們也是禮樂崩壞之後，正義的最後象徵。

◆百家爭鳴，愛思考、愛辯論、愛談國事的那些人

公輸班給楚國製造雲梯，用以攻打宋國。這個消息被墨子得知了，他便親自前往郢都去見公輸班。墨子對公輸班說：「北方有人欺負我，我願意給您十金，請您幫我殺了他。」公輸班說：「我是個有道義的人，不能無故殺人。」

墨子便說：「但您為楚國造了雲梯，以攻打宋國。宋國的百姓，都是無辜的啊。您幫助楚國人殺害他們，怎麼能算講道義的人？」

公輸班無言以對，便推託說，楚王已經決定攻宋，他自己是無法阻止這件事的。於是，墨子又去見了楚王。

墨子對楚王說：「您國家的一切，都比宋國的好。你守著這樣富饒的國家，卻去攻打貧瘠的宋國，這種行為太不合理了啊。」

楚王說：「你說得有道理，但雲梯已經造好，我是一定要打下宋國的。」

墨子便向公輸班演示了自己準備的守城招數，公輸班果然無法獲勝。於是，他想要殺掉墨子。但墨子說：「我有三百個學生，他們帶著我的守城絕招，在宋國等著您的進攻。您即便殺了我，也無法攻下宋國的城池。」

楚王無奈之下，只有放棄了攻宋。

墨子，是墨家學派的創始人。他以兼愛非攻為思想，教化了許多人。實際上，在春秋戰國時期，如雨後春筍般地出現了許多不同的學派。他們提出了各種新興思想，並讓這些思想相互碰撞，產生了百家爭鳴的局面。戰國時期，主要的思想流派共有十家：儒、墨、道、法、陰陽、名、縱橫、雜、農、小說。他們廣收門徒，大肆宣揚自己的思想，以期流傳。

後來，這些思想流傳下來了──並且在後來的數千年裡，對中國人產生巨大的影響。

實用指南

東周時期的科技有點落後。所以，如果選擇回到這個年代，就一定要帶足裝備。

穿越前的準備

◆藥品

東周時期醫學還不太發達，所以你一定要帶足藥品。不過，你也不必太過擔憂──因為這時候，中醫已經有了一定的發展。你要是得了個傷風感冒什麼

的，去找扁鵲大夫看看，也沒什麼問題的。

◆折疊自行車

回到東周，你是否會擔心出行不方便？畢竟馬車不是那麼好找的，憑兩條腿走路也挺痛苦。也許，你可以帶一輛折疊自行車，還能省省腳力。

不過，據說在東周時期，天才魯班就已經發明了可以載人行走的機動木馬車，甚至還有類似飛機的木鳥。這到底是不是真的呢？你可以去求證一下。如果事實的確如此，你就可以體驗「東周機械化時代」給你帶來的方便了。

帶多少錢去東周

◆經濟狀況

隨著鐵器與耕牛的使用，東周時期的經濟得到了發展，商業也比較繁盛了。在春秋戰國時期，也出現了許多著名商人。比如范蠡，還有孔子的學生子貢，都屬於此類。所以，如果你回到東周，可以帶一些布料之類的玩意兒，跟東周人民交易，換一兩件具有時代意義的青銅器。

◆錢幣

春秋戰國時期，人們用以交易的貨幣，是銅錢（象農具形）與銅刀（象刀形）。但是，根據《左傳》的記載，上位者常常使用玉璧、絲帛等貴重物品來相互交易。而民間的交易，似乎也都更喜歡用粟米布料等物品來交換，錢幣很少被使用。不過，到東周末年，金（銅）製作的錢幣，就開始被大量使用了。在《墨子》中，就記載了人民守城有功勞，上位者賞賜給女子五千錢，老人與兒童一千錢的情形。

如果你回到春秋戰國想要混得好些，一定要多帶些實惠的東西！比如玉璧或絲帛，這些東西，終究才是「穩固的通貨」。

最佳穿越時間點

東周時期連年戰爭。如果你想要回到東周，那可得好好估量一番了！

◆推薦時間：西元前 770 年

安全指數：★★　新鮮指數：★★★

前一年，周幽王被犬戎殺於驪山下，太子宜臼繼位，即周平王。今年，周平王見都城鎬京城破敗，便遷都到雒邑（即河南洛陽）。在這之後，周王朝就被稱為「東周」，春秋戰國時代自此開始。

大事：周幽王的寵姬褒姒容貌絕美，但她卻不喜歡笑。這可急壞了周幽王！他絞盡腦汁，想盡一切辦法要博得美人一笑。但不論周幽王使出什麼法子，美人都板著臉。周幽王愁眉不展之時，有人獻上一計，他想了想，覺得或許有用，便採納了。

周幽王帶著褒姒，來到烽火臺。他點燃烽火，沒過多久，就見諸侯們帶著大軍來了。原來，諸侯們看到烽火燃起，以為是外敵來犯，紛紛前來相救。誰知周幽王卻耍了他們！看到諸侯們苦著臉，褒姒開懷大笑了起來。周幽王嘗到了甜頭，之後連續三次烽火戲諸侯，這讓他失去了諸侯們的信任。後來，犬戎入侵周朝，再無諸侯來相救，於是周幽王就被殺死在驪山下。

◆推薦時間：西元前 **656** 年

安全指數：★★　新鮮指數：★★★

　　齊桓公聯合數國攻楚國。這場戰爭中，齊國打著「尊王攘夷」的旗號，名利雙收，達到了霸業之巔峰。在召陵會盟裡，周天子承認了齊桓公的霸主之位。

　　大事：同年，在晉國也發生了一件大事。晉獻公想要立驪姬的兒子為君，驪姬誣陷太子圖謀毒殺她的父親，太子被逼自縊而死，晉獻公的次子重耳逃亡到蒲邑。歷史上將這件事稱為「驪姬之亂」。重耳在外流亡了整整十九年。之後，他在秦國的幫助下，回到晉國，登上王位，史稱晉文公，也是春秋五霸之一。

◆推薦時間：西元前 **551** 年

安全指數：★★★★　新鮮指數：★★

　　是年，孔子出生。

　　趣事：孔子的父親叫作叔梁紇，他已有九個女兒了，可是一直沒有兒子。於是，他娶了個小妾，生了個兒子。誰知這個孩子腿部有些殘疾，叔梁紇非常沮喪，只好又娶了顏徵在。那時，叔梁紇已經六十六歲了，顏徵在還不到二十歲！很快，顏徵在就生下了一個兒子。這個孩子，名丘，字仲尼，也就是孔子。

◆推薦時間：西元前 **473** 年

安全指數：★★　新鮮指數：★★

　　是年，越王勾踐親自帶兵攻吳。已是強弩之末的吳國，無力抵擋。吳王夫差只能看著越人勢如破竹，滅掉了自己的國家。走投無路的夫差，唯有拔劍自刎了。

大事：吳國大夫伍子胥，能力出眾。在他的幫助下，吳國成為諸侯中強大的一員。然而，西元前 483 年，在伍子胥出使齊國時，夫差聽信讒言，以為這位忠臣串通齊國反吳，便令人送了一把劍給伍子胥，讓他自裁。伍子胥為吳國奉獻良多，最後卻落得如此下場，非常不甘。自殺前，他對自己的門客說：「我死了之後，把我的眼睛挖出來放在東門上。我要親眼看著吳國滅亡。」果然，九年後吳國滅國。不知夫差自殺前，是否對伍子胥感到愧疚呢？

◆推薦時間：西元前 356 年

安全指數：★★★★　新鮮指數：★★

是年，秦孝公起用商鞅，開始了鼎鼎有名的「商鞅變法」。這次變法，廢除了井田制，承認土地私有；廢除貴族的特權；建立縣制。在商鞅的鐵腕變法下，秦國走上了稱霸之路。

雖然商鞅變法使秦國變得強大，但這次變法，終究還是觸犯了貴族的利益。在變法十八年之後，秦孝公去世。貴族們挑唆秦惠王以謀反的罪名逮捕商鞅。商鞅得知消息之後，慌忙逃跑。夜裡，他想要在一家旅店投宿，但店家卻說：「商鞅定下法令，留宿沒有憑證的人，是要受處罰的。」可憐的商鞅只好投奔他國。但其他國家都受過秦國的攻打，怎麼肯願意收留商鞅？最後，商鞅被殺於澠池，屍體被車裂。

◆推薦時間：西元前 279 年

安全指數：★★　新鮮指數：★★★

是年，秦昭王試圖與趙國講和，以圖共同攻楚。雙方相約會於澠池。趙王在廉頗與藺相如的建議之下，帶著藺相如，前赴秦國居心不良的約。

秦國強大，趙國弱小。兩國君王會面時，趙惠王十分膽怯，而秦昭王則十

分囂張。在宴會上，秦昭王侮辱趙惠王，說：「聽說你喜歡鼓瑟，我這有瑟，你來一曲助助興吧。」趙王不敢推辭，只好答應了。這時，秦國御史記錄道：「秦王命趙王鼓瑟。」藺相如非常不爽，便對秦王說：「趙王聽說秦王能擊缶，這有個缶，您也敲幾聲，讓大家樂一樂？」秦王大怒，但藺相如說：「我離大王只有五步，您要是不答應，我拚了命也要濺您一身血！」秦王無奈之下，只好勉強敲了一下。藺相如便讓趙國御史記錄：「趙王命秦王擊缶。」秦國臣子說：「請趙王獻給秦王十五座城做禮物。」藺相如便答道：「請秦王把都城咸陽獻給趙王做禮物吧。」

直到宴席結束，在藺相如的機智應對下，趙國始終沒有落得下風。

◆**推薦時間：西元前 256 年**

安全指數：★★　新鮮指數：★★★★

在這一年，秦昭王打敗了周赧王與六國諸侯的聯軍，正式滅掉了東周。

大事：西元前 256 年，沛豐邑中陽里，一個叫作劉湍的樸實平民，聽到產房中傳來一聲嬰兒的啼哭。這是他的第三個兒子。在中陽里，這個孩子的降生並沒有給大家帶來什麼不同。但這個尚在襁褓中的嬰兒，註定是一個不平凡的人——因為劉湍給這個兒子取名叫作劉邦。

最該去的地方

◆雒邑

雒邑，即現在的洛陽。它在周朝剛剛建立時，就已經建好了。後來，周平王將都城從鎬京遷到洛邑。洛邑南鄰洛水，西跨瀍水，呈方形。這座城池的城牆非常堅實，厚度達十公尺。整座城的面積大概有十平方公里，是漢朝洛陽城

面積的四倍。

◆邯鄲

　　邯鄲西依太行山脈，東接華北平原，曾經是趙國的都城。

　　邯鄲城內面積共有五百多萬平方公尺，由「趙王城」與「大北城」共同構成。「趙王城」裡，集中了宮殿、社稷、廟宇，是趙國貴族與士大夫進行政治活動的地方。而「大北城」中則都是集市、手工作坊等，是經濟活動中心。

　　在東周時期，邯鄲可說是一座走在「時尚」尖端的大城市。生活在邯鄲的人，都非常有優越感，他們的一舉一動，也常常為他人所模仿。曾經有一個燕國人不辭辛苦來到邯鄲學邯鄲人走路。但這個人不僅沒有學會邯鄲人走路，反而把自己原來的走路方法也給忘了，最後只好一步一步爬回了燕國。邯鄲學步的故事，證明了那時的邯鄲，無論是經濟還是文化可都是走在了時代最前面呢！

◆臨淄

　　齊國國都臨淄城位於現代山東臨淄城北邊，它是戰國時期規模最大、最繁華的城市。城中居住的人口，竟然高達三十萬！《晏子春秋》是這樣形容的：臨淄真是個大城市呀！人們的衣袖展起來能遮蔽太陽，每人揮一把汗就像下雨一樣，逛街的群眾肩擦著肩、腳擠著腳（「臨淄三百閭，張袂成陰，揮汗成雨，比肩繼踵而在……」）。

　　臨淄由大城和小城構成。大城面積約六十平方公里。在大城裡，分布著軍隊駐紮地、集市與平民居住地。而小城，則位於大城的西南角，是貴族與國君生活的地方。

　　在臨淄城中，已經有了簡單的商業街道形成。而且，城中的排水設施也修

建得非常先進。

找誰簽名

　　穿越時空的最大樂趣就是讓你和所謂「名人故居遊」說再見，因為你可以在旅途中看到活生生的「歷史」人物。在東周，如果時間和條件允許，不妨在行程安排中選擇拜訪下列人物。

◆孔子

　　孔子（551 BC-479 BC），名丘，字仲尼。先祖是宋國貴族，後來遷往魯國。孔子被人們譽為「天縱之聖」。他不但修《詩》、《書》，訂《禮》、《樂》，序《周易》，撰《春秋》，更整合華夏上古文化與思想，提倡仁愛，創立了儒家學派。

　　相傳他有弟子三千，其中賢者七十二，令人咋舌。實際上，後世受他影響的人，何止三千？中國歷史數千年，都是在儒家思想的指導下延續的。甚至亞洲的其他國家，如日本與韓國，也都深受儒家思想的影響。你要是回到東周，這麼一個偉人，是非得要見的。你行走諸國之間，要是在路邊看到一個乘坐牛車的老人和一些溫文爾雅的年輕人，那也許就是孔子與他的弟子們了。

◆老子

　　老子（約571 BC-471 BC），本名李耳，楚國人。他本是周王室守藏室之官，相當於現代的國家圖書館管理員。因多年與書本打交道，使他腦中萌發出耀眼的智慧。老子主張「無為」，以「道」解釋世間萬物的規律。他創立了道家思想，並被當作道教的始祖。在他為官期間，曾接待過前來拜訪的孔子——孔子

對他非常佩服。西元前 516 年，周王室發生內亂時，老子辭官而去，騎著青牛出函谷關，西遊秦國。如果你想要見老子一面，記住在這一年去函谷關蹲點守候吧！史載老子出函谷關時，將所著的《道德經》給了守關者關尹。要是你與老子攀攀交情，說不定這部著作就傳給你了呢。

◆西施

西施（生卒不詳），本名夷光，春秋末期生於越國苧蘿村。她本是個浣紗女，但因越王謀復國之計，便將她獻給吳王夫差，令她亂吳宮，以助越國稱霸。西施容貌如花似玉，果然迷倒了夫差。夫差為她建造春宵宮，築大池，又建響屐廊，耗費巨大。最終，在她的迷惑之下，夫差沉迷酒色，走上亡國之路。傳聞說，在吳國滅亡之後，西施與范蠡一同泛舟五湖；但另一種為更多人所接受的說法，則是認為西施隨著吳國的滅亡，被沉入江中溺死。不論結局如何，這位美人的身世，都如煙霧一般縹緲。如果你想見她，那就早些去苧蘿村吧。在那裡，你能看到溪邊那個尚且天真嬌嗔的絕美浣紗女。

◆屈原

屈原（約 340 BC-278 BC），名平，字原，楚國貴族，曾任三閭大夫。他著《離騷》、《九章》、《九歌》、《天問》，其「楚辭」文體與《詩經》裡的《國風》並稱「風騷」。除了文學上的成就，屈原還是個大忠臣。他主張舉賢能，抗秦國。誰知卻被其他貴族排擠，最後被流放到汨羅江畔。在那裡，心如死灰的屈原投江而死。人們為了紀念他，將他投江的那一天定為「端午節」。也許，提到屈原，你會覺得心情沉重。但既然回到東周，為什麼不去見見他呢？在汨羅江邊蕭瑟的風中，請你與這位心懷天下的詩人談一談，解開他沉重的心緒。

◆鬼谷子

　　鬼谷子（生卒不詳），戰國時期魏國人。他隱居於清溪之鬼谷，著《鬼谷子》、《本經陰符七術》。可千萬不要認為他只是一個會談玄的「怪人」，他的本事其實很大——孫臏、龐涓、蘇秦、張儀，都是他的弟子。孫臏與龐涓的鬥智令多少天才黯然失色；蘇秦與張儀合縱連橫，牽扯著戰國時期最強大的勢力。如此看來，身為背後高人的鬼谷子，是否更加高深莫測？如果回到東周，你一定要去清溪鬼谷找找這位高人，問一問他遠離塵囂，又將天下玩弄於股掌間的魄力，到底是從何而來。

特別補充

◆老饕們看過來

　　東周人民的飲食水準到底如何？如果你願意多品嚐些東周美食，一定會得出一個令人驚喜的答案。

　　東周人民的主食一般是蒸煮而成的。蒸的，當然是乾米飯，而煮出來的，當然是粥了。根據粥的稠度與材料的不同，還可分為許多種類。把米加水煮爛了，叫作糜；如果水加少了些，就是粥；要是再濃稠一點，就是饘了。而把糧食與肉或蔬菜一起煮，則叫作羹。

　　再來看看乾飯吧。乾飯的食材，是粟米、麥粒或豆子。有時候，這些食材還可以蒸熟做飯。不過，麥飯和豆飯都比較粗糙，難以下嚥，真正的上位者，喜歡吃的還是粟米飯。

　　除了飯，餅也是主食的一種。因為石磨的發明，人們可以把麥子磨成粉，以製作各種餅——胡餅、炊餅、蒸餅、蠍餅、髓餅、湯餅、金餅。胡餅上加了芝麻，炊餅與饅頭相似，湯餅是放在湯水中煮熟的，而蠍餅，則是用奶和麵作

為材料，油炸而成。如果你喜歡吃雞蛋，也可以在餅中加上一些雞蛋。髓餅的材料是動物骨髓、蜂蜜和麵粉，如果你喜歡吃甜口的，可以試一試。

相對主食來說，東周時期的菜餚，也非常精細。孔子就說過：「食不厭精，膾不厭細。」可見當時的人們，對菜餚的味道是非常重視的。

如果你喜歡吃魯菜的話，可以去齊國。那裡可是魯菜的發源地。如果你喜歡吃蘇州菜，可以去楚國。瀕臨大海、水道縱橫的楚國，氣候適宜，土壤肥沃，堪稱魚米之鄉。在這裡，春有刀鱭，夏有鰣魚，秋有肥鴨，冬有蔬。一年四季，各種食材都非常豐富。這麼一來，楚國人對於食物的要求，相對較高。尤其對於講究的貴族們來說，肉食哪怕只是切割得不精緻，都不會食用；而他們也喜歡自己釀造低度酒，製造肉脯。有趣的是，他們已經知道用生薑去避腥了。

在屈原的《招魂》裡，就有這樣生動的描述：「全家人聚會在一起，享用多種多樣美食。稻米和粟麥做飯，這飯中還摻著黃粱米。五味調和，烹飪菜餚。肥牛的腱子肉，用火煨熟了，非常香。吳式的羹湯，調味非常鮮美。而清燉的甲魚和炮製的羔羊肉，配著鮮榨的甘蔗漿，真是太好吃了。另外，還有醋烹的天鵝，白水煮野鴨子，煎的大雁、烤雞，各種肉食非常豐富。如果想吃甜食，可以選擇裹著蜂蜜的油炸麵食。如果渴了，可以喝冰鎮的蜜酒……」

怎麼樣，你是不是覺得饞涎欲滴，食指大動了呢？

◆**帶把劍作紀念品**

雖然說隨便帶什麼回來都是古董，但此時此刻，還是建議你帶一把劍回來。

由於遊俠文化的興起與冶煉技術的提高，春秋戰國時期出現了許多有名的鑄劍師。他們鑄造的湛盧、泰阿、莫邪、干將、魚腸等名劍，在後世也都享有盛名。

這麼說起來，回到東周的你，是否想去找那些傳說中的大鑄劍師，求一把寶劍，帶回家紀念呢？

我們來看看，你可以去找哪些鑄劍大師吧。

首先，你可以去找歐冶子。歐冶子是春秋時期越國人。他鑄造了第一把鐵劍——龍淵。另外，「天下第一劍」——湛盧也是他的作品，此劍曾被越王勾踐視為國寶。越國被滅之後，它又被吳國所得。後來某日，吳王忽然發現，劍不見了——它神祕地出現在千里之外的楚昭王的枕邊……時光流逝，後來此劍屢經易主，它的主人，有薛仁貴、岳飛等。實際上，如果你去找歐冶子，還能順便見到干將與莫邪——傳說這兩個人正是歐冶子的女婿與女兒。

另外，你可以找風鬍子。風鬍子是春秋時期的楚國人。他不但是一位有名的鑄劍師，還是一位相劍師。他曾為楚王找來了歐冶子與干將，冶煉了龍淵、泰阿、工布三把寶劍。其實，風鬍子本人鑄劍的技術也不錯，你找他打造一把寶劍，也不是不可行。

最後，再為你推薦一位鑄劍師——徐夫人。你可別因為這個名字，而將這位鑄劍師當作女人了——人家可是堂堂男子漢。徐夫人是戰國時期的趙國人，荊軻刺秦王時用的那把匕首，就是他的作品。徐夫人製作的匕首，鋒利無比，殺人無不立死。向徐夫人求得這麼一件殺人越貨、居家旅行必備之良匕，是個不錯的選擇喔。

第二章　**回到秦漢！**

七日遊推薦行程

第一天 首站選擇秦朝的咸陽。首先拜訪政府機構，辦理合法的入境通行手續。跟隨大臣上朝，感受一下千古第一帝的風采；順便提出參觀秦朝的虎狼之師。但千萬不要在士兵們面前惹是生非，要知道他們是很崇尚斬首的。他斬了你的頭顱，還可以拿去邀功，皇上還會嘉獎他呢。

第二天 想不想聽項羽唱「霸王別姬」？那就到垓下去吧。這是中國歷史上有名的真人演繹的悲劇。非常的悲壯，非常的感人，比現代那些狗血的愛情劇好太多了。

第三天 跟隨衛青、霍去病出征，看看他們是如何像打獵一樣圍捕匈奴。這兩位將軍習慣兜大圈子，迂迴作戰，長途奔襲，所以要做好疲勞準備。然後，繼續向西，跟著張騫出使西域，感受一下異國風情。

第四天 長安城的夜市不能錯過啊。喝過酒、品過茶後，往街上走一遭，說不定會有豔遇喔。當然比較可靠的，就是去拜訪司馬相如，向他討教寫辭作賦的技巧，這個最能哄女生了。

第五天 趙飛燕人長得漂亮，舞也跳得好，不可錯過。但是欣賞歸欣賞，莫要打她的主意，她可是皇帝的寵妃。其實大漢王朝幾百年，美女無數，王昭君就是其中一個。她雖然遠嫁漠北，不過你還是可以穿越時空，去聽她唱一曲《出塞曲》。

第六天 參觀長安城，拜訪真正的思想家董仲舒，向他學習一番，保證對中國古代社會的思想有深刻的認識。

第七天 最後一站當然是洛陽了。這可是世界名都，可以參觀白馬寺，聽大師們講法。去看看蔡倫是怎麼造紙的，還有向華佗老先生討教一些醫術問題。他有一套「五禽戲」，像學生做早操一樣，可以鍛鍊身體，不妨學習學習。

行前須知

從西元前 230 到西元前 221 年，中原大地進行了戰國末期最後一場諸侯兼併戰爭。結果，民風彪悍、軍隊力量強大、來自西陲的秦國笑到了最後。嬴政滅掉六國，結束了春秋以來諸侯割據紛爭的戰亂局面，建立了中國歷史上第一個中央集權的統一國家。

嬴政自認「德兼三皇，功過五帝」，首創「皇帝」的尊號，自稱「始皇帝」。在位期間，他廢除分封制，代以郡縣制；建立自中央直至郡縣的一整套官僚機構。

不過，他的統治充斥著暴政色彩，賦稅繁重，刑罰苛暴。他大興土木，修建宮殿、陵墓和長城。到了他兒子即位時，暴政有過之而無不及，加上佞臣趙高胡作非為，逼得天下民心思變。西元前 209 年，陳勝、吳廣農民大起義。天下大亂，紛紛反秦。

西元前 202 年，在跟項羽爭奪天下中，技高一籌的劉邦勝出，建立漢朝。他在位期間，做了兩件事。一是鼓勵生產，輕徭薄賦以壯國力；二是繼續加強中央集權，剪除地方諸侯勢力。

可惜，他的兒子漢惠帝劉盈性格優柔寡斷，毫無帝王霸氣，始終被母親呂后壓制，從西元前 195 年到前 188 年，僅僅做了七年的皇帝就鬱鬱而終。

女人亂政，由呂后開啟。她極力培植呂家勢力，削除劉家勢力，試圖篡奪劉家天下。齊王劉襄為保劉氏江山，聯合開國老臣周勃、陳平，與大將灌嬰，起兵討伐，平定「諸呂之亂」。

西元前 180 年，漢文帝劉恆陰差陽錯地當上了皇帝。在治理國家上，他很有一套，勵精圖治，繼續強國政策。西元前 157 年，劉景接了父親的位子，是為漢景帝。他希望把天下治理成一個安寧、規範、富足的社會，因而跟父親的溫和做法不同，採取的是比較激烈的手段。他平定七國之亂，打擊豪強勢力，剪除功臣元老，對匈奴也採取時戰時和的政策，同時發展教育，擴大經濟，蓄養馬匹，訓練軍隊，準備戰鬥。史上稱文帝、景帝時期為「文景之治」。

不過景帝的眼光始終有限，對國家的未來沒有長遠計畫，這點他的兒子劉徹就恰好相反。西元前 141 年，中國有史以來最強勢的皇帝即位，是為漢武帝劉徹。他開創了中國古代社會的第一個盛世。他在位期間，「罷黜百家，獨尊儒術」，國力大幅增長，帝國已強大到足以向邊陲地區及亞洲腹地不斷地發動軍事遠征。他開疆拓土，一舉奠定了中國的版圖；他窮兵黷武，北擊匈奴，把威脅漢王朝的匈奴趕到漠北之外。

西元前 87 年，七十歲的漢武帝駕崩。臨死前，他託孤霍光，輔佐年僅七歲的漢昭帝劉弗陵就位。

忠誠的霍光延續了武帝末期「與民休息」的政策，減輕百姓負擔，加強官吏管理。他的舉措，緩解了自漢武帝以來的社會矛盾，扭轉了漢朝頹勢的苗頭。後來劉弗陵病逝，霍光又擁立武帝曾孫劉詢即位。劉詢就是漢宣帝。

劉詢年少時曾因巫蠱之禍流落民間，深知百姓疾苦，因而在位期間，任用賢能，勵精圖治，社會穩定，經濟繁榮，百姓安居樂業。可惜他英年早逝，不然漢朝在他的帶領下，將有一番大作為。不過，此時的漢朝雖然依舊強盛，但已成強弩之末。

從西元前 49 年劉奭即位起，漢朝逐漸走向衰落。劉奭性格軟弱，朝廷政權逐漸落入宦官與外戚手中。

期間又經歷了幾任毫無作為的皇帝，到了西元 8 年，王莽乾脆自立門戶，建立新朝。西漢到此為止。可惜王莽治國不行，政權很快就被推翻了。劉家又重新統治中原。

西元 25 年，漢光武帝劉秀以洛陽為都城，建立東漢。他一統四分五裂的天下，剷除王莽政權勢力，大興儒學，加強中央集權，抑制外戚勢力，使得社會重新歸於安定，史稱「光武中興」。

後繼者漢明帝和漢章帝繼承先祖遺願，依舊促進經濟恢復發展，極力防止外戚和功臣專權，同時北擊匈奴，解除邊境威脅。兩人在位期間，總共三十一年，天下太平，百姓安居樂業，社會一片繁榮景象，史稱「明章之治」。不過，這已是輝煌的漢王朝最後的迴光返照。

從西元 88 年開始，隨著十歲的漢和帝劉肇即位，政權再次落入胡作非為的外戚宦官手中。國家政治日益腐敗，雖然此後的漢帝曾奮起抗爭，無奈積弊過深，皇權、外戚、宦官糾結在一起，利益複雜，所以「革命」竟無一成功。更有甚者，比如漢靈帝，乾脆把朝政大事全部交給宦官打理，使得東漢的統治力像流星般墜落。

西元 184 年爆發的黃巾起義，成為壓垮東漢政權的最後一根稻草。雖然亂事最後仍被平定，可是大勢已去。伴隨著東漢最後一個皇帝漢獻帝落入曹操手中，失去自由，被挾以令天下，東漢政府已經名存實亡。西元 220 年，漢獻帝乾脆就拍拍屁股，把帝位禪讓給了曹丕。至此，漢

朝統治徹底結束。

　　縱觀統治長達四百多年的秦漢王朝，這是中國歷史上第一個大一統的時期，民族融合，雖然重農抑商，但經濟仍大為發展。

　　軍事上，秦漢主要以平定戰國諸侯割據殘餘勢力以及抗擊北方的匈奴、開疆拓土為主。這一時期，由於對土地擁有著強烈的渴望，奠定了今日中國的基本版圖。

　　文化上，天文曆法、算學、醫藥學，均有新突破。尤其是造紙術的發明改進，深深地影響了人類文明的發展進程。佛教此時開始傳入中國，但占據統治地位的依然是儒教。

　　經濟上，處於中原的黃河流域，經濟發展迅速，後來因為戰亂，經濟中心才開始南移。

背景知識

軍功爵制，戰鬥英雄好當官

　　西元前 262 年，秦軍在大將白起的帶領下向趙國進攻。兩軍在長平展開了拉鋸戰。本來趙軍統軍的是名將廉頗，可是趙王中了離間計，臨時更換毫無實戰經驗的趙括統軍。白起欺負趙括只會紙上談兵，於是用計謀把趙軍截為三段，團團圍住。趙括突圍不成，就帶著四十萬士兵投降了。四十萬士兵啊，可不是小數目，相當於把整個趙國的兵力都掏空了。可是白起對投降的軍隊印象非常差，他既不能放虎歸山，又不能收編，於是使詐，把四十萬士兵全部活埋

了，造就了中國戰爭史上最血腥的一幕，也成就了白起「殺神」的稱號。

白起為什麼會如此喪心病狂、泯滅人性呢？這跟秦朝實行的軍功爵制有關。軍功爵制，其實說白了，就是殺人愈多，功勞愈大，政府的賞賜就愈多。當時的秦朝人，想要立功走上仕途，最好的辦法，也是唯一的辦法，就是上戰場殺敵。政府規定，士兵只要斬獲敵人一顆首級，就可以獲得相應的爵位一級、田宅一處和僕人數個。也就是說，戰爭成果跟生活水準是掛鉤的。所以在戰場上經常可以看見士兵腰間掛著鮮血淋漓的頭顱衝鋒陷陣，那種架勢真讓人毛骨悚然。

郡縣制，縣令變大官

秦朝時，有一個叫竇懷的七品縣令，一直以秉公辦案而聞名。可是有一次，他的小舅子在鄰縣始平縣犯下強姦罪。按當時的律令，這是要殺頭的。但是竇懷的老婆卻不答應，非要竇懷去疏通關係。竇懷就想出了一個曲折救人的方法。他送了一份厚禮給武功縣縣令石大耐，石大耐就去跟始平縣的縣令求情，結果竇懷的小舅子只受到了一點皮肉之苦就被放了。

那麼縣令在當時又屬於多大的官職呢？

郡縣制是從秦朝才開始在全國推廣的。郡守相當於如今的省長，而縣令就是一縣之長官，主要掌管本縣的治安、刑訟，還有收繳賦稅等事情。別看小小七品官，這還是由皇帝直接任免的，而且不能世襲。每年都有政績考核，考核不過關的就會被撤職問罪，可見壓力還是挺大的。

焚書坑儒，秦王朝的政治恐怖

秦始皇統一中原以後，開始考慮如何讓他的統治千秋萬載地維持下去。丞相李斯提了一個建議，他說：「春秋戰國之所以亂，那是因為社會上的思想派

系太多了。人的腦子不統一，很容易起紛爭，一起紛爭，就難免有戰爭。如今既然天下已經安定，那麼讀書人就應該安分守己，為了讓他們安分守己，最好的辦法就是把不是秦國的史書全部燒掉，讓他們無書可讀。」

秦始皇覺得很有道理，於是下令焚書。但是那些讀書人就不滿了，在私底下議論秦始皇的不是。李斯就說：「讀書人議論朝政，就是不幹正經事。非得讓他們吃點苦頭才行。」

恰好此時有兩名招搖撞騙、替秦始皇尋找長生不老藥的方士也在散布謠言，說秦始皇濫殺無辜，不配得到仙藥。秦始皇惱怒，下令查辦那些在背後誹謗他的讀書人和方士，一下子就抓了四百六十個方士和儒生。他一不做二不休，在咸陽城外挖了個大坑，把他們全都給活埋了。

秦始皇焚書坑儒，雖然一度加強了思想控制，有利於政權的鞏固，但是卻在社會上引起了深層的動盪不安，使得人心惶惶。而且既毀滅了秦朝以前長期積累起來的文化財富，又殺害了許多精神財富的創造者。

功高震主，皇帝和功臣的戰爭

韓信幫助劉邦打下天下，自以為可以享福了，誰知道劉邦卻對他耿耿於懷，一來因為韓信打仗特別厲害，是軍事天才；二來劉邦曾經深陷困境，但是韓信不但沒有相助，反而趁火打劫，在那時候要劉邦封他為齊王。所以劉邦心裡對韓信非常不滿。

有一天，劉邦把韓信騙來，以有人告發他謀反為由，把他抓住丟進了監獄。韓信就說：「我現在相信『狡兔死，走狗烹；飛鳥盡，良弓藏；敵國破，謀臣亡』的道理了。」不過，劉邦始終沒有抓住韓信謀反的真憑實據，不得已釋放了他，貶他為淮陰侯。從此兩人反目成仇。

本來韓信沒想要謀反的，但是他覺得劉邦做得太過分了，一點兒也不是仁

義君子的行為，所以他心裡就真的有了謀反的想法。誰料他打仗在行，卻不懂得保密，他的心思跟活動都被人舉報了。

這一次是呂后和蕭何出手，仍舊是把韓信騙進宮來。埋伏的武士一擁而上，就把韓信捆綁在地。呂后比劉邦狠多了，根本不審問，二話不說，就腰斬了韓信。可憐韓信死前還嘆息說：「成也蕭何，敗也蕭何！」

韓信貴為開國功臣，想不到竟然淪落到這種地步，可見朝廷內部的鬥爭多麼慘烈，稍不留神，就有可能淪為階下囚，甚至連性命都丟了。他的同事張良比較幸運，功成名就之後就急流勇退，避掉了殺身之禍。

韓信之死不足惜，但「功高震主」、「狡兔死、走狗烹」這種現象卻開始成為一種政治常態。類似的事情，歷朝歷代都會來上幾回。

三公九卿，宰相到底管什麼？

有一次，漢文帝心血來潮，問宰相陳平：「現在全國治安形勢怎麼樣啊，每年處理多少案件？」陳平搖搖頭，表示不知情。漢文帝繼續問道：「那每年全國的錢糧收支你總該知道吧？」陳平還是搖搖頭，說不知道。漢文帝惱火了，說：「堂堂宰相，一人之下，萬人之上，竟然一問三不知。那還要宰相幹什麼呢？你乾脆退休回家算了。」

陳平回答說：「陛下要了解審案情況，就該問司法部長；問錢糧收支，應該問糧食財經部長。我雖然是宰相，但不是什麼事情都管啊。我的職責就是承上啟下，我只對陛下負責，下面的瑣事就交由百官負責。只有人盡其才，物盡其用，才能讓百姓安居樂業啊。」這番話說得漢文帝不好意思，表示錯怪陳平了。

那麼，陳平所說的是否屬實呢？根據漢朝的三公九卿制，皇帝下面設有三公，也就是丞相、太尉和御史大夫；三公下面又設有九卿，九卿這裡就不贅述

了。單單說丞相，除了協助皇帝處理政事外，還分管百官，位高權重。跺一跺腳，朝廷都要震動。可是，他確實不會插手具體的政務管理，因為下面還有九卿，九卿下面又還有文武百官呢。丞相就相當於如今的總理，大事才出頭，小事則交給小弟。

和親制，苦了美女王昭君

王昭君，本是漢元帝時期的宮女，但是一直沒有得到皇上的寵幸。有一次，一個北方匈奴單于跑來跟漢元帝說想要娶個中原姑娘做老婆，當時所有的宮女一聽說要嫁到荒漠去，個個不肯，只有王昭君答應了。她覺得與其老死深宮，不如到外面去賭一把。於是，她跟隨呼韓邪單于到了漠北。那時的她，年方十九，正是風華絕代的年紀。但是她對匈奴人的習俗不了解。呼韓邪單于死了後，她被迫嫁給他的長子復株累單于。十一年後，復株累單于也死了。匈奴人又要她嫁給復株累的長子，也就是呼韓邪的孫子。在中原來說，這簡直就是赤裸裸的亂倫啊。王昭君受不了了。此時她還不過三十多歲呢，假如連新單于也不幸一命嗚呼，那她的折磨豈不是還要繼續？她寫信給當時的漢元帝，請求回歸中原。但是漢元帝卻說不可以，要她繼續留在匈奴。她很絕望，於是選擇了服毒自盡。

王昭君的悲劇其實是由漢朝的和親政策所造成的。這還得從當年劉邦被圍在白頭山說起。劉邦當時雖然透過賄賂逃走了，但是剛剛建立王朝，百廢待興的漢朝卻在匈奴人面前暴露了自己的弱點。匈奴人知道漢朝是無力抵擋他們進攻的，所以屢屢騷擾邊境，玩的全是搶劫。不僅搶糧食、牲畜，而且連女人小孩也不放過。

對漢王朝來說，如何處理與匈奴的關係，怎樣解除北方的邊患，那就成了頭等大事。打是打不過的，但也不能一味地挨打、忍氣吞聲啊。這時候，一個

叫劉敬的人建議漢高祖：「既然匈奴喜歡中原女人，與其讓他們搶去，不如我們主動送過去，跟他們結為親家，雖然他們是蠻夷，不過好歹也知道親家不打親家的道理吧。」劉邦覺得有道理，始初他想送自己的女兒，也就是公主過去，呂后不同意，說：「我就只有一個女兒而已，你還要送給別人嗎？」後來改送別人家的女兒，但先認她們為乾女兒，美其名曰「公主」。匈奴人倒也不計較，何況除了女人，還有豐厚的陪嫁物品，包括絮、繒、酒、食物等，這些東西本來他們要透過搶劫才能得來的，如今漢朝親自送上門來，因此匈奴人是樂觀其成。

從此以後，和親就成了漢朝和匈奴人打交道的主題，王昭君就是在這樣的背景下出發到塞外去的。雖然主觀上說，她只是想改變自己的命運；但是客觀上，她卻緩解了中原王朝跟匈奴之間的緊張關係，為漢朝的復興贏得了時間。當然，靠女人而立，怎麼看都算是一種恥辱。這種狀況一直持續到漢武帝時期，漢武帝不來和親這一套，而是和匈奴打仗，打得匈奴人有多遠就躲多遠。但是之後，又恢復了和親政策。

徵辟制，有專長就免考試

班固是著名的史學家，他原是京城官宦之家子弟，不料父親去世後家道中落，一下子變為平民百姓，連生計都成了問題。他又是個上進心很強的人，決定完成父親未竟的遺願，撰寫《漢書》。當時，史書之類的書籍是皇上才可以收藏擁有的，班固私自寫書，就是犯了大忌，結果被人告發，馬上被抓了起來，關進監獄。

他的兄弟班超從塞外趕回來，替他上書皇上求情，說班固修史只是為了繼承父親的遺志，向司馬遷、劉向、揚雄這些前輩學習，更是為了宣揚漢朝的功德。皇上一聽，很是高興，決定召見班固查核實情。班固把自己的作品提交上

去，漢明帝看了之後，覺得他才華橫溢，不但釋放了他，而且為了表示對他的讚賞和鼓勵，召他到京都皇家校書部供職，拜為「蘭臺令史」。

班固之所以鹹魚翻身，這要歸功於當時的人才選拔制度——徵辟制。簡單來說就是「上徵下舉」，即上級選拔，下級舉薦。而上級選拔就是徵辟，徵召名望顯赫的人士出來做官，皇帝徵召稱「徵」，官府徵召稱「辟」。如果說察舉是自下而上選拔人才，那麼徵辟就是自上而下的選拔。對某些德高望重、學識淵博的社會名流，皇帝繞開下面的官吏薦舉，直接徵召到朝廷，授予「博士」、「待詔」，相當於高級顧問。看來，漢朝的國家公務員真是坑多蘿蔔少呀！只要有點特長在身，就可以去應徵國家公務員，連全國考試都省了。

外交官是高風險職業，班超怒斬匈奴使者

班超帶著三十六個人馬奉命到西域的鄯善國出差，勸說鄯善國一起反擊匈奴。不巧的是，匈奴也派了使者到鄯善國，要爭取鄯善國聯合抗擊漢朝。鄯善國的國王想做牆頭草，搖擺不定。一會兒對班超等人禮遇有加，一會兒又不聞不問，以示冷淡。班超認為再這樣下去，說不定會被鄯善國王抓起來，送給匈奴人做禮物。所以他說：「不入虎穴，焉得虎子。今晚我們就殺他個措手不及。」當天夜裡，他率領三十六名壯士殺進匈奴人的帳篷。班超手起刀落，一下子砍死了三個匈奴人。壯士們也不甘落後，殺了三十多個匈奴人。剩下的一百多人全部用火燒死。這一下好了，鄯善國王想不投靠漢朝都不行了。

班超手刃匈奴人只是當時漢匈之間戰爭的一個縮影。自從漢武帝繼位以來，他痛恨匈奴人不講信用，得了女人得了錢財還屢屢騷擾漢朝邊境，所以掀起了長達三十二年的戰爭，以衛青和霍去病為首的軍事天才，打得匈奴人節節敗退，躲到漠北去了。

漢朝官場亂象

◆呂后亂政

呂雉是劉邦的原配老婆,早年時跟著劉邦吃了不少苦頭。劉邦登基後,卻迷上了戚夫人,對呂雉愛理不理的。呂雉心裡苦悶極了。四十多歲時,她既做了寡婦,也成了太上皇。劉邦的繼位者是她的兒子劉盈,當時才十七歲。所以呂后逐漸掌握了朝廷大權。

她對戚夫人心懷怨恨,讓人砍斷戚夫人手足,挖掉眼睛,用火燒耳朵,還給她吃啞藥使她變啞巴,甚至把她扔進廁所中,任由她哀嚎。呂后可說是完全闡釋了「最毒婦人心」。

不僅如此,她還大肆誅殺大臣,連劉邦的兒子也不放過。劉邦生前留下了八個兒子,結果只有三個兒子倖免於難。

呂后的做法讓人想起了後來的武則天,只是她沒有武則天那麼大膽。後者公然稱帝,而她最多只是幕後操控而已。而且她雖然帶領家族風光一時,可是她一死,她的家族慘遭滅門,也算是報應了。

◆宦官當道

東漢末年,渤海王劉悝得罪朝廷,被貶黜。他不想離開京城,於是想到了找宦官王甫幫忙。王甫當時可是數一數二的大宦官,權傾朝野,連當時的宰相大臣都不放在眼裡。王甫向劉悝索要五千萬,劉悝答應了。但是錢還沒送出去時,也不知他從哪個管道得知,朝廷又準備起用他,恢復他的官職。他想,既然如此,就不必給王甫送錢了。但是王甫眼看著到手的錢飛了,心裡惱怒啊,他乾脆反過來誣陷劉悝謀反。可憐劉悝還來不及辯解,就被抓起來,全家慘遭滅門之禍。

宦官掌權是中國歷史上獨特的現象,一般發生在皇權衰弱時。這些太監也

真是奇怪，他們沒辦法愛女人，所以對錢特別著迷。如果有什麼事相求，好說，用錢就可以擺平了。但是如果得罪了他們，那就慘了。輕則被整到丟官，重則連性命都沒了。可見得罪誰都行，但不可能得罪這些心理變態的傢伙。

◆殺母立子

漢武帝晚年非常喜歡幼子劉弗陵，有心立他為太子，以繼承皇位。但是他又怕自己百年之後，年幼的皇帝無法執政，政權落入其母親手裡。他左思右想，想出了一個解決辦法。過了幾天，他無故找了一件事來指責劉弗陵的母親，也就是鉤弋夫人。夫人也是個很清醒的人，知道大難臨頭，馬上磕頭認錯。但是漢武帝既然起了殺心，哪還會錯過機會。他對手下說：「鉤弋夫人死罪。」夫人還想苦苦哀求，說自己並無做錯任何事情。但是漢武帝說：「我也知道你現在沒有做錯任何事，可是我害怕你以後會做錯事。所以你絕對不能活著。」就這樣，鉤弋夫人被賜死。她的兒子劉弗陵被立為皇太子，後來繼承了皇位，是為漢昭帝。

漢武帝雄才偉略，對於人性的陰暗面和政治的無情殘酷是爛熟於心，他寧可把鉤弋夫人想像成陰險毒辣的呂后，也不願意一時心軟而留下禍根。而呂后專權，差點斷送劉家江山的歷史教訓更是讓他耿耿於懷。因此，為了杜絕呂后事件重演，維護劉家天下繼續千秋萬載地傳下去，處死鉤弋夫人也是迫不得已卻非常有效的辦法。因為鉤弋夫人年輕又漂亮，很難保證她在武帝死後不淫亂朝廷。

◆諂媚是做官第一要訣

漢宣帝時期，有一個叫陳萬年的官員，他精通做官之道，溜鬚拍馬的功夫已經練得爐火純青，深得當時的丞相喜愛。但是有一次他生病了，病得很嚴

重，隨時都會死去，為了以防萬一，他把兒子叫到床前，現場傳授官場生存哲學。他愈講愈興奮，兒子卻聽得直打哈欠睡著了。他很生氣，用枴杖敲醒兒子，說：「我拖著病體苦口婆心教你如何做官，如何站穩腳跟，你竟然睡覺？豈有此理！」他兒子不慌不忙，好似沒有這回事一樣，回答說：「你說的那些，其實用一句話就可以說完了，做官嘛，無非就是諂媚。何必嘮嘮叨叨說那麼多廢話呢。」陳萬年就笑了，說：「孺子可教也。我花了半輩子才弄明白的東西，你不用一個晚上就領悟了，將來一定能官至丞相。」

漢宣帝其實還是一個挺有能力的皇帝，因為曾在民間吃過苦頭，所以對百姓的疾苦和吏治得失有所了解，施政力求務實有效；而丞相丙吉其實也是個人才，不然也不會官至丞相。但是，即使在如此英明神武的皇帝和丞相領導下，依然有像陳萬年這樣的投機分子，可見諂媚做官這一套還是挺有市場的。

漢朝皇帝的生財之道

◆武帝愛告密

漢武帝跟匈奴打仗，一打就是三十二年，搞得國庫都空虛了。沒錢就沒辦法徵兵買馬，更不用說養兵了。如何弄來一些錢呢？他苦苦思索。後來，他從漢高祖劉邦那裡得到了一些啟示，果斷採取措施，就是「告緡」。簡單來說，就是鼓勵他人揭發偷稅漏稅的商人。政府透過打擊偷稅，將商人財產全部充公，再拿出一部分來獎勵告密者。當然，獲益最大的還是政府。如此三年後，漢武帝就得到了數以億計的財物田宅。當然，相對地，無數的商人傾家蕩產，被關進監獄吃牢飯去了。

漢武帝這一招也真夠狠的，不僅有效地遏制了商人的偷稅之風，而且還直接充實了國庫。不過有利有弊，過分打擊商人，在一定程度上也阻止了商業的繁榮。因此，這一招只能說是飲鴆止渴而已。

◆靈帝賣官

崔烈是北方的名門望族，後來他想當司徒。於是就走後門，託關係，花了五百萬買了個司徒來當。依照慣例，這個官職是要皇帝親自冊封，舉行隆重的拜官儀式的。到了這一天，漢靈帝親臨殿前，百官肅立階下。但是當他看到崔烈一副興高采烈的樣子，突然覺得司徒這個官賣得太便宜了。所以他又氣憤又可惜地嘟囔說：「我早應該敲他一千萬的。這個官賣虧了。」旁邊的太監插嘴說：「他能出五百萬，已經很不錯了。像他這樣的名門之後，本來要做官也是輕而易舉的事，如今連他也來向陛下買官，說明文武百官已經認可了這一做法啊。以後陛下賣官就更容易，也更容易坐地起價了。」漢靈帝這才喜笑顏開。

堂堂一國之君，竟然也靠賣官斂財？你沒看錯，確有此事。漢靈帝就是其中的佼佼者。天下是他的天下，官職也是他家的官職，他要拿官職做買賣，也無可厚非。不過，漢靈帝的做法就未免太赤裸裸，他竟然開辦了一個官吏交易所，明碼標價，公開賣官。賣官的收入也不是進了國庫，而是進了他自己的腰包。他還制定了一系列的賣官規定，堪稱盡職盡責，一切按規定辦事，童叟無欺。

◆鄧通鑄幣

漢文帝時期，有個大臣叫鄧通，深受皇帝的寵愛。有一次，算命先生當著皇帝的面說鄧通將來會貧困餓死。這可掃了皇帝的面子。皇帝認為，他是九五之尊，想要誰富就要誰富。於是他賜給鄧通一座銅山，允許他鑄幣（發行通貨）。鄧通因而大發橫財，富甲一方。

但是鄧通得罪過太子，文帝歸西後，繼位的景帝把他貶為庶民，將他的所有財產充公。可憐曾經富逾王侯的鄧通，最後竟然淪落到街頭乞討，身無分文，活活餓死，恰好應了算命先生的預言。

漢朝時，鑄幣權是收歸中央的，私底下鑄幣是犯法的。但是也有些人鋌而走險，因此私鑄一直都沒停過。擁有鑄幣權就意味著，只要有足夠的原料，就可以源源不斷地生產錢幣，要成為巨富，自然是輕而易舉的事。鄧通就是走了狗屎運，被皇帝親自授予了鑄幣權，才成為富可敵國的人。

入門指南

漢朝人怎麼穿？

◆頭巾

東漢的時候，有一個社會名流叫郭泰。他不僅學識淵博，被眾人所敬仰，而且他還是當時的時尚流行偶像。他的一舉一動都被人們關注，被人們模仿。有一次，他出行遠遊，路上碰到下大雨。他的那頂竹皮做的冠（帽子）被雨這麼一淋，就濕透了，根本戴不了。但是總不能披頭散髮地走路啊。他靈機一動，就把身上所帶的一塊毛巾摺成帽子的模樣，戴在頭上。想不到當他回到京城時，市民們一看，哇，不得了，新潮流啊，怎麼能不跟上呢。於是，人人都學郭泰戴起頭巾來了。

其實，秦漢時期，上層男子一般都是戴冠的，只有下層百姓才會戴頭巾，但是經過郭泰這麼一戴，那些名儒雅士、王公大臣，甚至稱雄一方的軍閥就丟棄了從前的冠，全都以頭裹毛巾為時尚。他們裹著頭巾，手搖羽扇，自命風雅。這就有點兒像吃多了大魚大肉，轉而跑到農家去吃青菜米糠標榜簡樸一樣的道理。

◆短衣

叔孫通是一個典型的儒生，喜歡穿又長又大的儒服，整個人看起來很臃腫。但是他的新主子是楚國後裔劉邦。劉邦習慣穿楚服，比較緊身，而且短，給人很幹練的感覺。劉邦很討厭叔孫通的儒服，所以召見叔孫通時，言語上就有些不太客氣，那口氣簡直就是要拿他治罪。

叔孫通戰戰兢兢回家後，仔細反省，馬上悟出了問題所在。他連夜叫人趕製了一套類似楚服的短衣。第二天，穿著去見劉邦。劉邦一看，轉怒為喜。

正因為皇帝不喜歡又長又大的衣服，後來宮廷裡面就非常流行短衣。

那麼，這種短衣又是什麼樣子呢？請不要誤會它跟如今的短袖有何關聯。短衣其實只是相對於長袍而言，它的長度要短到膝蓋的位置。以現代社會的服飾觀點來看，已經跟裙子有得比了。

社會風俗與文化

◆元宵節吃湯圓

東方朔是漢武帝時期的風趣老人。有一天，他偶然遇見一個叫元宵的宮女。元宵因為思念家人想投井自殺，東方朔阻止了她，還說有辦法幫忙，讓她跟家人團聚。

他先化裝成道士，跑到長安街上擺攤，藉機散布正月十六火焚身的謠言，弄得長安城內人心惶惶。又蠱惑不明真相的群眾說，如果要尋求解決辦法，就去找皇帝。

皇帝很快就聽說了這回事。但是他本人也沒有辦法啊，於是把東方朔找來問。東方朔說，火神君最愛吃湯圓，聽說宮女元宵很會做湯圓，你就下令讓元宵做好湯圓，然後上供給火神君；再傳令京城家家都做湯圓，一齊敬奉火神君。

到了十五的晚上，滿城掛燈點鞭炮、放煙火。如此一來，火神君自然心滿意足。漢武帝果然傳旨照東方朔的說法去做。到了正月十五，長安城裡張燈結綵，百姓們摩肩接踵，熱鬧非常。熱鬧一夜後，長安城果然平安無事。因為元宵做湯圓有功，被恩賜與父母團聚。而正月十五這一天，也因此又稱為元宵節。

◆女子盛行改嫁

漢武帝時期，有一個女子叫卓文君。她貌美有才氣，又有個大富豪的父親卓王孫，自然引起了很多人的注意。她原先嫁給某個皇孫貴族，不料那皇孫是個短命鬼，卓文君年紀輕輕就做了寡婦。不過就算是寡婦，打她主意的人還是不少。

這一天就來了個才華橫溢、能作辭賦能彈琴的窮書生司馬相如。他受邀前往卓家赴宴。司馬相如早就聽說卓文君的才氣和美貌，所以在席間，他彈了一曲「鳳求凰」，向卓文君暗送求偶之意，如此竟打動了卓文君的芳心。兩人互相愛慕，乾脆就私奔了。

卓王孫很生氣，倒不是女兒自作主張，而是覺得女兒嫁得虧了，他曾想斷絕父女關係。沒想到司馬相如後來竟得寵於漢武帝，勢利的卓王孫悻悻作罷，反而還有些興高采烈了。

縱觀中國歷史，漢朝女子的幸福指數是比較高的。無論貴族婦女還是平民女性，都有著較多的自由和更為寬鬆的生活空間，她們精神更加獨立，言行更加率性，感情也更加熱烈奔放。對於女性貞節，人們比較淡漠，女人對愛情婚姻擁有相當的自主權，所以改嫁與再嫁都是很常見的現象。而男人們也不以娶離婚女或者寡婦為恥。

◆偷情成風

有個叫尚方禁的年輕人，是個美男子，又是個多情風流的人物，有一次他跟別人的妻子偷情，結果被女人的老公發現了。兩人相互扭打起來，尚方禁被砍了一刀，臉上留下了一道很深的傷疤。後來他做官去了，在左馮翊朱博手下做都尉。朱博看著他那毛骨悚然的刀疤，很好奇，就問：「你這刀疤是怎麼回事啊？莫非你曾跟強盜打過架？」尚方禁老老實實地說：「啊，不是，這是我勾引別人老婆而付出的代價。」說完，還跪在地上請求朱博饒恕。朱博笑了，說：「幹嘛要我寬恕呢，你做得不賴啊，男子漢大丈夫就應該做這種事情。」

為什麼連長官朱博都不以偷情為恥，反而為榮呢？這跟當時的社會風氣有關。漢朝時，男女關係很隨便。人們對於性禁忌觀念比較淡薄，社會上流行「人生苦短，及時行樂」的思想。所以皇帝老子不僅妻妾成群，而且還規定宮女必須穿開襠褲，在民間，女子也毫不避諱跟男子一起暢飲作樂；至於結伴同行、私會偷情那就更常見了。

◆上流階級才吃得起燒餅

劉邦當了皇帝後，決定將他的老父親接到長安城來享福。可是老人家在鄉下過慣了清淨的生活，無法適應長安城的熱鬧。他覺得很陌生，一點兒也沒有歸屬感，所以每天悶悶不樂的。後來有個大臣就獻了一條計策，那就是在長安城附近找一個地方，重新營造一個跟劉邦家鄉一模一樣的小鄉村。為此，劉邦連老家的屠夫、酒家等店鋪一起搬遷了過來。劉邦的父親喜歡吃燒餅，所以連燒餅鋪也沒有落下。

看到這裡，你有沒有想起一個笑話，說的是從前有個乞丐，有人問他，如果做了皇帝，他最想做什麼事。那個乞丐就說，我如果做了皇帝，就天天吃燒餅。

可千萬別笑，事實確實如此。在現代，吃個燒餅是很正常的事，花不了什麼錢。但是在秦漢時期，餅可不是隨便什麼人都可以吃的。兩個原因：一是未必吃得起；二是身分未必允許。

漢代的餅其實就是麵食的通稱，凡是用麵粉加工而成的食品，都叫餅。各種餅的區別，往往由其加工方法或附加原料來決定，如蒸成的饅頭和包子等叫蒸餅，水煮的麵條和麵塊等稱為湯餅，燒成的大餅叫燒餅或爐餅，油炸的叫油餅，加芝麻的叫麻餅等。那時候，麵粉這類東西屬於細糧，專供上流人士享用；下層人士只配吃糙米、麥飯之類的東西。因此，用麵粉做成的餅當然就成了上流階級的特有食品了。

◆交際舞

蔡邕得罪了皇上，被削為平民。他要離開都城時，朋友們給他擺酒餞行。眾人一邊吃喝，一邊為蔡邕打抱不平。這時候，在座有一個五原太守王智，站起來就在旁邊跳了一段舞。跳完之後，他還很殷勤地向蔡邕示意接著跳。但是，蔡邕卻不買他的帳。一來因為沒心情，處境這麼糟糕還跳舞，這不是扯淡嘛；二來他也看不起這個王智。因為這位五原太守是中常侍王甫的弟弟，他一貫倚仗著其兄的權勢作威作福橫行霸道。王智見蔡邕不理會，非常生氣，當場翻臉，罵罵咧咧的，蔡邕也不甘示弱，酒席沒吃完，就提前走了。

王智跳的是什麼舞呢？看起來好像挺重要的。其實這就是中國的交際舞。跟西方的差不多，但是歷史就久遠了。

士大夫們在飲宴作樂時，除了叫上幾個歌伎即興歌舞之外，喝到高興時，自己也會親自上陣。先是主人起跳，跳完後就邀請客人接著跳，一來一去的，就好像報答一般。跟如今的街舞 PK 很相像，一方跳完了，另一方接著跳。這種舞一般是用來以舞會友，加深友誼的。但是，如果兩人之間有矛盾，一方跳

完了，另一方卻故意拆臺不給面子，就會出現蔡邕跟王智那種不歡而散的情況。

◆斷袖之癖，同性戀很流行

董賢原先只是朝廷上的小人物，無論才氣還是能力均屬平凡，不過他很帥氣，是個不折不扣的美男子。有一次，在典禮儀式上，漢哀帝被他的美貌所吸引，驚為天人，覺得連後宮女子也比不上，於是他把董賢召入殿中，命令其坐到自己腿上，與之促膝而談，並且立刻授予董賢黃門郎的官職，讓他陪伴左右。從此董賢就開始集「萬千寵愛」於一身。他跟漢哀帝兩人出雙入對，一起沐浴，一起睡覺，好不纏綿。有一天，兩人玩耍過後，同眠共枕。董賢睡得正熟，頭不自覺地枕到了哀帝的衣袖上。哀帝睡醒後打算起身，不過董賢尚在睡夢中，哀帝實在不忍心打攪了「心愛之人」的好夢，便命人用刀將自己的衣袖割斷。這就是中國古代對於同性戀比較斯文的說法「斷袖之癖」的由來。

其實，漢朝有些皇帝是不折不扣的雙性戀。像漢高祖劉邦寵信籍孺，漢惠帝劉盈深愛宏孺，漢文帝劉恆寵愛鄧通，漢武帝劉徹迷戀李延年，都是屬於其中的代表。只不過他們不但喜歡男人，還喜歡女人。漢哀帝則是乾脆連女人也視而不見了，直奔男人的懷抱而去。

實用指南

帶多少錢去秦漢

　　秦漢時期，政策雖然是重農抑商，不過經濟還是得到了初步的發展。回到秦漢，雖然不會面臨巨大的經濟壓力，但是有備無患，關鍵時刻還是能派上用場。

　　漢朝時使用五銖錢作為法定貨幣，那麼五銖錢的購買力如何呢？

　　在此我們以西漢的士卒為例做一個簡單的說明。西漢時期，每年要花二十四石的糧食供養一個士兵，以每石一百錢計算，那麼就是兩千四百錢。再加上衣物、菜蔬、食鹽等消耗，每年七千錢左右是西漢時期西北戍邊士卒的基本生活開支。這七千錢，大致相當於今天的多少錢呢？根據歷史學家的計算，西漢時期一錢的實際購買力大約相當於今天的臺幣兩元。也就是說，國家開給士卒一年的基本工資差不多是一萬五千元。可見即使是一個月入萬元的打工仔，穿越到秦漢時，都可被視為有錢人啊。

最佳穿越時間點

　　穿越時間的選擇，關係到時間旅行的樂趣。秦漢延續三百多年，有很多個穿越時間點都很不錯。

◆推薦時間：西元前 221-207 年

　　安全指數：★★★　新鮮指數：★★★★

　　從秦始皇建立大秦帝國，到他的兒子親手把帝國葬送，只不過短短的十五

年。統一六國後，戰爭已離中原遠去，不過北擊匈奴，南征百越，還是掀起了不少的波瀾。去掉邊境戰爭的影響，國內由於實行嚴刑酷法，從大臣到百姓，都過著安分守己的日子，不敢越雷池一步，治安總體形勢良好。

大事：秦始皇開創了許多歷史紀錄，比如首創皇帝稱號，以郡縣制代替分封制，政治上實行三公九卿制，還有統一貨幣、度量衡、文字等；修建長城、阿房宮。

◆推薦時間：西元前 202-195 年

安全指數：★★★　新鮮指數：★★

劉邦在長安建立了漢朝。統治期間，他打擊六國餘孽，削弱手握兵馬的功臣，持續加強皇權；對外他曾經意氣風發地對抗匈奴，不料被匈奴圍困，慘遭侮辱，自此變得低調，奉行黃老思想的休養生息，無為而治；從此國內形勢逐漸好轉，到他晚年時，經濟明顯恢復，百姓安居樂業，天下重新安定下來。

大事：西元前 200 年，劉邦率兵進攻匈奴，結果被匈奴王冒頓單于在白登山設下埋伏，團團圍住。劉邦幾次突圍不成功，後來他賄賂單于的老婆，才偷偷走脫。

◆推薦時間：西元前 195-180 年

安全指數：★★★　新鮮指數：★★

關鍵字：呂氏一族遭清算

劉邦英勇蓋世，做了半輩子的強人，想不到卻留下一個柔弱不堪的兒子劉盈來繼位。他之前四處提防異姓王，卻沒想到要提防身邊的外戚。劉盈統治期間，朝廷政權落入呂后手中。總體而言，沒有多大的作為，只是繼承劉邦的那一套。不過，呂后為人陰毒殘忍，為剪除異己，不惜下毒手。劉盈鬱鬱而終，

給了呂后更大的空間。她扶植呂家勢力，意圖篡奪劉家天下。可惜功虧一簣，她的族人終究沒有成事，反倒被夷九族。這段時間，諸呂叛亂是威脅國家的唯一因素。

　　大事：呂后病逝後，曾經不可一世的呂氏族人惶惶不可終日，害怕受到劉家清算，準備先發制人，起兵造反。不料消息走漏，被齊王劉襄、太尉周勃等人設計解除了上將軍呂祿的兵權，然後率軍擊潰呂氏殘部。呂氏一族慘遭滅門，政權再度回到劉家手中。

◆ **推薦時間：西元前 180-141 年**
　安全指數：★★　新鮮指數：★★★★
　關鍵字：七國之亂

　　經歷了幾十年的休養生息，漢朝總算走上了正軌，到了漢文帝、漢景帝這父子倆登臺的時候，經濟顯著發展，社會秩序日臻鞏固，最直接的體現就是戶口人數大幅增加，百姓的日子過得比較殷實。不過，分散在各地的諸侯王蠢蠢欲動，以「請誅晁錯，以清君側」的名義，意圖爭奪皇位。七國之亂就此爆發。但內戰僅持續三個月，叛軍就被擊潰。這段時期，邊境也不太平，匈奴時不時就來騷擾，雙方時戰時和。

　　大事：晁錯是漢景帝的忠臣。他能言善辯，積極宣導政治改革，進一步加強中央集權，可惜他招來各諸侯的忌恨。以吳王劉濞為首的王侯打著「殺掉晁錯，以清君側」的名義發起七國之亂，意圖篡位。晁錯連連出昏招，而漢景帝就更離譜，以為殺了晁錯，動亂自然會平息。他派人騙晁錯上朝議事，等到載著晁錯的車馬經過長安東市，使者就地把晁錯給腰斬了。可憐這個忠心耿耿為漢家天下操勞的晁錯，落得如此下場，悲劇啊。諷刺的是，即使晁錯被殺了，七國作亂依舊。

◆ 推薦時間：西元前 141-87 年

安全指數：★★★★　新鮮指數：★★★★

關鍵字：張騫通西域

　　大漢王朝經過前幾任皇帝兢兢業業的發展，終於迎來了第一個盛世。這也是中國歷史上最強盛的時期之一。此時，漢武帝採取了許多具有劃時代意義的舉措，比如獨尊儒術，將鹽鐵和鑄幣權收歸中央，開闢絲綢之路等，不過最重要的是他對開疆拓土有著強烈的渴望。他四處用兵，北擊匈奴、東征朝鮮、臣服百越、直搗大宛，奠定了中國的領土版圖。總體而言，戰爭都發生在邊境或者別國境內，國內一片太平。

　　大事：西元前 138 年，張騫奉命出使西域，聯合西域小國抵抗匈奴。他帶著人馬離開長安，進入河西走廊後不久，就被匈奴捉住。從此被軟禁十年，匈奴王還給他娶了老婆。西元前 129 年，不忘使命的張騫，拋棄妻子，向西逃走，終於逃到大宛國，然後又輾轉到達月氏國。但是，月氏當時已十分富裕，根本不想聯合漢朝抵抗匈奴。所以張騫在月氏王國住了一年多，失望而歸。誰料，歸途中，再度被匈奴人抓住，又被軟禁。西元前 126 年，他再度拋棄妻子，從匈奴逃走。當初他出使西域時有隨從一百多人，十二年後，回到長安，只剩下兩個人──張騫和他的忠實僕人甘父。

　　趣事：漢武帝一生雄才大略，在晚年卻犯了大糊塗。他做了個噩夢，夢見有人在詛咒他。醒來後他勃然大怒，開始在宮中折騰，發誓要把詛咒他的人抓住殺掉。佞臣江充在旁邊煽風點火。結果，漢武帝就這樣逼死了自己的老婆、兒子、女兒、侄子、孫子。所謂虎毒不食子，但是漢武帝六親不認、心狠手辣，著實讓後世對這個傑出帝王有了新的認識。儘管他後來有所醒悟，可惜悔之晚矣。

安全指數：★★★　新鮮指數：★★★

關鍵字：《史記》曝光

　　漢武帝留給他年僅八歲的幼子劉弗陵的，是一個開始顯露頹勢的王朝。劉弗陵在位期間，只做了一件事。但這件事無疑是最重要的，就是堅持信任輔政大臣霍光。當時朝廷有好幾個實力派看霍光不順眼，在皇上面前詆毀他，想要把他扳倒，圖謀皇位。劉弗陵識破這些人的陰謀，保住霍光，也保住了自己的皇位。當時的政局穩定，霍光功不可沒。

　　到了漢宣帝劉詢繼位時，因為他早年流落民間，吃過苦頭，因而施政貼近民間疾苦。他在位期間，官吏清廉，百姓信服，社會和諧，經濟繁榮。歷史學家習慣於將劉弗陵和劉詢的統治稱為「宣帝中興」。這段期間國內唯一的動亂就是霍光死後，劉詢平定霍光家族的叛亂。邊境線上匈奴勢力死灰復燃；西陲之地，又新崛起一個羌族，屢屢騷擾內地，因而邊境線上時時燃起烽火。

　　大事：漢朝繼續在西域又是打，又是拉攏，逐漸控制了西域。匈奴失去了立足之地，日趨沒落。匈奴日逐王帶著數萬人投降大漢。漢宣帝設立西域都護府，正式把西域納入漢朝的行政管理區，也就是西域從此併入了華夏版圖。

　　趣事：太史公司馬遷完成《史記》後，一直沒有機會向世人展示，這本名作就落到了他的女兒手上。漢昭帝的時候，司馬遷的外甥楊惲偶然接觸到這本書，立刻被吸引。他愛不釋手，讀了一遍又一遍，一直帶在身邊。到了漢宣帝時期，楊惲被封為平通侯，他看朝政清明，於是上書漢宣帝，把《史記》貢獻出來。這部偉大的史著才得以見天日，為大家所欣賞。

◆推薦時間：西元前 25-西元 88 年

安全指數：★★★★　新鮮指數：★★★

關鍵字：佛教進入中國

　　橫空出世、自認漢室宗親的劉秀重走漢高祖老路，收拾舊山河。他建立東漢，定都洛陽，平定了各地的割據勢力，將中原大地重新統一。他在位期間，國家管理仍以休養生息為主，加強中央集權，精兵簡政。他的後繼者明帝、章帝秉承遺志，促進生產讓經濟恢復，政治上也比較清明。這段時期是東漢唯一的黃金盛世。除了開國之初的平定叛亂，總體而言，政局穩定，治安良好。

　　大事：有一天，漢明帝夢見有個頭頂放射白光的高大金人，徐徐降臨在宮殿的中央。他想要開口問，那金人卻騰起凌空，向西方飛走了。後來當他跟群臣詳述夢中所見時，有人就說那可能是西域的佛陀。於是漢明帝就派使者前往天竺拜求佛法。使者不僅帶回了佛經、佛像，還帶回了僧人兩個。漢明帝就在洛陽建立了中國第一座佛教廟宇白馬寺，供僧人居住。自此佛教正式在中原落地生根。

最該去的地方

　　秦漢時期，城市數量是不斷增長的。得益於商業經濟的發展，城市規模也相當大。在此推薦三個城市提供讀者參考。

◆咸陽

　　咸陽是秦朝的都城，位於如今的陝西西安。當時號稱天府之國，農作物眾多，水陸交通發達，可說是全國的交通樞紐。

　　秦始皇建都時，把分散在中原各地的六國富豪十二萬戶遷居到咸陽。保

守估計，僅此一項，就給咸陽城帶來了超過六十萬的人口。秦朝的法律嚴酷，來到咸陽時，可不要指望著能自由地逛街購物，畢竟秦朝的皇帝是不喜歡商人的。

◆長安

長安城是西漢的都城，也位於今天的西安，跟咸陽相距不遠。這是中國最早的國際化大都市。城郭周圍長二萬二千六百多公尺，人口有五十多萬。

城內不僅街道縱橫，車馬穿梭不息，中區和南區是宮殿區，占全城三分之二。城西北角是規模頗大的商業區。長安商業很繁華，在九個市場之內，分東西兩市，東市不僅聚集了各種大小商店，而且聚集了天下的財物，雲集了天南地北的客商。水陸交通便利，帶來了南方產的象牙、翡翠、黃金等物品，以及產於中原的絲綢、漆器、鐵器等；而西域各國的土產、良馬、毛織物、樂器、各種奇禽異獸，經過絲綢之路輸送到這裡進行交易。西市則集中了各種手工業作坊，這些作坊有製作陶俑和磚瓦的，有鑄幣的，還有冶鐵、做銅馬車的，多達幾十座。一個製造，一個販賣，所謂前市後廠，組成了完整的產銷一條龍的市場。

◆洛陽

西漢的長安，東漢的洛陽，兩個都城均是當時世界上最大規模的城市。秦漢時期的洛陽，位於如今的河南洛陽市。它分為外城、內城，面積為九‧五平方公里，比長安城小三分之一。呈長方形，漢制南北長九里，東西寬六里，因此號稱「九六城」，暗合陰陽學說。

這裡不僅是政治中心，也是經濟文化中心。全國商人富豪雲集於此，四方小販往來不絕，市面繁華，商業發達。城南的太學，是當時的最高學府。

找誰簽名

◆李斯

　　李斯（280BC-208BC），中國秦代政治家。他是秦始皇時期的宰相，秦朝之所以能夠統一文字、貨幣、度量衡等，他的功勞不小。他作風強硬，幫助秦始皇廢除分封制，銷毀民間兵器，一手導演焚書坑儒，制定嚴刑酷法，以加強對人民的統治；將法學家的霸氣表現得淋漓盡致。可惜太過於看重個人利益，跟趙高合謀，偽造遺詔，害死了皇長子扶蘇，立少子胡亥為二世皇帝。趙高把持朝政，看他不順眼，找了個機會，把他腰斬了。可憐李斯曾經權傾朝野，下場竟然如此悲慘。

◆白起

　　白起（?-257BC），號稱殺神。縱觀華夏上下歷史數千年，無人可與之比肩。他是秦朝的將軍，善於用兵，據說從未打過敗仗。幫助秦始皇掃蕩六國時，人家一聽說是他率軍，嚇得連抵抗的決心都沒有了。他做過最出名的一件事就是攻打趙國時，使用詭計，將本來已經投降的趙兵四十萬人活活坑殺，創下人類戰爭史上的屠戮紀錄。

　　不過，他的下場也好不到哪裡去。後來他因為拒絕再度領兵出征，被貶為士卒。這還不算，一向妒忌他的范雎煽風點火，說他心中不服，口出怨言，惹得秦王大怒，非要他自刎謝罪。據說，他臨死前還回顧了長平之戰坑殺趙國降卒一事，認為自己罪有應得。

◆韓信

韓信（230BC-196BC），漢高祖劉邦的跟班，漢朝的開國元老之一。善於打仗，是劉邦極為倚重的大將。年輕時曾受胯下之辱，因此立志做諸侯。起初他跟著項羽混日子，後來發現劉邦才是真天子，於是投靠劉邦。之後被蕭何所挖掘，官拜大將軍，跟著劉邦打天下，後來受封為齊王。可惜其軍事天才被劉邦所忌恨，誣賴他想造反，把他貶為淮陰侯。他一氣之下，就真的想造反。誰知道被蕭何和呂后算計，落得個腰斬的下場。

◆董仲舒

董仲舒（179BC-104BC）以歷史影響力而言，他比許多皇帝厲害多了。他是西漢思想家、政治家。本來只是個儒生，不過在漢武帝時期因為提出「罷黜百家，獨尊儒術」而受到欣賞，一躍成為皇帝眼前的紅人。曾官至國相，晚年辭職居家寫書。皇帝有什麼大事情不能決斷的，就找他詢問，可見其地位之高。

董仲舒最大的貢獻，就是對先秦儒家倫理思想進行了理論概括和神學改造，形成務實有效的哲學體系，確立儒學成為中國社會的正統思想。他的思想中心為「天人感應說」，提出「君權神授」，大意就是皇帝是由上天選定的，誰也不能反對，否則就是逆天。這套理論非常符合皇帝的胃口。

◆霍去病

霍去病（140BC-117BC），漢武帝時期的名將。他是私生子，是衛青將軍的外甥，為人正直，深得皇帝的信任。他是西漢傑出的軍事家，用兵靈活，加上年輕氣盛，勇猛果斷，擅長長途奔襲，短短的一生，跟匈奴作戰，打得匈奴聞風喪膽，曾留下「匈奴未滅，何以家為」的名言。

最著名的戰役莫過於「漠北決戰」。他率軍北進兩千多里，度過沙漠，一直進軍到西伯利亞貝加爾湖，與匈奴左賢王遭遇。經過決戰，殲滅了左賢王精銳部隊，俘獲屯頭王、韓王以下七萬四百人。

可惜天妒英才，他英年早逝，年僅二十三歲。

◆趙飛燕

趙飛燕（?-1BC），中國古代四大美女之一，以身段嫋娜多姿、嬌俏可愛而聞名。她擅長跳舞，舞姿輕盈，深得當時皇帝漢成帝的歡心。她跟姊妹趙合德，集三千寵愛於一身，禍亂後宮。她耍弄心計，當上了皇后，可惜由於自身問題，不能懷孕。她們害怕別的嬪妃懷孕生子，威脅其后位，所以瘋狂地迫害懷孕的宮女、迫害皇子，令人不齒。

後來由於被人指責害死了皇帝，先是被打入冷宮，後被貶為庶人。王莽時代，她迫害皇子的舊事被人清算，最後自盡。

◆項羽

項羽（232BC-202BC），爭奪天下的悲劇人物，以烏江自刎謝江東父老為人們所銘記。

他原是楚國名將項燕之孫，自幼跟隨伯父項梁習武。秦朝末年，天下大亂，各路英雄紛紛爭奪天下。他跟隨叔父起義反秦，武勇出眾、氣魄蓋世，威震海內，自稱西楚霸王。連當時的劉邦也不敢與之對抗，寧願避其風頭。

可惜他勇於武力卻不善權謀，為人又多疑，最後敗在流氓出身的劉邦手上。劉邦施展詭計，將他團團圍困在垓下。項羽在這裡上演了人生最悲壯的「霸王別姬」一幕。

◆呂雉

呂雉（241BC-180BC）中國歷史上跟武則天齊名的女強人，如果不是她諸多顧忌，沒有登基，中國就不只武則天一個女皇帝了。不可否認的是，她開啟了女性執政的先例。

呂雉是漢朝開國皇帝漢高祖劉邦的原配夫人，曾跟著劉邦吃了不少苦頭，甚至被當作人質，險些被項羽殺掉。劉邦死後，她壓制年輕的皇帝，掌管了朝廷大權。實際上，她是個很有能力和謀略的女人，在她統治期間，漢朝無論是政治、經濟，還是文化，都有了長足的發展。

可惜女人到底是自私的。她自己沒做皇帝，卻極力培養自己的娘家人，想讓呂氏取代劉家統治天下。但隨著她的過世，一切都灰飛煙滅。她的族人慘遭滅族。

特別補充

◆秦漢的路要這樣走

回到秦漢時，別忘了體驗一下當時的馬路——馳道。秦漢時期的陸路交通，雖然比不上現代社會那麼發達，不過也超出春秋戰國許多。想當年，孔老夫子坐著牛車，往來於各國，道路顛簸不平，連累他患上了胃病。

秦始皇統一中原後，為了方便出行，快速投入兵力，修建了長達一萬七千九百二十里的馳道，道路寬闊，而且兩旁皆有綠化。如果說馳道相當於如今的二級公路，那麼長達七百五十二公里的直道就是當時的高速公路了。直道起點為秦都咸陽，終點為九原，也就是現在的內蒙古包頭市。直道適合於飆車。可惜秦漢時期一般以牛車馬車出行，速度快不起來。

秦漢時期遠行，有幾點要注意：第一，關卡特別多。出行的人要持有簽證方可過關，這主要是針對商人。為了抑制商業活動，秦朝和漢初不許人隨便遠

行。

第二，當時不是說有錢就可以乘車，政府對於乘車有著嚴格的規定，什麼樣的人就坐什麼樣的車，還有，商人是不能乘車的。那個時代的車輛種類也很多，常見的一種是軺車，是由軍車轉變過來的。一般沒有座位，只能站著，普通百姓經常坐這個。它是一種無頂的敞篷車，若是遇到下雨，就沒有辦法，所以在車廂當中設一如傘的車蓋，安插在車廂的中間，有雨可以避雨，無雨可以遮太陽，並且隨時可以取放下來。車蓋也不是隨隨便便的東西，它除了遮雨外，還表示尊貴，說白了就是展現等級。普通人的車蓋高約三尺，大官僚們的車蓋就高一丈，比尋常的車蓋要高三倍。還有一種叫安車的，這就是身分比較重要的人才可以坐的。皇上徵辟某人上朝做官時，就用這種車接送。還有，如果是老人，還會受到優待哦。輪子會用蒲草裹起來，以減少震動，避免老人身體吃不消。

第三，就是政府對馳道的使用有嚴格的規定，這個就不像現在這麼公平正義了。當時，只有皇帝才有資格在馳道中央大搖大擺地前進，一般的官吏百姓要從路邊走，不能走路中央，除非有皇帝的特旨，否則連車帶馬都要被沒收。

另外，漢代是禁止夜行的。回到秦漢時，不要想著晚上在野外散步欣賞月色，這是違法的，會被當作小偷奸細抓起來。無論你有多麼急的事情，都不要想走夜路，天一黑，盡快找旅館投宿，以免招來牢獄之災。

◆老饕指南

所謂入鄉隨俗，回到秦漢，也不能不適應當時的風俗習慣。現代人習慣吃早中晚三餐，但那時候不是這樣的。人們一般只吃兩頓，比如晁錯就曾經說過：「人情一日不再食則饑。」所以記得要吃好吃飽。雖然沒有聽說因為多吃兩頓而犯法的，但總是跟當時的環境格格不入，會被視為怪人的。當然，皇帝就不

同。皇帝肯定是餓了就吃的。一般皇帝是一日吃四餐：平旦，相當於我們所說的早餐；晝食，那就是午餐；食，是晚餐；暮食，就是夜宵了。

當時南北方的飲食差異就已經存在了。黃河流域主要以小麥為主食；南方則是以稻米為主食。當然，常見的五穀雜糧都有一些。尤其自張騫通西域後，帶回了許多胡人的菜蔬雜糧，大大豐富了當時人們的食物種類。

儘管那時候人們已經懂得磨麵粉，不過還沒有掌握發酵技術。饅頭包子之類的東西你就不要奢想了。能吃上一頓麵條、烤餅之類的，就已經很不錯了。這還不是誰都可以吃的。糧食來之不易，政府就不許人們變著法兒吃糧食，所以吃燒餅那是王公貴族、有錢人的專利。不過，這東西實際上不利消化。有些人吃著吃著，肚子發脹，就死掉了。

普通的老百姓一般按照古老的粒食傳統，把麥子等穀類直接做成飯和粥來吃。這不僅省卻了繁雜的加工手續，而且能充分利用穀類，可以連麥麩皮一起食用，一點兒都不浪費。麥飯其實是很難吃的，上層人士都不屑吃。不過，也不是什麼好處都沒有。把它蒸熟後曝乾，就可當作乾糧，稱為糗糒。這是遠行的必備用品，既可用水泡軟了吃，也可一邊飲水，一邊乾嚼。

特別提醒的是秦漢時期雖然流行喝酒，但是政府實際上是禁酒的。因為政府認為，酒不是好東西，人喝多了就會幹出傻事，也會做出大逆不道的事來，說不定還會做出許多平時想都不敢想的事情。都說喝酒壯膽，當時的人們早就認識到了這一點。所以皇帝就下令民間不得隨意聚集在一起喝酒，一般你自己在家裡一個人喝酒也鬧不出什麼事來。當然，禁止聚集飲酒的理由是浪費糧食，飲酒誤事。只有在特殊情況下，經過皇帝的旨意允許，才能聚集在一起喝酒。

第三章　回到兩晉！

七日遊推薦行程

第一天 坐著羊車遊洛陽。洛陽城的主要看點就在於晉武帝的後宮。他的老婆超過一萬名，陣容非常龐大。不妨坐上他的羊車，跟隨前往，一飽眼福。

第二天 到石崇家裡做客。他是個很愛面子的人，面對遠方的來客，一定會做足工夫，讓你吃到不少山珍海味。吃完之後，還可以參觀他的收藏，尤其那滿屋子的珊瑚樹更是不可錯過。順便聽聽他跟王愷鬥富的豐功偉業。

第三天 竹林七賢中的阮籍和劉伶是絕對不能錯過的人物。兩人都是性情中人，阮籍會用青白眼看人，所以在他面前，不要玩客套，他不吃官場上的那一套。跟他打交道很簡單，拚酒就對了，看看傳說中的酒神到底有多大的酒量。當然，最好能拿到他的親筆授權書，回到現代，可以去跟盜用他的名字打擦邊球的「劉伶醉」打場官司，告它侵權，肯定能得到不少賠償。

第四天 前往東吳的建康城。一部《三國演義》曾讓多少人熱血沸騰，念念不忘，如今，有機會一睹東吳首都，不容錯過。

第五天 追隨祖逖，前往中原戰場，看他如何收拾異族，恢復漢族江山。以他

的愛國英雄熱情，不難激起你的滿腔熱血。

第六天 考慮到顧愷之沒有留下真跡，去拜訪他，估計是絕妙的主意。只要讓他為你畫一幅肖像，帶回來，肯定比圓明園的十二獸首還要值錢。也可以去拜訪陶淵明，雖然有些士大夫的架子，但是在那個混亂的年代，跟他坐在一起，喝喝茶，發發牢騷，聽他唱唱「采菊東籬下，悠然見南山」，也不失為這趟緊張的時空之旅的放鬆辦法。

第七天 如果你看過清朝末代皇帝溥儀的紀錄片，對末代皇帝的遭遇感慨唏噓，那麼就去看看晉惠帝司馬衷。他雖然是個傻子，但是傻到天真，值得我們同情。跟他談國家大事、文史之類的話題就免了，以免他語出驚人，讓你大笑不止。

行前須知

　　自從漢朝崩塌之後，天下大亂。以曹操、劉備、孫權為首的三國軍閥連年混戰，誰也沒有取得壓倒性的優勢。只不過後來偏安西蜀的蜀漢政權由於後繼者劉禪懦弱無為，被魏國滅掉，三國鼎立的形勢不復存在。而魏國本身也麻煩重重，曹操及其族人機關算盡，一心想統一天下，就是沒有想到會被自家人捅一刀。司馬懿是三國時期極有權謀的人，能跟諸葛亮對抗，可見其能力。他就像埋伏在曹家身邊的臥底，眼看曹家人丁不旺，就動了壞主意，想取而代之。經過他和兒子司馬昭的步步策劃，到了司馬炎時，乾脆就把曹操的後人魏元帝趕下臺，自己坐上皇帝位了。可憐曹操一世英雄，曾經廢黜漢獻帝，如今被司馬家的人依樣畫葫蘆，

輕而易舉就奪取了曹家的天下。西元 265 年，司馬炎建立晉朝，定都洛陽。如此一來，曾經的三國只剩下了苟延殘喘的東吳。儘管國內危機重重，北方的鮮卑屢屢挑釁鬧事，晉武帝司馬炎還是做出了出兵東吳、統一中國的計畫。280 年，東吳滅亡，中原天下盡歸晉朝。司馬炎在位期間，採取了一連串強有力的措施，恢復被戰爭破壞的農業、商業，增加被戰爭消耗的人口數量，政治上繼承曹魏，略有改革，國內一度出現繁榮景象。

不過，當時晉武帝篡權曹魏時，為了籠絡人心，大肆封侯，為政權埋下了隱患。西元 290 年，晉惠帝司馬衷繼位。但是這位天生弱智，近於白癡，只懂得吃喝玩樂，根本無法擔當治國重任。他的妻子賈南風倒是個既聰明又有野心的人，皇帝沒用，那就皇后出馬吧。賈后掌握了朝廷大權，晉惠帝淪為傀儡。雖然賈后治國不怎麼樣，倒是擅長宮廷陰謀，連太子都給她害死了。這樣一來，司馬家的人就不高興了。本來這些分居各地、無限擴張的王侯世族，就存有異心，只是礙於晉武帝的面子，沒有起兵造反而已。如今晉武帝既然死了，當今的皇帝又無能，加上賈后亂政，他們就抓住這個時機起來造反，史稱「八王之亂」。

這場戰亂持續了十六年，嚴重地動搖了晉朝的根基，最後雖然以惠帝被毒死、懷帝繼位而告終，但是晉朝也幾乎走到了盡頭。

北方的少數民族對中原覬覦久矣，眼看晉朝搖搖欲墜，當然不肯放過機會。先是攻陷了洛陽，晉懷帝亡，司馬鄴跑到長安，繼續稱帝，接著連長安也被攻陷，西晉也就滅亡了。是年西元 316 年。

後來一個皇室後裔司馬睿跑到南京，建立了東晉。東晉長期偏安江南，此時的北方處於分裂狀態，戰亂不停，政權更迭頻繁。

晉元帝司馬睿在位期間，一直被世家大族所壓制，這些世家大族的勢力甚至可與皇帝相抗衡，互相爭權奪利，弄得朝廷一片烏煙瘴氣，地

方上內亂頻仍。司馬睿眼睜睜地看著這幫亂臣賊子胡鬧，西元 323 年，他憂憤而終。

他的兒子司馬紹就位，為晉明帝。明帝其實是個很聰明的人，有些文才武略，可惜他在位的時間短，繼位兩年就去世了。他就只做了一件事，就是平定王敦叛亂，一雪父親的恥辱。

晉明帝去世得早，最糟的就是沒有培養接班人，使得他的後繼者司馬衍五歲就開始登基，開始時由母親庾太后輔政；庾太后死後由王導與庾亮輔政。司馬衍總共在位十七年，這對東晉的歷任皇帝來說，算是長的了。他在位期間，崇尚儉樸，治國還算可以，雖有叛亂，不過都被平定。但二十一歲就去世了，又是一個短命的皇帝。

縱觀東晉歷史，像他這樣的短命皇帝其實不少，像晉康帝、晉穆帝、晉哀帝這些無不如此。一直到了西元 372 年進入晉孝武帝司馬曜時期，才算有所改觀。孝武帝放在盛唐大漢，其實算不上什麼作為的皇帝，不過放在一直偏弱的東晉王朝，他就是其中翹楚。

他在位期間，積極親政，改革賦稅，任用賢臣，抵擋了北方前秦的進攻，一度被認為是東晉的復興時期，可惜他晚年嗜酒如命，最可笑的是他竟然因為一句玩笑話，被自己寵信的張貴妃殺死。

西元 397 年，司馬德宗繼位，是為晉安帝。這是個比晉惠帝更白癡的人物，連說話都不流利，雖然在位長達二十一年，但幾乎毫無作為，淪為被人利用的傀儡和擋箭牌。如果不是他的兄弟司馬德文處處維護，恐怕早已遭人毒手。皇帝不強勢，大臣大將就瓜分皇權。朝廷內外對立嚴重，經常爆發內戰。歷任相國、宋公、宋王的劉裕，逐漸掌握東晉的軍政大權，他找了個機會縊死司馬德宗，把司馬德文推上帝位，緊接著又逼司馬德文退位，自己取而代之。420 年，東晉結束了。

西晉、東晉雖然都是司馬氏政權，歷史上也視之為前後連續，不過

兩者的區別還是挺大的。西晉一統中國，好歹還有個太康盛世，東晉只有區區江南之地，從建朝開始，就陷入了不斷的內亂爭鬥中，別說治國，保住政權都算不容易了。

西晉的政治制度承襲曹魏，有三省制度、分封制等，東晉的情況基本上就是皇帝跟大臣之間互相妥協，不過大多數情況下，是皇帝弱勢，大臣掌權，政治制度一塌糊塗。但有一點是共同的，就是世族政治一直是主流。

軍事上，兩晉都實行世兵制。西晉曾經滅掉東吳，統一中國，跟北方的少數民族屢有戰事；東晉時就變成了自己人跟自己人鬥，不去想統一全國了；北方的政權隨時都有可能過來踩一腳。南北對抗時有發生。

經濟上，西晉曾有過穩定的政局，而且皇帝得力，所以不管是農業還是商業，發展都不錯；到了東晉時，連皇帝的皇位都時刻不保，更別談什麼發展經濟了。社會長期動亂，民不聊生。

文化上，由於皇帝不可靠，社會動亂，所以那時候的佛學就成了撫慰人們心靈的良藥，它跟逐漸興起的玄學打破了儒學的統治地位。文人的夢想無所寄託，乾脆就喝酒唱歌作賦，如竹林七賢一樣。而大批中原人士南下，也促進了南北文化的交流融合。

背景知識

士族與庶族，拚爹的時代

著名詩人陶淵明的祖父是東晉開國功臣，後來任職武昌太守，所以陶淵明也算得上是官三代，只是到了他這一代時，家道中落，威風不再。有一次，別人推薦他做州主簿，他嫌這個職位太低，沒有地位，所以拒絕了。後來又有人推薦他做參軍，他還不滿足，覺得以自己堂堂士族後代的身分，也不只做一個參軍吧。別人就說：「讓你做個官，你還挑三揀四的，不像話。既然這樣，你就去做彭澤縣縣令吧。」縣令啊，一縣之長，看來挺誘人的。他就答應了，急急忙忙走馬上任。做了不到兩天，上頭就來了個督郵，相當於視察人員，職位不怎麼樣，可是對地方官的威儡力還是很夠的。當時，許多縣官都巴結籠絡督郵，可陶淵明就不幹這事，他發了脾氣，留下一句「豈能為五斗米而折腰」的名言，就甩手不幹了。

不明就裡的人都稱讚他高風亮節，有骨氣，但是熟知當時社會風氣的人都知道，陶淵明仗著自己是士族後代，太把自己當回事了。當時朝廷選官的制度是九品中正制，簡單來說，就是誰家有背景，誰就出來做官，就算沒有能力，道德敗壞也不要緊。這其實完全就是為士族量身打造的升官晉爵的制度。所以那些士族才會趾高氣揚，自以為優越。

互相拆臺的三省官制

任愷是晉武帝跟前的紅人，膽識過人，才華出眾，擔任門下省的宰輔侍中。尚書令賈充很嫉妒他，總想找機會把他排擠出去。有一次，賈充對皇帝說：

「任愷學識淵博，正好可以做太子的師傅啊，讓他做侍中實在是太委屈了。」皇帝一聽，有道理，就任命任愷輔佐太子讀書。任愷知道這是賈充耍的詭計，豈能上當。他跟皇帝說：「教書育人跟做官兩不誤，我請求保留侍中的職位。」一人做兩份工作，太好了，皇帝高興得合不攏嘴。

任愷想找機會報復賈充。當時邊境亂得很，北方的少數民族總是來搶劫殺人。他就上書皇帝說：「邊境需要一個德高望重的人，才能鎮壓得住蠻夷啊。」皇帝問：「那你覺得誰去比較合適呢？」「朝廷之中，要論威望，有誰比得過賈大人呢？他去最合適。」這明著是恭維，實際上是要把賈充趕出京城。賈充有苦說不出，又找不到更好的理由推托不去。後來他就花了一大筆錢，讓中書省的老大在皇帝耳邊吹吹風，這件事就不了了之了。

兩人你來我往的，鬥得好不熱鬧。不過，最後正直的任愷鬥不過陰險的賈充，任愷被罷官了。

任愷是門下省老大，賈充是尚書省的頭頭，而另一個隔岸觀火、漁翁得利的中書省大哥，剛好就組成了晉朝的三省官制。尚書省主管行政，是執行政策的機構；中書省則為決策機構，最靠近皇帝，權力最大；而門下省參議大政，處理奏章，跟尚書省旗鼓相當，誰也奈何不了誰。

假正經的禪讓

劉裕在東晉末年處心積慮，耕耘了許多年，終於覺得東晉的氣數要盡了，自己是時候當皇帝了。他想了一個逼東晉恭帝司馬德文退位的好辦法，那就是禪讓。他自己寫好了禪讓詔書，交給恭帝說：「俗話說皇帝輪流做，今年到我家了。你們司馬氏皇帝做久了，是時候退位了。」恭帝沒辦法，只好發表禪讓詔書，搬出宮去。

按理說劉裕要坐正皇帝位了，但他玩了一個虛招。他在文武百官面前，裝

出一副謙謙君子的模樣，說：「哎呀，我德行淺、功勞小，怎麼也當不起這個大位。還是請恭帝回來吧。」大臣們其實心裡也明白是怎麼回事，都一致勸他說：「你就從了吧，你就從了吧。」簡直就是要哀求他當皇帝。既然各位大臣那麼賞臉，劉裕就很勉強地說：「那，這都是你們說的啊，讓我當皇帝啊，你們可不要反悔啊。那我就真的做皇帝囉。」

這種禪讓的把戲，其實是做給天下人看的，只有傻瓜才會相信這個世界上有人會主動放棄皇位。劉裕透過這齣戲，一來觀察了大臣們的忠誠度，二來是告訴別人，我可是被推舉出來做皇帝的。可謂一舉兩得。

兩晉荒唐皇帝多

◆老婆最多的皇帝，司馬炎

晉武帝司馬炎剛剛登上皇位時，他的老婆楊豔把他看管得很嚴，所以他雖然有些嬪妃，但是很少寵幸。不過，皇帝當了九年後，楊豔愈來愈老，難以滿足他日益膨脹的色心色膽了。他一聲令下，宣布全國選美，充實後宮。為了防止有些女子走脫，他還特別下旨，要求在選美沒有結束前，全國上下一律不得有人結婚。無論是豪門貴族，還是平民百姓，都無一例外。這麼一來，他就收了五千多名女子。

他早就聽說江南女子玉骨冰肌，美女特別多，所以滅了東吳後，毫不客氣地把東吳的五千多個宮女也納入自己的後宮。

這樣一來，名義上他的老婆可就達到一萬多人。這麼多女人，連司馬炎自己也不知道怎麼去選擇了。後來，他乾脆就坐上羊車，在後宮中遊玩。羊車在哪裡停下來，他就在哪裡擺下宴席，吃吃酒唱唱曲，前後左右的佳麗數不勝數。

後來有些望「男」欲穿的女人就想到了一個吸引羊車的辦法。將一些青色

的竹葉子插在門口，還在地上撒了許多鹽巴。羊喜歡吃竹葉，又喜歡吃鹹的東西，就會停下來不走。如此這個女人就能得到晉武帝惠顧的機會。不過，這個辦法很快就被別的女人學走了。大家都插竹葉、撒鹽巴，所以大家的運氣還是像以前一樣。

晉武帝夜夜銷魂，很快身體就被掏空了。五十五歲時，突然中風，一命嗚呼。

◆白癡也能當皇帝，司馬衷

司馬衷天性愚鈍是出了名的，因此在歷史上留下了「白癡皇帝」的稱號。他的愚蠢由以下兩件事可見一斑。

有一天，他正在後花園裡東遊西逛，那時是初夏季節，池塘裡傳來陣陣蛙鳴。他很感興趣，就問周圍的人：「你們說，這些小東西是在為官家叫呢，還是在為私家叫？」有道是一個傻瓜的問題，一百個聰明人也回答不上來。左右隨從都對這個問題感到匪夷所思，面面相覷，不知道說什麼好。這時有個經常服侍他、比較了解他的太監就說：「陛下，這些青蛙若是在官家地裡叫，那就是為官家的；若是在私家地裡叫，那就是為私家的。」晉惠帝問得愚蠢，太監回答得也沒有誠意，完全是廢話。但是晉惠帝聽了卻十分高興，信以為真。

還有一次，某地鬧饑荒，餓死了很多老百姓。朝廷的官員聚在一起討論對策。晉惠帝也參與進來了，不過他的議政水準讓人實在不敢恭維，他說：「人怎麼會好端端地餓死呢？沒糧食吃也不要緊啊，為何不吃肉粥呢？」在場的大臣們一聽，大驚失色，想不到皇帝竟然說出這種話來，個個面面相覷，哭笑不得。

◆追求長生不老的皇帝，司馬丕

司馬丕登上皇帝的寶座後，根本無心治理國家。他一門心思尋訪巫術、仙道，看那架勢，要趕上從前的秦始皇和漢武帝了。道士說：「要成仙，要長生不老，那麼就不能吃飯，只能吃丹藥。」道士也不知從哪裡找來一些亂七八糟的丹藥給他吃，吃得他瘦骨嶙峋的。有一個大臣高崧就看不下去了，說：「陛下要追求長生不老，我們自然不反對。但是也不能扔下天下蒼生一走了之啊。」司馬丕不聽，照樣吃。那藥其實是有毒性的，吃多了，毒性就在身體裡積累起來，逐漸地影響他的器官、神經。有時候藥性發作起來，他就癱倒在地，手腳顫動，兩眼迷離，彷彿進入了迷幻世界。他還以為終於修成正果，卻不知道是大難臨頭呢。後來，他死於藥物中毒，果然「成仙」去了。

◆死得最窩囊的皇帝，司馬曜

老實說，司馬曜本人還算是晉朝裡比較有能力的皇帝，但是他很喜歡喝酒，喝起酒來是不醉不甘休。他喝醉之後，就喜歡胡言亂語。有一次，他在宮內和最寵愛的張貴人一起喝酒。當時他已經喝得有七分醉意，仍然不肯停下來，還要張貴人陪喝。張貴人哪裡跟得上他的酒量，所以拒絕繼續喝。司馬曜就不爽了，藉著酒勁就罵起來：「你是什麼東西，叫你喝酒還不賞臉。當初如果不是我看你有幾分姿色，封你個貴人，你今天能坐在這裡享福？你不喝是吧，那好，明天我就廢了你，另外找一個，反正後宮的女子比你更年輕漂亮的多的是。」罵完了，他就趴在張貴人的身上大吐特吐，搞得張貴人全身上下酸臭難聞，極其噁心。她讓人把司馬曜扶入臥室上床睡覺後，愈想愈氣憤，為自己感到不值，又為司馬曜這老渾蛋噁心，所以就起了殺機。她一不做二不休，叫來心腹宮女，趁司馬曜睡得正熟，搬了幾床大被子，活活把他給悶死了。

狂人輩出

◆嵇康打鐵

嵇康雖然只是個打鐵匠，然而靠著狂放不羈，竟然也成了社會名流。許多士族大夫紛紛前來拜訪，很是榮耀。鍾會那時是朝廷的紅人，事業有成，處處流露出志得意滿、不可一世的姿態。有一天，他想去拜訪嵇康。特地穿上了精緻華麗的衣裳，還呼朋喚友，帶上許多賓客，一行人浩浩蕩蕩出發了。

到了嵇康家時，正巧他正跟向秀在柳樹下打鐵。嵇康鄙視鍾會這種得了志就猖狂的人，所以壓根兒就不想招呼他們，繼續埋頭打鐵。鍾會很尷尬，站也不是，坐又不是，好幾次眼巴巴地看著嵇康，希望嵇康能說幾句話。

但是嵇康好像根本沒有看見他一樣。就這樣，鍾會和他的朋友們在柳樹下默默地圍觀著嵇康打鐵。他也是個有身分的人，丟不起這個臉，所以過了一會，準備招呼朋友們一起打道回府。就在這時，嵇康忽然放下錘子，問道：「何所聞而來？何所見而去？」鍾會答道：「聞所聞而來，見所見而去。」

嵇康蔑視強權，不阿諛逢迎，好樣的，有骨氣。但是他得罪的是鍾會，這導致了他後來被朝廷藉故殺死。

◆劉伶喝酒

劉伶是竹林七賢中以飲酒而聞名的人物。有一次，他吃了五石散之後，又喝下許多酒，然後就脫光衣服，在房間裡走來走去。恰好有客人來拜訪。他也毫不避諱，直接請客人入屋，客人一看，很尷尬，說：「你怎麼能脫光衣服待客呢？太沒禮貌了。」劉伶卻無所謂地說：「天地就是我的房子，房屋就是我的衣褲。現在你們跑到我的衣褲裡面來了，你們想幹什麼呢？」客人一聽，掩面而去。

還有一次，他口渴，想找酒喝。可是他的老婆不給他，還把酒桶給扔了，說：「天天喝酒，會喝壞身體的。要想長壽，就得戒酒。」劉伶高聲附和道：「說得對，我也這麼認為。那我就戒酒吧，你去準備些酒肉，然後我祭祀鬼神，發個毒誓。」他的妻子大喜過望，趕忙去準備酒肉。結果劉伶跪在地上喃喃禱告說：「上天生下我劉伶，就是要讓我喝酒的。一喝就是一斛，喝五斗時能消除酒病。女人的話，豈能聽信？」說完，抓起地上的祭祀品，又吃又喝，直到大醉方休。

晉朝時，社會動盪不安，文人作為最敏感的群體，時常受到統治階級的「特殊照顧」，所以很多像劉伶這樣的文人，寧可借酒澆愁，也不願開口談正事，免得惹禍上身。

◆孫楚學驢叫

王濟是西晉的名流，很受人敬重，他死的時候，轟動社會，當時的名士賢人都來送葬。有一個叫孫楚的詩人，性格正直，不畏權勢。他非常尊重王濟。他一來，就對著王濟的屍體大聲慟哭，就像死了老爸一樣。旁人聽著那悲慟的哭聲，沒有不跟著流淚的。孫楚哭完後，對著躺在靈床上的王濟說：「以前你在的時候，說很喜歡我學驢叫，現在就讓我為你再學一次，以示送行吧。」說完，他就真的學起驢叫。因為他學得很像，可把那些剛剛還在流淚哀痛的賓客們給逗得哈哈大笑。孫楚對著眾人，緩緩地說：「上天不公平啊，怎麼就讓你們這些人活著，卻讓王濟死了呢！」於是眾人立刻啞口無言，頻頻冒汗。

士族是晉朝政治最大的群體，他們幾乎掌握了朝廷各方面的大權。所以當時若能跟士族聯姻，攀上關係，是許多平民百姓的夢想，因此社會風氣自然也充斥著種種的虛偽客套。

◆王猛捉蝨子

王猛是東晉人，自幼胸懷大志，氣度非凡。有一次東晉的桓溫進行北伐，擊敗了北方的前秦軍隊，在關中駐軍。當時的父老鄉親紛紛殺豬宰羊，犒勞將士們，前往圍觀的人絡繹不絕。王猛聽到這個消息，穿著一身又舊又破的麻布短衣，跑到桓溫大營求見。桓溫看他舉止非凡，對他另眼相看，請他談談對時局的看法。王猛也不客氣，盤腿坐在地上，跟桓溫侃侃而談。因為他的衣服穿得有些時日了，也不曾洗過，所以散發出一股難聞的味道，而且還長出蝨子來。那蝨子就不停地咬，只見王猛一面嘴裡滔滔不絕，縱談天下大事，一面旁若無人地把手伸進衣服去，別人還以為他在撓癢癢，誰知他卻摸出蝨子來，用指甲蓋輕輕地在地上一按，啪的一聲，蝨子腸穿肚爛。在場的人看得目瞪口呆。桓溫更是暗暗稱奇，再聽他的言語，無不說得有理有據，精妙絕倫。桓溫歎服道：「先生真是治國之良才啊，我看江東沒有人比你更高明的了。以你的氣度，非宰相莫屬。」

王猛為什麼不穿新衣服拜見大官，反而要穿有蝨子的舊衣服示人呢？這可要從當時吃五石散的風氣說起。別看王猛只是一介草民，其實他也是五石散的愛好者。吃了五石散之後，因為全身會發燙，皮膚灼熱，為了避免被衣服磨破皮膚，所以最好的辦法就是穿舊衣服。新衣服硬邦邦的，穿起來不舒服，所以衣服是愈舊愈好，而且穿久了也不洗，接著繼續穿。衣服穿久了，就長蝨子了，所以就出現像王猛一樣一邊吹牛一邊捉蝨子的情形。

◆顧愷之學隱身

顧愷之雖然是大畫家，但卻也很迷信。因為迷信，所以整個人有時候就瘋瘋癲癲的，當時朝廷的權臣桓玄就很喜歡捉弄他。有一次，桓玄拜訪他，在來的路上想到了一個主意。他隨便摘了一片樹葉，見到顧愷之時就說：「我今天

帶了一片神奇的葉子給你，可不要小看啊，人要是拿著這片葉子就會隱身了。他要是想幹什麼事情都沒人能看見。」顧愷之竟然信以為真，他接過葉子，翻來覆去地觀看。桓玄也是成心使壞，故意環顧四周說：「咦？人哪裡去了呢？」顧愷之高興極了，以為別人真的看不見自己。一會兒，桓玄就瞅著他站的地方，開始撒尿。顧愷之竟然真的以為桓玄之所以這樣做是因為沒有看到他，所以也就默不出聲，任由那尿撒到自己身上來了。桓玄憋著笑意好不容易才把一泡尿撒完。

顧愷之雖然很傻很天真，但偏偏就是他的傻氣救了他。以桓玄那樣的權臣，肆意妄為，連皇帝都不放在眼裡，在朝廷內外大開殺戒，顧愷之能安然無恙，與其說是幸運，不如說是桓玄覺得他毫無威脅，所以才放他一馬。

入門指南

兩晉服飾的身分象徵

◆狗尾續貂

晉武帝司馬炎死後，他的兒子司馬衷繼位，朝廷大權被賈后牢牢掌握。趙王司馬倫以恢復司馬氏皇權為理由，帶兵衝入宮廷，殺死賈后，廢除司馬衷，自己做起皇帝來。他擔心眾人不服，所以採取了封官晉爵的辦法籠絡人心。朝廷大臣視重要性不等，都官升三品。那時候，法律規定，王侯大臣都要戴著貂尾裝飾的帽子。司馬倫這麼一來，封官的人那麼多，貂尾就不夠用了。但是又不能廢除祖宗制定的規矩，他乾脆就下令說：「貂尾不夠，那就用狗尾巴來代替嘛，反正狗尾巴多的是。」大臣們啼笑皆非，這狗尾巴豈能跟貂尾相比。不

89

過，沒有人敢反對，只是如此一來，民間的狗可就遭殃了。

可見，當時貂尾的社會地位是非常高的，它是一種身分象徵，只有官員王侯才有資格佩戴，普通老百姓別說是貂尾，就算是狗尾巴，也不允許佩戴。

◆靴子要顧好

晉朝時，有個女人在汾水邊洗衣服，她穿著一雙新靴，為了不把靴子弄濕，她就脫下靴子放在河邊。剛好有個路人乘馬經過，起了貪念，把新靴拿走了，還留下舊靴。女人眼看新靴變舊靴，非常生氣，拿著舊靴跑到縣府處告狀。縣府想到了一個破案的主意。他把城外鄉下的老太婆們召集在一起，然後拿出舊靴對她們說：「有個騎馬的人在路上被強盜殺了，只留下這對靴子作為遺物，你們有誰認得的？」其中就有一個老太婆站起來，搶過靴子，大哭說：「天哪，這是我兒子的靴子啊。昨天他穿著去拜見岳父的。」這下好了，縣府不費吹灰之力就把貪小便宜的人抓到了。

晉朝時，南方一般穿木屐，北方則習慣穿靴子，這是為了袪寒保暖用的。

靴子當然還是比較貴重，所以朋友親戚之間經常當作禮物相送。如果靴子不見了，甚至可以向官府報案，要求追查。可見他們有多看重靴子。

社會風俗與文化

◆晦日送窮

從前有個叫廋約的人，是個流浪漢，每天穿著破破爛爛的衣服，穿街走巷地乞討稀粥填肚子，人們很可憐他，不但施捨粥水，而且還將新衣服給他。但是他接過後，從來不穿新衣服，總是將新衣服撕破，要不就是用火在衣服上燒出一個個破洞，然後再穿。人們感到很奇怪，後來就給他取了個外號，叫「窮

子」，大概就是如今我們所說窮鬼的意思。

有一年正月晦日這一天，廋約病死在一條小巷中。附近人們認為這很不吉利，所以就在這一天，用粥和破衣舉行祭祀活動，希望他的鬼魂不要停留在這兒，而是遠遠走開。久而久之，這個活動就變成了固定的習俗，稱之為送窮鬼。

在這一天，人們紛紛來到水邊，有的比賽划船，有的在岸邊設宴吃喝玩樂，有的在江水中漂洗衣裙。江岸邊是一片熱鬧景象。這樣做是為了消災解厄，讓江水把身上的晦氣洗掉，讓流水把晦氣帶走。不過，後來晦日出遊逐漸演變成遊水賞春的郊外活動。

◆晉朝的海洛因，五石散

王戎是著名的竹林七賢之一。有一次，幾個王爺叛亂，齊王冏召開軍事會議，商討平亂策略。當時王戎擔任尚書令的高官，他也參加了這次會議。不巧的是，他剛剛吃過五石散，正處於藥性發作的當下。他如癡似癲，在會上侃侃而談：「人家帶兵百萬，勢不可擋。我們肯定打不過。你不如下臺算了，回家安享晚年去。急流勇退，放棄權力，才是上上之策啊。」在場的人都驚呆了，想不到他竟然說出這番話來。齊王冏的謀士非常生氣，反駁說：「放屁，古往今來，有哪個放權的王爺能活命的？還不是都被別人殺死。你妖言惑眾，我看要把你處死示眾才可以。」王戎一聽，不吭聲，說要去上茅廁，於是就出去了。一會兒，就聽見有人大喊：「不得了了，不得了了，王大人掉茅坑裡頭了！」齊王冏讓人把渾身惡臭的他撈起來，笑著問他：「你是怎麼掉進去的？」王戎回答說：「剛吃了藥，站不穩，所以就掉下去了。」在場的人哈哈大笑，竟把剛才王戎的胡說八道給忘了。王戎死裡逃生，撿回一條命。不過，後來齊王冏到底還是被殺死了，而王戎卻還活得好好的。

五石散是什麼東西呢？為什麼在晉朝那麼風靡呢？五石散的主要成分是一

堆礦物質。在晉朝，由於政治黑暗，那些文人名士就透過服食五石散來麻醉自己，這有點兒像生活不如意的人迷戀海洛因一樣。不過，那時候，吃五石散可是一種很有風度的行為，代表了一種高貴的身分。只是常常食用五石散的人，脾氣往往會變得非常暴躁，常常會出現幻覺，精神恍惚，大放厥詞。

◆美男子盛行

潘安是歷史上有名的美男子，晉朝人。他不僅長得玉樹臨風、英姿颯爽，而且還擅長寫詞，寫起來洋洋灑灑，非常優美，實在是個風流倜儻、才華橫溢的才子。這樣的人物，簡直就是社會的偶像。他寫的文章，洛陽城裡的女人未必看得懂，但是幾乎無人不拜倒在他的風采下。有一次，他上街遊玩，大批少女老婦蜂擁而至，嚇得他以為發生了什麼事情。女人們怕他走掉，就把他圍起來欣賞。當時還不流行送花示愛，女人們隨手就抓起攤販的新鮮水果蔬菜，向潘安的馬車扔過去。好不容易殺出重圍，回到家一看，一車滿滿的水果，全是免費的。這下得了，因為帥氣，連買水果的錢都省下了。

另外一個美男子衛玠也不遑多讓。在他的身上，集美男子的一切重要元素：美貌、皮膚白皙、談吐優雅，更致命的是他淡淡的冷漠還隱隱帶著一絲哀傷，讓人乍看之下，不免心生愛憐。有一次，他去了建康城一趟，人們聽說他來了，全城轟動。「粉絲」們集體出動，爭相觀看，把他圍了個水泄不通，造成交通大壅堵。他就在那裡不斷地向大家揮揮手，講兩句，那場面比起今天的演唱會更誇張。可惜他體質虛弱，禁不住粉絲們的過分熱情，所以回家後就一病不起，不久就死了。因此，人們都說他是被看死的。

在晉朝，不管是皇帝還是士族大夫，都有同性戀傾向。所以那個時代，再漂亮的女人都不出色，美男子反而最吃香。

◆炫富

石崇的老爸是石苞，西晉開國功臣之一，所以石崇是富二代。王愷是皇帝的小舅子，背靠大樹好乘涼。他們兩人為了證明誰最有錢，竟然用舉辦奢侈比賽來一決勝負。

石崇用飴糖洗鍋，王愷就用蠟燭燒飯；王愷做紫紗步幛四十里，石崇就做織錦步幛五十里；石崇仿照皇帝後宮，用花椒塗料粉刷牆壁，王愷就用赤石脂粉壁。對於兩人的奢侈競賽，皇帝不僅不加以禁止，反而像圍觀熱鬧似的看得津津有味，還暗中幫助王愷。有一次他借給王愷一枝高達兩尺許的珊瑚，枝條秀美，世所罕見。王愷拿出來給石崇看，不料石崇從袖子裡抽出鐵如意把珊瑚砸了個粉碎。王愷大怒，石崇卻說：「不用著急，還你就是了。」他呼喚僕人搬出自己的珊瑚，僅三四尺高的就有六七枝，像王愷那樣的多的是，枝條舒展，光彩溢目。王愷目瞪口呆，驚羨萬分。這種攀比鬥富的社會風氣最終葬送了西晉的統治，可惜到了東晉時，當朝統治者仍然沒有吸取教訓，依然再次沉淪。

◆清談誤國

王羲之的兒子王徽之是有名的談客。他每天開口閉口就是談玄，披頭散髮的，還自以為風流雅致。朝廷任命他為桓沖的騎兵參軍，但是他從來就沒在這個職位上做過正事。有一次，桓沖心血來潮，問他在哪個部門任職，他回答：「好像是在馬曹。」桓沖又問他管多少馬？他理直氣壯地說：「我連馬都不知道，怎麼會知道數目？」桓沖問他馬死了多少，他來勁了，用《論語》中的話來回答：「未知生，焉知死？」桓沖看不下去了，就勸他：「既然你任職參軍，還是要管一些事的。」王徽之側著腦袋想了想，突然蹦出一句：「西山朝來致有爽氣耳。」完全是莫名其妙牛頭不對馬嘴的回答。

清談跟食用五石散，都是晉朝的時尚行為。清談者常常從道家的觀點出

發，探討人生、社會、宇宙的哲理。這就有點兒像如今的學術研討會。只不過他們愈談愈玄乎，完全不在乎有無邏輯，也不研究什麼精密的推論，愈驚世駭俗、出人意料，就愈引人矚目，他們也就愈高興。反正清談也不用得出什麼結論，因此後來就變成了純粹的時髦活動。

◆拆房子也不能拆家譜

晉朝是出了名的名門士族當道的時代。士族階層自成一體，排斥庶民。他們在政治經濟文化領域占據絕對的統治地位。庶民就是陪太子讀書，看熱鬧的，雖然可以做官，可以執掌權力，但是仍然得不到社會的尊重，根本沒有社會地位可言。這種現象是非常普遍的，就算是皇帝，他也沒有辦法改變一個人的社會身分。

為了防止庶民寒門偽造家庭出身背景，混入士族階層，政府還專門成立了家譜局，記錄各世家大族的流水帳，編訂家譜，並且以此作為選取官員的依據。晉朝時候儘管社會動盪，但是家譜卻是很穩定的，猶如黃金可以保值一般，不會隨著改朝換代而丟失身分。只要祖宗是士族大家，那麼往後的子子孫孫都是士族，享有高貴的身分。

反過來說，只要一代為庶民，那麼往後的子孫都是庶民，也不要指望能透過跟士族大家聯姻改變身分。因為晉朝的政府早就想到了這一點，所以提前做了預防，實行嚴格的門第婚姻制度。庶族絕對不許與士族通婚，即使在士族內部，通婚的對象也各有等次，不可隨意進行。士族出身的武官仍然不能與士族通婚。

實用指南

穿越前的準備

　　你所選擇的晉朝，是司馬氏的天下。縱觀歷任皇帝，無論是西晉還是東晉，好皇帝寥寥可數，大多數的皇帝既年輕又短命，所以政局非常不穩定，時常爆發內亂。尤其是東晉，偏安江南，一點也不像中原正統王朝。不過，晉朝又是中國歷史上非常獨特的時代，有很多光怪陸離的社會現象，很值得一看。前往晉朝，吃喝玩樂、開心最重要。

　　另外，到晉朝時，如果不想被人看扁，想享有特權，獲得別人的尊重，最好的辦法就是回家去找找家譜族譜，看一看自己的祖先有沒有在東漢或者兩晉時期做過士族大夫。倘若有的話，那恭喜你了，現在你是士族二代了，在晉朝你將會得到許多意想不到的好處。

帶多少錢去兩晉

　　東漢以後，經過三國長期的混戰，經濟遭到嚴重破壞，不過不要就此低估兩晉時期的經濟狀況和生活成本。雖然你在現代社會有可能是富家子弟，父親是億萬富翁，但是不管你多麼富有，到了晉朝時，你敢跟石崇、王愷那樣的富豪攀比嗎？石崇吃一頓飯都花費上萬錢的。所以，你得仔細估量一番，要帶多少錢去晉朝，才能看起來不像個窮人。

　　中國有幾十個朝代，發行了數十種貨幣，唯獨兩晉時期，政府偷懶，皇帝省事，連鑄幣的工夫也省了，西晉直接使用東漢的五銖錢作為法定貨幣，而搬遷到江南的東晉則使用三國時期東吳的「大泉」，它鑄得很大，很重，所以還

是以五銖錢為通用貨幣，一枚「大泉」可以兌換五百到兩千個五銖錢。

　　根據東漢的購買力，一枚五銖錢相當於臺幣兩塊錢，不過由於兩晉時只顧著使用舊錢，沒有鑄新幣，那舊錢有的損耗，有的外流，更多的是被世家大族給收藏起來了。所以市面上流通的錢幣就愈來愈少，五銖錢的購買力也就提升到了二‧五元左右。

　　陶淵明留下了「不為五斗米折腰」的名言，我們就以他的五斗米來說明當時的物價水準以及貨幣購買力。當時政府計算官員的薪水，是按天計算的，發放薪水時是按季度的。陶淵明所說的五斗米，其實就是指他一天的薪俸。晉朝一斗米最多四斤重，五斗米則重二十斤，一天二十斤，一個月六百斤。按現在的米價，假設每斤米十二‧五元，六百斤米則值七千五百元，換算成五銖錢，就是三千錢。也就是說，那時候做到縣令這個職位的，月薪就是七千五百元臺幣。因此以現在一般上班族的薪資水準，回到晉朝去，日子可是過得比縣官好。

最佳穿越時間點

　　時間點的選擇，關係到時間旅行的樂趣。亂世兩晉，尤其需要注意時間點的選擇。兩晉持續了一百五十五年，而且被分割成西晉、東晉兩個時期，以下幾個時間點是本書推薦的。

◆推薦時間：西元 265-290 年

　　安全指數：★★★　　新鮮指數：★★★

　　司馬炎作為晉朝開國君主，沒有經歷過戰爭就順利得到政權，他缺少開國君主應有的危機意識與深謀遠慮。他曾經勵精圖治，採取許多強有力的措施，促進經濟恢復，讓社會穩定。美中不足的是他在建國伊始，為了鞏固司馬氏天下，大肆封王封侯，替西晉埋下了極大隱患；而且他還帶頭搞奢侈生活作風，

嚴重地影響了社會風氣。

　　大事：司馬炎雖然從曹魏那裡篡奪了政權，但是南方的東吳依然是個威脅。西元 279 年，經歷十年備戰的司馬炎，指揮五路大軍，共二十萬人馬，浩浩蕩蕩殺向了毫無準備、陷入內亂的東吳，僅僅用了不到四個月的時間，就把東吳從地圖上抹去。司馬炎再一次統一了分裂的中國。

◆推薦時間：西元 318-323 年

安全指數：★★　新鮮指數：★★

　　西晉滅亡後，琅琊王司馬睿跑到建康，也就是如今的南京，在晉朝貴族和江東大族的支持下建立東晉。皇帝本身並無實權，由大臣王導與王敦主持朝政，掌握兵權。後來，司馬睿跟二王之間產生矛盾，王敦起兵造反，公然攻入朝廷，在司馬睿的眼皮底下殺死了支持皇權的劉隗、刁協，司馬睿無可奈何，悲憤交加，幾個月後就病死了。這段時期，東晉內部的叛亂，以及跟北方少數民族政權的戰事，是影響安全指數的重大因素。

　　大事：祖逖是東晉時的名將，目睹西晉沉淪，自年少時就立志報國，成語「聞雞起舞」說的就是他。他一心想恢復中原，召集了許多敢做敢為的壯士，練習武藝。後來又向晉元帝提出建議，請求朝廷派他北伐中原。祖逖帶著一百多人踏上北伐征途。依靠著北方百姓的支持，以及無數壯士的加入，打了許多勝仗，收復了許多失地。可惜皇帝妒忌他的功勞，派人把他的兵權給架空了。西元 321 年，祖逖抱恨去世，時年五十六歲。

　　趣事：王敦叛亂時，帶兵攻打周禮。周禮是個有名的吝嗇鬼，他的士兵沒有什麼像樣兒的兵器，打不過王敦，於是就請求發一些好兵器。當時周禮的倉庫裡明明有很多好兵器，但是周禮卻捨不得用，怕弄壞了。於是去另外一個專門收藏破爛的倉庫裡找了一些破銅爛鐵，發給士兵們。士兵們非常生氣，埋怨

說：「我們為他拚死拚活，他連一件好兵器都捨不得給。誰願意為他賣命啊。」於是鳥獸散跑了。沒了士兵的周禮當場被捉，成了俘虜。

◆推薦時間：西元 372-396 年

安全指數：★★★　新鮮指數：★★★

　　東晉終於迎來了一個像樣的皇帝，那就是晉孝武帝司馬曜。他在位期間，改革賦稅，加強皇權，而且有謝安這樣一位賢臣輔助，國家一度治理得有聲有色，但是就在人人都以為國家即將邁向復興時，謝安死了，司馬曜於是沉溺酒色，每天都喝得醉醺醺的，朝政也荒廢了。他喝得多，腦子不清醒，所以說話不知輕重，最後也死得糊裡糊塗的。這段時期，雖然朝廷混亂，不過地方上總體還是平靜的，沒什麼叛亂發生。

　　大事：西元 383 年，北方的前秦君主苻堅率領八十萬大軍，浩浩蕩蕩向東晉殺過來。東晉政府派出以謝安為首的八萬兵馬迎戰。結果東晉勝出，這場本是一面倒的戰爭變成了中國乃至世界軍事史上著名的以少勝多的案例。

　　苻堅的驕傲是出了名的，沒出兵前，豪言壯語，兵敗後，失魂落魄，簡直判若兩人。當他決定南侵東晉時，朝中的大臣紛紛說不可，因為東晉是漢族政權，是中原王朝的正統，深受漢人擁戴，而且地處江南，有長江天險，不易進攻。但是苻堅不屑地回應：「我前秦坐擁百萬大軍，滅東晉綽綽有餘，就算是長江天險，也不在話下。我一聲令下，所有士兵把他們的鞭投入長江，就可以把長江截斷。所謂的長江天險又算得了什麼呢？」後來他的軍隊跟東晉軍交上手，吃了敗仗，他跑到前線陣地去視察軍情。發現晉兵訓練有素，以前的豪氣不免動搖了。剛好他又望向北面的八公山，看見無數草木在風中搖曳，好像那裡埋伏了許多晉兵，他大驚失色，說：「東晉士兵遍地都是，何止區區八萬呢，我們上當了。」然後他又繼續吃敗仗，撐不下去了，帶著殘兵往回撤。他們失

魂落魄的，成了驚弓之鳥，聽見風吹過的聲音以及飛鶴的鳴叫，竟然以為晉兵仍在後窮追不捨。連奔帶跑地回到北方後，百萬大軍僅剩下了兩成。

最該去的地方

弱晉肯定不比秦漢時期，由於戰爭過於頻繁，對城市的破壞太大了。這個時期，僅推薦兩個城市。

◆洛陽

作為西晉的都城，這裡是全國的政治、經濟、文化中心。洛陽設有三個集市，金市在城內，這裡是達官貴人、豪門貴族購買奢侈品的地方；馬市在城東，所以又叫東市，主要用來交易馬匹，偶爾也會充當處決犯人的刑場，竹林七賢之一、桀驁不馴的嵇康就是在此被斬殺；羊市在城南，不僅僅是買賣羊，而且是小販雲集、各種小商品交易的主要場所，三大市中，它的規模最大，商人最多，所以也是最繁榮的。洛陽還是全國的糧食交易中心，所以糧食加工業非常發達。附近有大小河流，利用水路運輸的作坊到處都是。

◆建康

東晉時，都城由洛陽移到了建康，建康城是南方的政治、經濟、文化中心。東晉政府在原來的城市基礎上有所擴建，增加了輔城。得益於南方的氣候和土壤，建康城是當時全國最富饒的地區之一。許多手工作坊在此扎根，產銷一條龍。而且它跟周圍的城市商貿經濟銜接得非常好，經常有商人來往於附近的城市跟建康之間做生意。由於更靠近海岸，所以這裡的海外貿易非常頻繁。從東南亞地區源源不斷地有象牙、犀角、珠璣、琉璃、吉貝、香料等輸入進來，再

從此散發到全國各地。

找誰簽名

晉朝不管在軍事，還是在政治領域，簡直沒有什麼可提的人物。不過，也不知道是不是因為政治失意，文化得意的原因，這一時期的文化藝術相當出色，出現了很多文化名人。來到兩晉，如果時間和條件允許，不妨在自由行日期中選擇下列的人物拜訪。

◆王羲之

王羲之（303-361），字逸少，號澹齋。是中國書法家中排名第一的人物，號稱「書聖」。中國的書法藝術是全世界獨一無二的，風格多樣，其中又以隸書、草書、楷書、行書最為常見。有些書法家僅擅長一種，就獨領風騷，自以為大家。但是王羲之可厲害了，他是樣樣精通，堪稱千年不遇的人才。其中《蘭亭集序》最為後人所欣賞。他的書法風格平和自然，筆勢委婉含蓄，飄如遊雲，矯若驚龍。

◆顧愷之

顧愷之（344-405），是一個在文化藝術領域中留名青史的人物。他生活在東晉末年，以繪畫而聞名，擅長人物肖像、神仙、佛像、山水鳥獸等。據說他的功力達到了畫龍點睛的境界。當時的權臣都以收藏他的畫為榮，像桓溫的兒子桓玄乾脆就直接偷了他的畫作，據為己有。可惜他的畫作都沒有保存下來的。除了畫畫，他還挺會作詩賦的，書法也不賴，只是沒有達到王羲之那樣的成就罷了。

◆陶淵明

陶淵明（365-427），又名陶潛，字元亮，自稱「五柳先生」。他的祖父陶侃是東晉開國功臣之一，不過到了他這代時，已經淪為官×代了，家道中落，但是又放不下士族子弟的架子，混得灰溜溜的。後來乾脆躲到鄉下歸隱去了，好歹在歷史上留下了個田園詩人的好名聲。此外，他還開了做隱士的頭，是隱士的祖師爺。最為我們所熟知的詩句是「采菊東籬下，悠然見南山」，真是給人一種瀟灑悠然的感覺。

◆謝安

謝安（320-385），東晉最有名氣的政治家、軍事家。出身於名門世家，不折不扣的士族後代，不過他確實很有能力，在上層社會中享有很高的聲望。本來他處於退隱狀態，拗不過眾人的千呼萬喚，於西元 359 年步入仕途。他曾擔任宰相一職，挫敗桓溫的篡位陰謀，淝水之戰中，大敗前秦八十萬軍隊。後來被朝廷所猜疑，於是自願退出政治舞臺，低調避禍，直到病逝。

◆裴秀

裴秀（224-271），西晉大臣，曾官至尚書令和司空。不過他最為人所知的就是作為學者，對中國古代地理和地圖進行了仔細整理和精心研究。後來寫了一本《禹貢地域圖》，名垂青史，奠定了中國地圖之父的名聲。

特別補充

◆兩晉美食

　　中國的美食文化之所以影響深遠，全球到處可見中餐館，晉朝的那些統治者、士大夫絕對功不可沒。正是他們改變了自商周以來大塊大塊燉肉的飲食習慣，走向精緻，以強調味美為準。因此，來到晉朝，一定不要忘記用舌頭仔細去體驗古人的飲食。

　　兩晉的時候，人們的主食一般是麥飯、粟飯、稻米飯等。麥飯就是大麥米所做的飯，屬於比較低等粗糙的食物，一般也就是士兵或者窮苦人家才吃。粟飯就相對好一些，在北方屬於餐桌上常見的東西，不過對南方來說，還是被視為粗飯，吃的人很少。南方人一般吃米飯，他們也最喜歡吃米飯。首先，因為南方是稻穀產地，稻米到處都有；其次，當然是因為稻米吃起來不論口感，還是營養都屬於上品。就連當時的巨富石崇，在宴請客人時，也以桌子上有米飯而驕傲。稻米雖好吃，但是產量有限。而且晉朝時，經常發生戰爭，一打仗，農民就遭殃，沒人種田了，所以稻穀就愈發顯得稀少。他們就把稻米熬成粥，有錢人家就放些肉下去，其實這個是稱不上任何技術的，大概跟如今我們吃的粥差不多。不過，考慮當時的歷史情境，把米飯和米粥視為食品中的佳品，並不為過。

　　北方一般產小麥，小麥可以磨成麵粉，做成麵食。麵食當中，又以餅為多。這裡要特別推薦何曾家的開花饅頭。司徒何曾家的烹飪技術是一流的，甚至超過了皇帝的御膳房。皇帝邀請他去赴宴時，他總是自帶食物，不吃皇宮裡的東西，看不上眼。就拿饅頭來說，如今我們在市場超市裡，看到大堆小堆的饅頭，就以為很平常，殊不知在晉朝時，能把麵粉發酵蒸成饅頭，是非常了不起的。而何曾家更了不起，在此基礎上又研究出了蒸開花饅頭的技術，這個東西連皇宮裡都沒有，所以皇帝要吃的話，也只能問他了。

來到東晉，不可不嘗南方的水產品，有淡水魚蝦，有螃蟹和海魚等。當然，那時候沒有什麼工業，也沒有人工養殖業，水產絕對是純天然、無污染的。吃法上，除了以往的煎炸蒸煮，他們還流行做魚乾。魚身用鹽醃漬，曝曬後就變成普通的鹹魚了。除此之外，他們還想到了一種製作魚乾的方法，就是把魚身曬乾，然後放到銀缽中用蜜漬浸泡，味道極其美味。他們吃螃蟹的方法也很特別。先將活蟹浸泡在糖漿中，讓螃蟹就在裡頭掙扎，不停地喝糖漿，然後就甜死了，再撈起來烹製加工。這個吃法跟如今流行的醉蝦和醉蟹有些相似，只是沒有那麼恐怖而已。

◆婚俗，沒有門當戶對不能結婚

如今關於古代各朝的電視劇滿天飛，有些讀者看多了，會對那些狗血劇情信以為真，比如說以為在古代很容易發生豔遇，只要耍耍酷，裝個樣子，就很容易搭上個大富婆、公主、貴婦人什麼的，如果你也抱著這樣的想法來到晉朝，你就會發現這個想法是多麼的錯誤和愚蠢。

晉朝是出了名的士族政治，做官也好，人情往來也好，統統都以家庭背景為核心，所以那時候流行家譜學。上層人士吃飽飯不做別的，就是在那裡碎碎念叨這個家族怎麼樣，那個家族如何如何，有點像巴爾札克的小說裡面所描寫的法國貴族，他們對於世族的來龍去脈一清二楚。可見身分對於他們是何等重要。

反映在婚姻上，中國歷史上，還沒有哪個朝代像晉朝這樣，對門第婚姻看得這麼重。那時候的結婚，擺在第一位的可不是感情，而是看對方是否為士族，是否為名門之後。否則就算你是商人，有大把的財富，能買通鬼神，也買不到一個士族的身分，更買不到士族女子的芳心。至於普通的平民百姓，對那些士族女子，大概就只有仰頭觀望的分了。

那些世家大族，壟斷了政治、經濟等方面的特權。他們為了世代保持這種壟斷地位，保持貴族血統的純粹，堅決地排斥外人進入這個圈子，所以在婚姻問題上十分講究門當戶對，在姻親的選擇上皆以地位與自己相當的大族為對象。有歷史學家透過研究發現，晉朝的士族通婚，一般只局限在十數個大族中。

　　所以，近親結婚的事情就很常見。當然，那時候科學還沒有那麼發達，對於近親結婚的危害尚不知情，反而以親上加親為榮。晉朝的皇帝大多懦弱不堪，不知道是否跟近親聯姻有關係。

第四章 回到南北朝！

七日遊推薦行程

第一天 南朝是正宗漢人政權，北朝是異族政權。所以來到南北朝的第一站首
選是南朝宋的建康城。建康是都城，商業很發達，很適合做生意。

第二天 前往洛陽城。時間可以選擇西元 480 年前後。這時候，洛陽城已經重
建，所有的東西都是新的。而且北朝的皇帝正在推行漢化改革，以你
的學識，可以教他們漢文字，說漢話。此舉不但能贏得皇帝的歡心，
而且還能促進民族的融合。

第三天 離開洛陽城時，別忘了購買一些當地的金銀珠寶，價格比南朝便宜很
多。接著前往南方的廣州去走走，這裡是外貿重鎮。在這裡，你會看
到許多外國人，你可以把金銀珠寶賣掉，然後買些象牙、香料什麼的。
這些東西很稀罕，拿到哪裡都不怕沒有市場。

第四天 前往西元 510 年的南齊，拜訪皇帝蕭衍。他已經戒酒戒美色了，吃的
也不講究，不過他對於佛學很有研究，可以跟他切磋佛道。告辭他後，
可以前往范縝家做客。他是個很正直的人，對於佛學，他有一套不同
的看法。

第五天 白天，拜訪南方當地的士族，跟他們品茶聊天，切磋棋藝。晚上就到
建康城逛街，欣賞江南美女。

第六天 前往秦淮河兩岸看美女。雇一艘船和兩名隨從，挑上一些美食好酒，一邊在河上泛舟，觀賞岸邊的風景，一邊飲酒作樂。

第七天 西元 574 年，北方正在大肆毀滅寺廟佛像。可以帶上相機，看看古代政府是如何強拆。另外，洛陽的龍門石窟也建設得有模有樣了，那時候還不收門票，可以考慮前往旅遊欣賞一番。

行前須知

南北朝是中國歷史上很奇特的一段時期，中國一分為二，以黃河為界，在各自的地盤上相繼出現幾個政權，而且都標榜自己才是中原王朝的正統，大部分時間裡，它們都安於內鬥，熱衷於改朝換代，不過有時候，南北也會相互攻擊。

南朝的第一個政權是南朝宋，建立於西元 420 年，建立者就是東晉末年野心勃勃的劉裕。他的出身跟劉邦有得比，也是市井流氓來的，總共做了兩年皇帝。此時北朝正處於北魏的統治，皇帝是明元帝拓跋嗣，是鮮卑族人。

劉裕的長子繼位後，不到兩年時間，就被廢黜，不久被殺。他的兄弟劉義隆於西元 424 年繼位，是為宋文帝，皇帝一做就是三十年。在那個亂世，可算得上是千秋萬代了。統治期間出現了「元嘉之治」這樣的盛世。

巧合的是，北魏也出現了一個強有力的皇帝，一坐就是二十九年，他就是太武帝拓跋燾。兩人的執政經歷也頗有類似之處，都是開高走低，前期勵精圖治，後期亂七八糟。

南宋的皇位到了西元 453 年登基的孝武皇帝劉駿手中後，統治力開始大幅下降。他昏庸殘暴，好大喜功，南宋開始內亂。北魏也好不到哪裡去，拓跋燾之後，連續兩任皇帝都被太監謀殺，朝廷一片混亂。

　　從西元 464-479 年間，南宋經歷了五個短命的皇帝，大權逐步落在權臣蕭道成手中。這段時期，北魏的皇位也傳到了第七代，孝文帝元宏繼位。他在位期間，遷都洛陽，積極向漢文化靠攏，致力於漢化事業，淡化鮮卑族人不擅長治國的短處，所以他的皇位比較穩固，做了二十八年，正是他的努力，北魏出現了難得的復興。他死後，兒子元恪仗著父親留下來的強盛國力，向南朝發動進攻，一度拓展了北魏的領土。

　　此時由蕭道成在西元 479 年建立的南齊卻逐漸走到了盡頭。南齊的歷任皇帝，除了前面兩位，也就是高帝和武帝，其餘的君主基本上就是敗家子了。高武二帝政治比較清明，江南經濟有所發展，社會暫時安定。

　　南齊滅亡後，西元 502 年，蕭衍在一片混亂形勢下建立了南梁。此君在位時間長達四十八年，在南北朝的皇帝中名列第一。他在位期間，力行節儉，號召有能力居之，所以經濟好轉，統治也不再是搖搖欲墜。可惜他基本上一個人就透支了南梁所有的統治力，他的後繼者不是淪為傀儡，就是跟外人勾結，禍害自家，政局動盪不穩，今日是他稱帝，明日就死於非命。就這樣，南梁走到了西元 557 年，最後結束。

　　北魏自從學習了漢文化之後，立志以漢典治理國家，想不到連漢人宮廷搞陰謀的那一套也學了過去。從西元 515 年，孝明帝元詡繼位起，外戚專權，女人亂政，大臣作亂，凡是在漢人王朝能看到的宮廷鬥爭，這時都出現了，看得人眼花繚亂。北魏王朝也就在這種不斷的廝殺，不斷的爭奪，不斷的騷亂中走向了末日，一分為二。這就是東魏，西魏。

　　東魏從西元 534-550 年，只存在了十六年，只有一個皇帝，那就是

孝靜帝元善見。不過他在位期間，一直被權臣高歡壓制，對高歡言聽計從，後來高歡的兒子高洋就叫他讓位，他也真的禪讓了。於是東魏就被北齊取而代之。高洋在位期間，一方面積極從政，發展經濟，整頓官吏，另一方面訓練軍隊，加強兵防，國力由此強盛。

西魏建立於西元 535 年，開國皇帝是元寶炬。他是被宇文泰推上臺的，所以雖然名為君主，實際上只是個虛位皇帝，沒有實權；而宇文泰雖然只是丞相，卻使著皇帝的權力，發布號令，治理國家。東魏、西魏雖然同出一宗，有時卻同室操戈。

宇文泰在西魏做了二十二年的實際掌權者，到了他兒子宇文覺這一代，乾脆廢黜了西魏孝閔帝，改朝換代，建立北周，是年西元 557 年。後來，北周出了個武帝宇文邕，在他統治期間，再次使鮮卑族政權接受漢文化的洗禮，國內政治清明，百姓生活安定，國勢強盛。與此同時，北齊的高洋逝世後，高氏家族內亂，朝廷一片混亂。在位的皇帝也不思政事，昏庸無能，淫亂後宮，致使北齊日漸衰落。575 年，宇文邕出兵攻打北齊，一年半後，北齊就滅亡了，可見北齊已經到了不堪一擊的地步。於是，北周統一了北方。

就在北朝從統一到分裂，又從分裂到統一時，南朝已經進入了陳朝時代。這是由陳霸先在西元 557 年建立的。他的侄子陳蒨兩年後繼位，這一位君主很有國家治理的能力，注重農業發展，興修了許多水利設施，南方的百姓們很長時間以來都沒有遇到過這樣的好景象了。另外一個侄子陳頊能力也不相上下，他做了陳朝的第四任皇帝，在位十四年。在他統治期間，國家安定，政治清明，百姓安居樂業。但是他的兒子陳叔寶就不像話了，一點兒也不像父親的作風，每天只懂得喝酒玩女人，吟詩作詞。這樣的皇帝當政，在亂世南北朝，豈有不滅國的道理？589 年，已經廢掉北周自立為王，並建立隋朝的楊堅出兵，只用了不到一年時間，

就讓陳叔寶成了俘虜，陳朝滅亡了。

　　至此，持續了一百七十九年的南北朝正式壽終正寢。一分為二的中國版圖再次合而為一，正應了那句古話：合久必分，分久必合。

　　南北朝是中國歷史上自春秋戰國以來最混亂的朝代。政權更迭頻繁，內亂似乎從來沒有停止過，雖然在歷史上只占據了區區不到一百七十九年，但竟然誕生了六十五個皇帝，也算創造了一個紀錄。

　　軍事上，南北朝的戰火一般因為內亂和政權更替燃起，大臣跟皇室之間經常大打出手；南北之間的對峙也提供了一定的戰場，不過戲分並不多。

　　經濟上，因為戰亂的原因，所以時好時壞，不過總體而言，農業經濟遭受到的破壞遠遠大於重建的速度。反倒是商業，因為流動人口多，而且政府疏於管理，不再強力抑制，所以反而比較發達。中原漢人繼續南移，江南繼續扮演著經濟中心的角色。北朝由於是少數民族執政，他們帶來了少數民族的經濟文化和能量，與黃河流域的漢族經濟交流加強，兩者進一步融合。

　　文化上，出現了多元化的傾向。儒家不再被奉為獨家。曾經喧囂一時的玄學此時已經無聲無息。道教、佛教的影響力日益擴大，大有跟儒教並駕齊驅的趨勢。這段時期，蓬勃發展的詩文是一大亮點。還有南方的繪畫，北方的雕塑，均在歷史上留下了濃重的一抹。祖沖之的天文學成就則代表了這個時期的科學技術水準。

背景知識

皇帝的通信兵

　　齊武帝時期，有個叫唐寓之的人對朝廷不滿，拉了一夥四百人的隊伍叛亂。短短幾個月內就攻下了好幾座城市，叛軍的隊伍也發展到了三萬人馬。當地官員根本來不及組織抵抗，因而不是投降，就是棄城逃走。按理說，堂堂政府軍，沒理由弱到這種地步啊。究其原因是典籤在作怪。典籤眼看有叛亂，自己也拿不定主意，覺得這是大事情，但他又不准地方官員私自行動，只是上報皇帝定奪。但是那時候的通信不像如今這麼發達，報告呈交上去，再批覆下來，一來二去的，浪費的時間足夠讓叛軍攻城掠地了。齊武帝一看不得，親自出馬，調了好幾萬人馬，才將叛亂平定了。

　　典籤在當時是什麼職位呢？為何連地方官員也得聽令於他？原來他就是皇帝派來的耳目（通信員），專門監督地方長官。他只向皇帝負責，而且一切大小事都向皇帝打小報告。他們不但協助地方長官處理政務，而且還有權干涉一切大小事，刺史無論做什麼事情都要得到他的同意方可進行。所以當時流傳的說法是，「只知有典籤，不知有刺史」。

府兵制，自帶乾糧去當兵

　　《木蘭辭》裡講述的是一個名為花木蘭的女子女扮男裝，替父親出征服兵役的故事。花木蘭是家中的二女兒，上有姊姊，下有年幼的弟弟，還有年邁的父母。有一天皇上正在大規模地徵兵，徵兵的名冊有很多卷，每卷都有花木蘭父親的名字。但是父親已經年邁，而且有腿疾，打不了仗，又沒有年長的兒子

可以頂替，所以花木蘭決定代父從軍。

為什麼花木蘭一定要代父從軍，不能拒絕皇帝的徵召呢？原來她的父親是府兵，全家人都是軍籍。國家提供土地給他們耕作，免繳賦稅。沒有戰爭時，他們就在家務農，有空就練練武，接受軍事訓練；發生戰爭時就集合出征。他們出征時，要自己負擔軍資、衣裝、武器，還有軍糧這些東西。這有點像我們所說的自己帶伙食幫人打工。仗打完了，他們從哪裡來就回哪裡去，照舊耕田做農民。

南北朝的極品皇帝

◆亂倫的皇帝，劉駿

劉駿是南朝宋的第四位皇帝，也是有史以來最令人不齒的皇帝。他的好色是出了名的，他的叔父荊州刺史劉義宣一共有四個女兒，由於個個花容月貌，他找了一次機會，把四人招進宮，把她們都給睡了。但是，更荒唐的事情還在後頭。他的母親路惠男，也是有名的美女。劉駿當了皇帝之後，就把母親冊封為皇太后。雖然路氏已經四十餘歲，但是風韻依然不減當年。冊封儀式結束後，路氏因為喝了太多酒，不勝酒力，回宮中躺下休息。劉駿喝酒之後，是愈來愈興奮，他尾隨而至。當他去到太后寢宮時，宮裡的太監宮女全都迎出門外，說太后已經就寢了。劉駿哪裡管這些，粗暴地說：「我要進去看太后。」說完就把太監宮女給打發了。他自己進入寢宮，趁著路氏昏昏沉沉的，當時就把太后給辦了。而第二天路氏竟然好似什麼事情也沒有發生一樣，從此劉駿就經常找藉口進入路氏房內，少不得一番雲雨。

◆虐待狂的皇帝，劉子業

劉子業是劉駿的兒子，正所謂有其父必有其子，父親荒淫，兒子也不甘落後。劉駿睡堂妹，他就睡親姊姊；劉駿睡生母，他就睡親姑姑。當然，比起淫亂，他的殘暴更引人注目。他在朝廷濫殺無辜，有能力的大臣都被他以一天一個的速度給殺掉了。他對幾位叔父尤其不放心，所以把他們囚禁在殿內，肆意毆打侮辱，還給他們取了難聽的外號。有一次，他心血來潮，讓人比照著豬圈挖了一個坑，坑裡都是泥漿水，還有一個豬吃飯的木槽。然後把最胖的湘東王劉彧扔進坑裡去，當成豬來飼養。每當劉子業想要看劉彧吃飯的時候，他就讓人把剩飯剩菜還有一些雜食攪拌均勻，倒進木槽裡，命令劉彧像豬一樣去吃。劉彧如果不從，就會招來鞭子。吃完了還不行，還得脫光衣服在坑裡打滾。劉子業稱此為豬吃飽了伸懶腰。劉彧被他折磨得性情大變，後來當上皇帝後，把劉駿的所有兒子，也就是劉子業的兄弟們，總共二十八人，全部都殺掉。

◆精神分裂的皇帝，高洋

高洋，是北齊的開國皇帝，也是歷史上讓人聞之色變的瘋子皇帝。他以殺人為樂，一日不殺人，就渾身不舒服。他有一個非常寵愛的薛貴嬪，是從堂叔高岳那裡搶來的美人。

有一天，薛貴嬪起床後坐在床沿上梳頭，高洋也不知怎麼的，突然覺得她很髒，於是站起身來，二話不說，就抽出刀劍，把還沒回過神來的薛美人的腦袋砍了下來，隨手揣在自己懷裡。接著，他就外出赴宴。

在宴會上，大家正喝得高興，他忽然從懷裡掏出血淋淋的人頭，扔到桌子上，在場的人無不變色。趁大臣們屏息驚駭之際，他又喚人把薛美人的無頭屍首送過來，擺在面前的食案上，親自動手肢解，去肉剔骨，割筋除臟，剁下美人大腿做了個肉琵琶，完全不在乎在場的人有的已經昏倒在地，有的把剛剛喝

下去的東西全部吐了出來。他一邊喝酒，一邊就著肉琵琶彈唱，忽然又潸然淚下，做出一副痛苦的模樣，嘆息道：「佳人難再得，可惜！可惜！」

殺起人來，毫無緣由，隨心所欲，這一舉一動完全是精神分裂者的模樣，怎能不令人感到恐怖！

◆荒嬉無度的皇帝，蕭寶卷

蕭寶卷是南齊的第六任皇帝，他從小就是一個只喜歡玩樂，不喜歡讀書的人。長大後，貪玩本性不改，而且為了玩樂，簡直罔顧人命。

有一次，他出遊途經沈公城時，正好碰到有一戶人家迴避不及。於是他就帶人闖了進去，大聲責問：「皇帝巡遊，為何膽敢抗命不迴避？」那家人只好說有個孕婦即將臨產，實在是走不開，乞求皇帝恕罪。蕭寶卷走進房門，見床上果然躺著一個赤身裸體、等待分娩的產婦。此時，產婦正痛得滿身大汗，叫聲不止。看著孕婦圓鼓鼓的大肚子，他突然產生興趣，非要手下人猜猜裡面的孩子是男是女。可是手下人都說要等孩子生出來才能知道。蕭寶卷哪有這種耐心等候，他命令兩個士兵跳上床，按住孕婦的手腳，然後從腰間抽出寶劍，說道：「朕倒要看看到底是男還是女！」說完，竟活生生把那個孕婦的肚子剖開了，產婦當場斃命。士兵們從產婦肚子裡拖出嬰兒，當場檢驗，發現是個女孩。蕭寶卷哈哈大笑而去，留下面如土色的產婦家人。

入門指南

社會風俗與文化

◆七月七，日光浴，曬書又曬衣

　　從前有一個叫阮咸的人，跟家族住在一起。他住在道南，而其他族人住在道北。有一年的七月七日，道北的族人紛紛把衣服掛起來曬，衣服五光十色的，讓人眼花繚亂，可是阮咸家裡很窮，根本就沒有衣服可曬。他靈機一動，乾脆就把一塊大大的圍裙用竹竿撐起來曬在院中。

　　另外一個叫郝隆的人，他就更慘了，連圍裙都沒得曬。但他不甘人後，他就躺倒在地上，脫去上衣，露出肚子，美其名曰曬書。路過的人看見了，就笑他，說他大腹便便，陽光底下，昏昏入睡，哪裡來的書曬啊。他就拍拍肚子回答說，你們別看我這大肚子，裡面裝的都是先聖經典呢。

　　農曆七月，是初秋之季。每逢七月七日這一天，傳統的風俗就是曝曬衣物和書籍。

◆冥婚，沒經歷婚姻的人是寂寞的

　　北魏孝文帝有一個女兒，剛剛年過十三，就患了熱病死了。他很心痛，於是追封她為平原懿公主，葬在南陵。恰好有個世族子弟也是沒有成家就過世了，於是皇帝就封他為王侯，而且讓他跟公主完婚。兩個人雖然生前沒有在一起，但是死後卻合葬在一起。

　　這就是傳說中的冥婚，就是將已死的男女結為婚姻。它與人世間的正常婚姻意義是不同的，是一種獨特的婚姻現象，不為官府所承認，然而在民間卻一

直若隱若現地存在著。一般是那些沒到十九歲就死了的女子，又沒有成婚的，她的家人就會為她辦冥婚。有的時候是找那些同樣沒有成家，英年早逝的男子，把他們的屍骨合葬在一起，請法師做一場法事，也就是辦手續，就算完成了。

◆占卜，聽聽老天爺的心意

北魏的時候，有個叫耿玄的人，非常善於占卜。據說他坐在屋子裡，聽見客人的叩門聲，不用查看，就知道來者是什麼人，手裡拿的是什麼東西，來拜訪的目的是什麼。他未卜先知厲害到這種程度，而經過他所占卜的事情，十有八九是被他說中的，所以很多人排著隊求他占上一卦。北魏末年，政局不穩，有些王公貴族覬覦皇位，想造反起事，他們就去找耿玄。還沒等他們說明來意，耿玄就說：「你們現在身分已經很尊貴了，還求什麼呢？難道還想要追求更高一級嗎？比王侯更高的那就只有皇帝了。但是誰要是懷有此心，必遭嚴懲啊。」那些王公貴族一聽，嚇得驚悚而退，不復有非分之想了。

古人認為，命運是由上天安排的，所以天就像人一樣，是有意志的。不過天的意志不能明確地用人的語言來表達。所以，為了探尋天意，人們就想到了用占卜來跟上天溝通，以求領會天意。

生財之道

◆和皇帝賭錢你敢贏嗎？

有一次，劉駿跟一個叫顏師伯的人賭樗蒲。顏師伯是做生意的，家裡很有錢。劉駿先扔牌，得了一個雉牌，他滿心歡喜，以為肯定能贏了。誰知道顏師伯的手氣更好，擲出了一個盧牌。盧牌壓雉牌，如此一來，肯定是顏師伯贏的。

但他哪敢贏啊。他裝成慌慌張張的樣子，把牌打亂了說：「哎呀，差點得了一個盧。」說完，跟著又扔了一次，這次他就輸了。劉駿也轉憂為喜。等到玩完牌，顏師伯就輸了一百萬錢。不過，雖然他賭場失意，但也因此官場得意，劉駿很賞識他，給了他一個吏部尚書的職位。

作為皇帝，劉駿為什麼要用賭博撈錢呢？固然是為了取樂，但其實也跟他的奢侈作風有關。他寵幸的女人太多，經常大把大把地賞賜，還不停地修建宮殿，很快就把國庫掏空。沒錢了就玩不來了，所以他就想到靠賭博。通常，地方的刺史退休回到京城的時候，他就把他們召過來賭樗蒲，而且還暗示那些刺史只能輸不能贏。可憐這些刺史，辛苦了一輩子，搜刮了許多民脂民膏，最後卻落入了劉駿的口袋裡。

◆放房貸是門好生意

梁武帝蕭衍有個弟弟叫蕭宏，他平庸無能，但是愛財如命，是個一等一的理財高手。他的理財絕招很簡單，就是放高利貸。當時建康是都城，聚集了很多人口，是全國的政治文化經濟中心，許多人做夢都想著在這裡安身立足。所以房地產非常夯，好多人都來找蕭宏貸款買房子。那個利息很高，基本上是借一還百。

大多數的人根本就沒有能力償還這種連本帶利像滾雪球一樣的高利貸，所以合約期限一到，蕭宏就派人上門把房子給收了，債務人頓時成了無家可歸的流浪漢。

但是流浪漢一多，治安就會有問題，蕭宏的皇帝哥哥梁武帝可不做這種事。畢竟治安混亂，社會動盪，可是會威脅他的統治。他對蕭宏說：「兄弟，你這是在拆我的臺啊。」蕭宏裝糊塗說：「我們是兄弟，相互愛護都來不及，我怎麼會拆你的臺呢？」皇帝說：「你放高利貸賺錢，我不反對，但是你不能

把還不起錢的人趕出屋子去啊，你讓他們流離失所，難免他們有一天不起來造反啊。」說得蕭宏啞口無言。

◆皇帝是怎麼敲竹槓的

蕭宏這當弟弟的放高利貸，但跟當皇帝的哥哥比起敲竹槓來，簡直就是小巫見大巫了。梁武帝蕭衍信佛，興建了許多寺廟，搞得國庫空虛，所以就打起了大臣的主意。但是又不好明目張膽地向大臣們伸手要，就想了一個計策：藉出家再還俗來勒索大臣。

西元 527 年，他跑到同泰寺出家做和尚。堂堂國家之主，跑去做和尚，這還了得，豈不是群龍無首了，所以大臣們都求他還俗。但是當時的寺廟規矩是，和尚還俗要出一筆錢向寺院「贖身」，地位愈高身價也愈高。皇帝當了和尚，自然也不能例外，而且因為他是皇帝，贖身錢比一般人要得還多。大臣們為了把他接回來，咬咬牙，湊了一億錢的「還俗費」。當然，這筆錢實際上是進了皇帝的口袋裡，後來被他花在了修建寺廟和打賞嬪妃們上。

蕭衍嘗到甜頭後，又一而再、再而三，前前後後，總共出家了四次。然後也就還俗了四次，每次都是大臣們湊一億錢幫他贖身。歷史上只有過賣官撈錢的皇帝，也有賭博撈錢的皇帝，但就是沒有過先出家再還俗撈錢的皇帝，蕭衍也算是告訴了後人，什麼叫「撈錢無止境，只要肯動腦」了。

◆下棋撈錢

安重霸是南梁簡州刺史，為人狡詐，性格貪婪，常常想出一些莫名其妙的方法來撈錢。他聽說在他所管轄的州縣裡有個鄧姓大戶，非常有錢，而且戶主鄧某是當地有名的下棋高手。有一天，他就派人把這位富翁叫了過來，美其名曰是跟他切磋棋藝。但是偏偏又不給他凳子坐，讓他站著下棋。而且下棋時，

安重霸每下完一子，就跑到臥室去磨磨蹭蹭半個小時才出來。如此反覆，一天下來，這位姓鄧的富翁苦不堪言，腿都站得沒知覺了。後來有知情人士悄悄地告訴鄧某說：「安大人下棋是假，想要錢才是真的。他折磨你，分明是要跟你討孝敬嘛。」鄧某恍然大悟，第二天就抬著一大袋錢，送給安重霸。果然，安重霸從此再也沒有找他下棋了。

南北朝是中國歷史上有名的拜金王朝之一，從朝廷高層統治者到下層小縣令，沒有不變著法兒撈錢的。就算是以超度凡人脫離苦難世界為己任的和尚，也打著慈善的名義，放高利貸、做生意，忙得不亦樂乎，積累了許多財富。不過，安重霸以下棋的名目來撈錢，還是太無恥了些，擺明了就是搶劫嘛。

番外篇

◆治國之道，在於用貪官

有一次，宇文泰和蘇綽在一起討論如何治理國家。宇文泰首先說：「治理國家，最重要的是人才。只有選對了賢臣，政治才會清明，社會才會穩定，百姓才能安居樂業。」蘇綽就說：「賢臣固然好，但是他們太過清廉。清廉的人固然讓皇帝放心，百姓臣服，但是從另外一個角度來看，他們跟國家並沒有多大的利益關聯，所以很難說他們會為了國家殫精竭慮。」宇文泰感到很奇怪：「那你的意思是？」「用貪官才是上策。」蘇綽回答。宇文泰大吃一驚，向他求解釋。蘇綽回答說：「要想人們站在你這一邊一起維護國家，那麼就給大臣們放權，讓他們貪。這樣一來，貪官們和國家就是一條船上的螞蚱，為了保住自己的利益，他們必然會對你忠誠。有了他們的保護，你的皇帝寶座就安穩了。」宇文泰恍然大悟，豎起大拇指：「高，這招實在是高。」

蘇綽的話很偏激，顛覆了人們對於賢臣佞臣的傳統看法，雖然也並非毫無道理，但是南北朝混亂不堪的歷史證明了，任用貪官從來都不是治理國家的正

確方法，反而是加速國家滅亡的重要因素。

◆哭得好，也能做高官

南朝宋的皇帝劉駿有一個女人叫殷貴妃，很漂亮，很得寵幸。可是自古紅顏多薄命，她年紀輕輕就死了。劉駿雖然女人無數，但是殷貴妃這麼一去，他心裡簡直像被掏空了一樣。他認為自己應該做點兒什麼事情來安慰九泉之下的貴妃。想來想去，他就想到了一招：上朝時，讓大臣們一起哭奠。為了杜絕大臣們打混不出力，他激勵大臣們放開喉嚨大哭，還特別下令，誰要是哭得有聲有色，重重有賞。

所謂重賞之下必有勇夫，既然是皇帝的愛妃，既然是皇帝親自下的命令，大臣們果然不敢怠慢，在朝廷上紛紛展現各式各樣的哭聲。有的像女人一樣嗚咽，有的像小孩一樣嚎叫，有的只見掉淚不聞其聲。有一個秦郡太守劉德願的表現最為搶眼，他一會坐在地上捶胸頓足，涕淚交加；一會兒在地上滾來滾去，像殺豬一般嚎叫。就算自己的老爹死了，也不過如此。眾大臣是看得目瞪口呆，連劉駿聽了都覺得十分滿意，於是就賞他做了豫州刺史。後來有人問劉德願：「你為什麼能哭得那麼逼真呢？」劉德願答了一句非常合乎情理的話：「我以前哭我的亡妾時，也差不多是這樣子了。」

劉德願的話，透露了南北朝的一個現象，那就是男人納妾很正常。皇帝更不用說了，都有很多女人陪伴左右；下面的百官也有樣學樣，民間的男女關係也是很隨便的，偷情屢見不鮮。

◆打仗不行賴洗腳

南朝宋的時候，有個將軍叫陰子春。他非常討厭洗腳，認為洗腳是非常不吉利的，會失財，所以幾年才洗一次。平常人幾天不洗腳，都會臭烘烘的，更

何況幾年呢。他的腳簡直非鹹魚能比了。他的老婆就很看不慣，硬是逼著他洗了一次。不久，他在梁州打了一仗，輸了，回家來，氣哼哼地說：「看，我都說不洗腳了，你偏說要洗，如今遭報應了吧，上天懲罰我，所以我戰敗了，這都是你的錯。」他老婆哭笑不得，有口難辯。但是陰子春從此卻做了一個艱難的決定，那就是終身不再洗腳。

像陰子春這樣的人，在南北朝可不是個例。那時候的人們非常迷信，他們相信人世間的一切，都是冥冥中註定的，是天意，不能違背；就連人的一舉一動，都有其深刻的意義。就比如洗腳，一般人認為是清潔，陰子春卻認為象徵著去財。

實用指南

穿越前的準備

你所選擇的南北朝，混亂不堪。來的時候可能是這個皇帝，離開時說不定就是另外一個皇帝了。可見南北朝怎一個亂字了得。所以，來到南北朝，除了欣賞皇帝即位退位的紀錄片外，最要緊的就是保護好自己的人身安全，做好相關準備，才能確保萬事無憂。

◆和尚吃香

建議所有來到南北朝的人，都好好地接觸一下佛學。佛學在當時很流行。當然，並不是說你要變成佛教徒，而是如果你想更好地了解當時的社會動態，就不能忽視佛教在其中所發揮的作用。如果你還抱著「和尚慈悲為懷，以超度

眾生為己任」的印象，那你就大錯特錯了。他們在南北朝時期比所謂的天下第一幫丐幫還要厲害呢。丐幫什麼都沒有，就是人多，但是寺廟裡的和尚不僅人多，而且非常有錢。當然，如果你想嘗試一下出家，也未嘗不可，但首先要備足贖身錢。因為要還俗就要繳錢，不然他們就把你扭送官府。另外，特別提醒一句：在南北朝見到和尚要恭謹，因為他們都是有身分的人。

帶多少錢去南北朝

南北朝政權太多，發行過很多貨幣，但是這些貨幣的真實價值卻亂七八糟的。有些貨幣根本就不值錢，有些雖然值錢，但是量少。來到南北朝時，要考慮的不是帶多少錢去，而是到了當地，你要把手中的錢兌換成什麼貨幣。

南朝陳有一個州郡太守，每逢政府發薪俸的時候就很苦惱。發薪水本來是件值得高興的事，為何會愁眉苦臉呢？原來是這樣的：以前發薪水時，他的薪俸是五千個舊五銖錢，他要拿一個大袋子去，才能裝得回來；後來政府新發行了一種貨幣，叫太貨六銖，還硬性規定，一枚太貨六銖要頂五枚舊五銖。這樣一來，他到手的錢就只有一千個，只要拿一個小袋子去就可以裝完。按理說這樣方便了。但是他的生活水準卻下降得非常厲害，一千個錢不夠用，所以他就上奏朝廷說，下次他不想領錢幣了，要領布帛，或者糧食也行。

那麼，太守為什麼不願意領錢，寧可要糧食呢？這還得從錢幣的購買力說起。南朝陳時，一枚舊五銖的購買力已經下降到了相當於臺幣一塊錢。政府硬性規定一枚太貨六銖頂五枚舊五銖，換算起來，就是五元臺幣。實際上，在流通的時候，它的購買力也就只相當於一塊錢。所以物價上漲得非常厲害。原來用一百個舊五銖就能買到的商品，如今要五百個才能買到。這也難怪太守寧可要糧食也不要貨幣了。

最佳穿越時間點

　　既然南北朝號稱亂世，就要精心選擇時間點了，這關係到穿越時空的樂趣。以下的時間點是本書所推薦的。

◆推薦時間：西元 424-453 年
安全指數：★★★　新鮮指數：★★★

　　這段時期，南北朝都出現了兩個統治時間比較長的皇帝。在政權更迭頻繁的年代，在位時間長，往往就意味著政局比較穩定，安全指數比較高。

　　這時南朝的是宋文帝劉義隆，比較重視維護農民的利益，採取了很多措施幫助農民，減輕農民的賦稅，讓農民休養生息。所以經濟上比較繁榮，這也是南朝國力最強盛的歷史時期。不過他為人多疑，不僅誅殺大臣，而且連皇室宗親都不能倖免，他晚年在朝廷裡掀起了不少的波瀾。

　　北朝則是北魏太武帝拓跋燾當皇帝。他最大的政績就是擴張疆土，先後消滅夏國、北燕、北涼，結束了五胡十六國，統一了北方；而且擊潰高句麗、柔然，向東擴地千餘里。可惜他推行的殘酷刑罰在國內激起了很深的社會矛盾，而且一直有漢人在反對他的統治，所以國內的叛亂也是此起彼伏。總體來說，此時的南方比北方安全多了。

　　大事：南朝宋和北魏之間曾經發生過三次大的戰爭。當然，每一次都是宋文帝事先挑起的。他幻想學習霍去病北擊匈奴封狼居胥，所以在西元 430、450、452 年，三次向北魏進攻，意圖恢復中原，把鮮卑族趕出去。但是拓跋燾也不是好捏的柿子，他本人非常好戰，而且北魏士兵的戰鬥力也比南朝高出一大截。最後一次戰爭，拓跋燾把南朝宋打得滿地找牙，一直追到長江邊，三十萬大軍幾乎全軍覆沒。

　　趣事一：劉義隆當了二十二年皇帝後，把國家治理得有聲有色的，而且

123

他自認為勞苦功高，所以異想天開辦了一次宴會，專門憶苦思甜。九月九日那天，正好是重陽節，他宴請眾文武大臣和王子王孫。皇上請吃飯，這可是大事，所以眾人事先都把肚子空起來，只等著在皇上面前大獻殷勤。但是眾人左等右等，一直到開宴時間過了兩個時辰，下人才把每人一盤的「國宴」端上來。盤子裡什麼飯菜也沒有，就只有一張折疊起來的紙條。眾人打開一看，紙條上只有兩個字「飢餓」。眾人覺得莫名其妙，這算哪門子的文字遊戲啊。於是坐在上位的劉義隆就開始解釋了，大意就是雖然如今南方生活小康，但是仍然不能忘記飢餓。這就是所謂的憶苦思甜飯。

趣事二：拓跋燾率軍攻打盱眙，把盱眙城團團包圍，他本以為守軍很快就會投降，所以耀武揚威的。有一天，他讓人告訴守將臧質，快快準備酒水解渴，否則對你不客氣。臧質是個頂天立地的男兒，聽了很生氣，立即告訴對方：「等會兒，馬上就送來。」果然，一個滿滿的酒罈很快就送到了拓跋燾的面前。拓跋燾得意揚揚，正準備開懷暢飲，但是一打開酒罈，覺得味道怪怪的，酸酸臭臭的，不像酒味。他倒到碗裡一看，黃澄澄的液體，散發著一股尿臊味，這哪裡是酒，分明就是宋軍新鮮出爐熱呼呼的尿嘛！

◆推薦時間：西元 471-499 年

安全指數：★★★★　新鮮指數：★★★

這段時期，北魏在孝文帝的帶領下，迎來了中興時期。他很有膽識，改革鮮卑舊俗，全面向漢文化接軌。穿漢人的衣服，說漢人的話，娶漢人的女人，用漢人的名字。漢人不僅在政治、軍事，還是經濟、文化上都優於鮮卑族，這些舉措一下子就把他們從遊牧民族的奴隸社會上升到封建社會。不過，漢化改革也遭到了來自太子元恂以及其他一些刺史的反對和叛亂。結果，太子被廢，叛亂的刺史被鎮壓。此時南方已經進入了南齊時代。南齊的第二個皇帝齊武帝

蕭賾提倡節儉，關心百姓疾苦，社會比較安定。南北朝之間有過一些戰事，不過於大局無礙。

大事：鮮卑族人對佛教的尊崇跟中原王朝相比有過之而無不及。孝文帝遷都洛陽後，大肆修建僧廟、寺院。而且在洛陽以南的龍門伊水兩岸，開建龍門石窟。後來龍門石窟歷經幾個朝代方始完成，與敦煌莫高窟、大同雲岡石窟並稱為中國三大藝術寶庫，被譽為世界人類文化遺產。

趣事：南齊有個叫王源的官員，是個家道中落、窮酸的士族子弟。他很愛錢，所以把女兒嫁給了富陽當地的巨富滿氏，想不到這一嫁女之舉惹來了大麻煩。當時有個大文人沈約，就像道德守護神一樣，很不滿意士族竟然下嫁給庶民，所以特意為此寫了封信上交朝廷，要求彈劾王源。理由是王源明知道親家是庶民，屬於下等人，還把女兒嫁過去，分明是故意給士族丟臉。朝廷對此很重視，專門派人調查。當然，最後還是王源的親家用錢擺平了。王源並沒有被撤職，只是被警告了一番而已。

◆推薦時間：西元 502-549 年
安全指數：★★★　新鮮指數：★★★

南朝的蕭衍建立了南梁。他吸取了南齊滅亡的教訓，勤於政務，節儉治國，梁朝的統治一度好轉。他自己本人又是非常喜歡詩賦的，那段時期，文化欣欣向榮。只是由於過度信佛，晚年時他無心治國，幾乎所有的精力都放在鑽研佛學、建佛寺、出家做和尚，這類跟治國施政扯不不上關係的事情上，所以朝廷趨於昏暗。而北方的政權經過一片混戰後，分裂為東魏、西魏。兩個開國君主都沒有什麼實權，實際上皇權都被權臣架空了。

大事：這段時期，將南北朝聯繫在一起的是一個叫侯景的小人。他腦後生反骨，原是東魏的大臣，因為跟權臣發生了矛盾，於是投降西魏，可是在西魏

不被重視，一氣之下又歸順了南梁。蕭衍不是老糊塗了，就是吃齋念佛多了，竟起了慈悲心腸，封他為大將軍。但是一轉眼他就反叛了。結果建康城被他攻破，皇帝蕭衍被軟禁，後來竟活活被餓死了。臨死前，想要討一點蜂蜜解渴，侯景也不給。可見其小人嘴臉。

◆推薦時間：西元 560-578 年

安全指數：★★　　新鮮指數：★★★

南北朝都進入了最後一個朝代，只不過走向似乎不太一樣。北周在武帝宇文邕的帶領下，消滅北齊，再度統一了北方，而且他大肆毀佛，充實財政，勤於治理，國力漸強。反觀南陳，雖然也出了個比較有作為的宣帝陳頊，國家在他治理下也一度有模有樣，但是他一死，政權落在了陳後主手裡，這個後主只會飲酒作詩，全然不理政事，連亡國之禍近在眼前，他也不理會。

大事：佛教在南北朝一直發展得順風順水，不過它本身就不是提倡積極入世的宗教，所以禍亂朝政，耗費了大量的國力物力，甚至導致滅國。周武帝宇文邕對此有充分的認識，所以他上臺後，頂住了各方的壓力，甚至「死後下地獄」的威脅，在北朝展開了一場聲勢浩大的滅佛運動。佛像被毀掉鑄錢，寺廟被拆除，和尚尼姑被勒令還俗。滅佛行動不僅使北周政府獲得大量的寺觀財富，而且獲得近三百萬的編民，鞏固了政權。最重要的是，它為以後北周的後繼者隋朝統一全國提供了雄厚的物質基礎和強大的軍事實力。

趣事：北周定州刺史孫彥高很害怕突厥兵。有一次，突厥兵又來進攻，孫彥高嚇得兩腿發抖，根本就不敢坐在辦公室裡，更別說指揮抵抗。他把大門關得緊緊的，只留下一條小縫隙。如果有東西送過來，他就吩咐從門縫裡塞進來。後來突厥兵攻破城池，孫彥高走投無路，躲到櫃子裡面，還叫下人從外面鎖上，而且叮囑說：「看好鑰匙呀，突厥來了千萬別給呀。」

最該去的地方

亂世南北朝，屢遭戰爭，城市就是在不斷的毀滅重建中循環。來到南北朝，不在於你的目的地是哪個城市，而在於你選擇什麼時間進入目的地。因為今天你看到的城市，明天就有可能變成廢墟。以下城市，請謹慎選擇正確的時間點進入。

◆洛陽

北魏遷都後，洛陽成了北方絕對的中心城市，大量民居民宅和寺廟興建，處處都顯示著都城的繁榮景象。有些佛寺佛塔高達九層，上下一百丈，許多達官貴人紛紛到此遊玩欣賞拜佛。洛陽城的商業同樣不可小覷。城中有一個方圓八里長的大市場，周圍分布著通商、達貨二里，全部是商人住宅區。他們主要生產銷售日常生活用品，其中隱藏著很多富人。城東還有一個稱為「貨殖里」的社區，主要以交易肉食和水產品為主。

◆建康

南北朝的建康城，是全國的政治經濟中心，南方地區最大的商業都會，也是當時世界上最著名的商業大都市之一。在當時，它比北方的洛陽規模還要大，人煙稠密，據說有一百四十萬以上的人口。秦淮河兩岸的小城市，已經構成了建康城的衛星城。因為水路運輸方便，所以手工業和商業異常繁榮。城北有大市場，城南則有十數個專門的小市場，交易牛馬穀物鹽等物品。

找誰簽名

所謂亂世出英雄，但是南北朝偏偏沒有多少個讓歷史銘記的響噹噹的英雄

127

人物。也不知道是不是因為政權更迭得太頻繁了，那些有才能的人還沒有冒頭就一陣風地成為了過去。穿越到南北朝，可以考慮拜見以下幾位仁兄。

◆賈思勰

賈思勰（生卒年不明），以從事農業技術研究而聞名。他是北魏末期和東魏時期的北方人，是個官二代，所以他也做過太守。不過跟做官相比，顯然他更喜歡讀書、學習，專門研究農業生產技術，不僅實地考察，而且還虛心向老農請教，後來甚至辭官在家，做起專職農民來了。他一生最大的貢獻就是寫了一本巨著《齊民要術》，全面介紹了幾乎所有的農業生產活動。

◆宇文泰

宇文泰（507-556），鮮卑族人，罕見的軍事家、改革家。是西魏時期最重要的權臣，他足智多謀，治軍整肅，非常善於指揮作戰。不管是在政治、軍事，還是經濟領域，都推出了多項重要的改革措施，影響深遠，直到隋唐時仍被後人所參考，比如「府兵制」。在東西魏戰爭中，他指揮作戰數十次，多獲勝利，為建立北周奠定了基礎。

◆獨孤信

獨孤信（503-557），本名獨孤如願，鮮卑族人，西魏八大柱國之一，是宇文泰的左膀右臂。他不僅軍事才華卓越，經歷無數大小戰事，用兵如神，屢屢制勝，為西魏立下汗馬功勞；同時他還是一代美男子，喜歡修飾化妝，非常講究穿著，所以人稱「獨孤郎」。他能文能武，又帥氣，可謂是人中極品。他對宇文泰忠心耿耿，可惜後來多遭排擠，最終被賜毒酒而死。當然，不得不提

的還有獨孤信的好女婿楊堅，日後成了隋朝的開國君主。

特別補充

◆圍棋，棋盤上也有三六九等

　　來到南北朝時，有一樣東西是不可不玩的，那就是圍棋。圍棋的精髓在於把握時機、隨機應變、觀察形勢、勇於戰鬥，所以對於訓練一個人的能力非常有幫助。正因為如此，這種活動不但在上層統治者中極受歡迎，而且在下層老百姓之間也很流行。

　　不過，當時的圍棋跟今天的圍棋不太一樣。如果不了解其中的區別，就很有可能鬧出笑話。

　　首先，圍棋的棋藝水準是分九段評級的。現代的評級，是建立在比賽的基礎上。參加的比賽愈多，勝利愈多，參與的水準愈高，那麼獲得的段位就愈高。

　　但那時候的評級卻是由政府所主導的。官方設立一個行政機構，專門對圍棋愛好者的棋藝水準進行評級。他們參考朝廷在政治上實行九品官位的做法，將棋藝達到的境界分為九品：一曰入神，二曰坐照，三曰具體，四曰通幽，五曰用智，六曰小巧，七曰鬥力，八曰若愚，九曰守拙。

　　正如九品中正制一樣，此種評級方法的關鍵就在於中正。圍棋的中正，也就是品評棋手水準高低的權威人士。一般皇帝會選擇那些既有名望，官位又比較高，而且熟悉圍棋的人來擔任。不過到了後來，隨著品評逐漸為人們所熟悉，愈來愈多的圍棋愛好者強烈要求由圍棋高手擔任中正，以增加權威性。

　　即使如此，既然是政府下轄的一個行政機構，這種權威性也不是絕對的，它在皇權的權威面前往往有摻水。王公貴族總是能獲得比較高的品級。

　　所以當你到南北朝時，明明你的棋藝比那些傢伙高出許多，但他們的品位卻比你高，這都是很正常的現象。你要是去跟他們抱怨，還會惹來一頓嘲笑呢。

其次，圍棋棋具跟如今相比也有很大的區別。《藝經》上說：棋局縱橫各十七道，合兩百八十九道。白黑棋子各一百五十枚。但是，今天我們所使用的卻是橫豎各十九條線的圍棋盤。十七道的棋盤少了七十二個放子的點，所以棋路的變化相比之下比較少，在大棋盤上不一定死的棋，在小棋盤上是必死無疑。空間的狹窄，使得雙方的剿殺更加激烈。

第五章　**回到隋唐！**

七日遊推薦行程

第一天 前往長安城，謁見皇帝。皇帝對來自遠方的客人是很尊重、很大方的。誰叫唐朝是當時的泱泱大國呢。住宿當然首選長安城了，而且最好要靠街，晚上時可以體驗一下長安城的夜生活。隋唐時的公主貴族夫人很喜歡在街上溜達，說不定你會撞見她們。

第二天 參觀上朝，看看皇帝是怎樣辦公的。

第三天 去找找李白他們吧，買幾壺好酒，雇個奴僕，擔上一桌好菜。先把李詩人灌醉，然後讓他作詩。記得要讓他署名，最好是蓋個印章，沒有印章，按個手指印也行。還可以邀上一大幫文人騷客，叫上一群賣藝不賣身的藝伎，一邊在湖裡划船，一邊飲酒作樂。唐朝的白酒度數不高，因此你不用擔心會醉到忘記自己的身分。

第四天 早上，到梨園亭觀看馬球比賽；中午去看蹴鞠比賽，如果有興趣，還可以參加拔河比賽，順便參加皇上的賈宴，不過這是要自己掏錢的，不要忘記帶錢包。下午去看鬥雞比賽，然後前往茶肆品茶。

第五天 準備告別長安城，前往洛陽。京城的文人政客會來給你送行。不外乎擺一桌好酒好菜，一邊吃，一邊感嘆何日再重逢。文人都喜歡作詞送別，不管聽不聽得懂，心意還是要領的。

第六天 到了洛陽城後，不要隨便亂走。這裡是軍事重地，戒備森嚴。來洛陽，當然要去看洛陽大佛。據說，那是參照武則天的形象製作的。晚上時，可以體驗一下本地的風俗。碰上趕考的日子時，你會遇見許多秀才。別小看他們，說不定你撞見的那一位就是將來的狀元呢。

第七天 最後一站去揚州城。但不要從陸路騎馬去，要從水路坐船過去。水上生活，別有一番風味。到了揚州，會發現這裡的外國人跟京城有得一比。不過這裡的外國人，大多數是商人。跟他們不用客氣，做點生意，賺點外快。

行前須知

　　隋唐，歷史上是兩個獨立的朝代。不過，因為隋朝的歷史只有短短幾十年，而且唐朝緊隨其後，因此習慣上被稱之為隋唐。隋朝始於西元581 年，而唐朝結束於西元 907 年。

　　西元 581 年，北周丞相楊堅接受禪讓代周稱帝，建立隋朝，定都長安。楊堅即隋文帝。他在位期間成功地統一已經嚴重分裂了一百年的中國。他大力發展經濟文化，首創考試選拔人才制度，使得中國成為盛世之國。

　　西元 604 年，隋煬帝楊廣弒父殺兄，即皇帝位。他倚仗文帝留下的基業，驕奢淫逸，年年到處遠遊。他的遠遊主要集中在大運河。曾經三次到江都（揚州），每次出遊都要浪費大量的人力、物力、財力，對地方造成極大的破壞。因此，激起了風起雲湧的全國叛亂。

　　西元 618 年，李淵篡隋自立，建立唐朝，仍然定都長安。李淵就是

唐高祖。他消滅了各路農民軍和地方割據勢力，繼承隋朝，統一中國。626 年，秦王李世民發動政變，史稱「玄武門之變」。不久，李淵退位，李世民做了皇帝，年號貞觀。

唐太宗很怕重蹈隋朝滅亡的覆轍，因此他勤於管理國家，還要大臣廉潔奉公，政府輕徭薄賦，鼓勵生產。他在位時期，政治清明，經濟有所發展，國力逐漸強盛，史上稱為「貞觀之治」。

唐太宗的兒子唐高宗李治在西元 649 年接掌帝位。政治上他碌碌無為，胸無大志，生性懦弱，而且體弱多病，國家大事逐漸交由皇后武則天處理，想不到倒成全了中國歷史上唯一的女帝王。

武則天是個極有野心的女人。她透過料理政事，最終掌握了朝廷大權。唐高宗在世時，她尚且有所忍耐，高宗去世後，她乾脆廢黜了睿宗，自己稱帝，改國號為周。時年西元 690 年。

武則天繼續推行唐太宗發展生產的政策，延攬人才。在她統治期間，農業、手工業和商業都有了長足的發展，並穩定了邊疆形勢。

西元 705 年，宰相張柬之等人發動政變，武則天被迫退位。雖然迎回了唐中宗李顯，但是李顯本人庸弱無能，用人錯誤，導致唐朝政局再度動盪不安，自己也落得被人毒死的下場。

直到西元 712 年唐玄宗即位時，政局才又安定下來。唐玄宗李隆基，又稱唐明皇，是武則天的孫子。他的管理能力不錯，敢作敢為，而且懂得用人之道。富於改革精神的姚崇、宋璟就是被他提拔起來做宰相的。他統治的前期，政治較安定，經濟繁榮發展，唐朝進入全盛時期，呈現前所未有的盛世現象，史稱「開元盛世」。

不過到了後期，他貪圖享樂，寵愛楊貴妃，怠慢朝政，身邊盡是些像奸臣李林甫、楊國忠的貨色，加上政策失誤，識人不當，重用安祿山，導致了後來長達八年的「安史之亂」，唐朝由盛轉衰。

西元 755 年，范陽、平盧節度使安祿山叛亂，史稱「安史之亂」。907 年，朱溫滅唐自立，歷史進入了五代十國時期。

隋唐時期，中國處於統一的狀態下，幅員遼闊，人口眾多。各個民族廣泛融合，和睦相處，跟亞洲各國也有友好的交流，農業、手工業蓬勃發展，商業更不必說，迎來快速發展階段，先後出現過貞觀、開元盛世。只是安史之亂打破了盛唐的節奏，破壞了集中統一的政治局面，政治上出現了藩鎮割據和朋黨之爭，內耗嚴重，國力嚴重削弱。

軍事上，隋唐實行三省六部制，實行統一的中央專制主義集權統治。皇帝雖然是最高領導人，是決策者，但是其他部門也不是花架子。兵部是中央最高軍事行政領導機關，統掌全國軍政事務。唐朝還實行監軍制度，以加強對軍隊的控制。唐朝軍事統領機構和將帥一般直屬於皇帝，由皇帝決定建裁和任免。安史之亂前，中央尚能有效地控制軍權，安史之亂後，中央集權大為削弱，出現了藩鎮擁兵割據日趨嚴重的局面。

文化上，採取開放包容政策。不排斥外來文化，文化著重兼容並蓄，而且還反過來，主動傳播中國傳統文化到國外。傳統的儒學文化得到進一步整理，統治者信奉道教，使得道教文化有了長足發展，大有跟儒學抗爭的趨勢。從印度傳入的佛教，被中國傳統文化禮俗所同化，變得更適合中國的國情了。

在經濟領域，長安是當時的國際大都會，雲集了各國使臣、商人。唐朝不僅透過絲綢之路，而且還透過商船出南海和印度洋，源源不斷地將絲綢、瓷器、造紙術、印刷術向西方傳播；而印度、中亞的文明也深刻地影響了中國文化，如服飾、習俗、飲食、語言、藝術、科學、曆法、數學、醫藥、各種宗教、物產紛紛傳入中國。

科舉制度從隋唐開始

我們所熟悉的科舉制度就是從隋唐開始的。不過，當時科考制度還不是很完善，因此屢屢被人鑽漏洞作弊。上至高官子弟、下至平民百姓，把考試作弊當成了樂趣，紛紛加入作弊大軍中。其中又以溫庭筠為個中翹楚，這位仁兄號稱古往今來第一作弊高手。

他數次參加應舉考試，積累了豐富的考試經驗，並對考試的規則熟記在心，具備應對考場複雜形勢的能力。他的作弊技巧也沒有什麼奇特之處，就是寫作速度快，其次就是隱藏手段不同於一般人。西元 858 年，唐朝迎來了一次春季大考，即春闈，因為忌憚溫大才子作弊的手段高明，主考官沈詢為了防止他再一次舞弊，在擺設座位時，特地把他的座位擺得跟其他人有些距離。而且在考試過程中，其他幾個考官直瞪瞪地注視著他。溫庭筠在眾目睽睽之下，不是很舒服，所以洋洋灑灑寫了一千多字的文章，早早交卷退場了。主考官鬆了一口氣，以為這次平安無事，孰料事後一問，溫庭筠揚揚得意地吹噓，雖然被嚴密監視，不能親自代替別人答卷，但還是口授了八個考生的文章。猖狂到這種地步，主考官就算再好的脾氣，也無法容忍了，於是剝奪了他的進士資格。

官到七十始退休

唐朝規定官員七十歲就要退休。考慮到古代的人壽命不長，就像杜甫所言：「人生七十古來稀」，能活到七十歲已經很不錯了，讓你七十而退，已經是非常寬鬆的了，但還是有些官員即使七十歲還是不想退下來。

武則天時，有一位兵部侍郎叫侯知一，他已到了退休年齡，而且朝廷也下發了讓他退休的通知書。通知書上還蓋著皇帝的大印，這就意味著武則天已圈閱。可是侯知一不願意退，他給皇上寫了一個奏章，表示自己欣逢盛世，心情舒暢，身體健康，再做個幾年也不成問題。武則天當他是在開玩笑，就讓他證明一下。想不到侯知一竟然在文武百官上朝時，當著皇帝的面「踴躍馳走，以示輕便」。有點類似現今足球運動員體能測試時的折返跑。侯知一，為了保住飯碗，七十歲高齡還當眾折返跑，不容易啊！

藩鎮割據叛變

唐朝初年，為鞏固中央集權，保衛邊疆，皇帝在邊境重鎮設置大都督，統兵駐守。這些在邊境統兵的將官稱為「節度使」。他們最初只掌握兵權，但是後來發現統兵作戰涉及方方面面，於是又把地方行政和財政一起攬上了。如此一來，他們的權力無限擴大，後來就出現了有些軍政長官占山為王，據地自雄，不服從中央命令的局面。藩鎮的強勢伴隨著中央集權的衰落，於是出現了把盛唐拖向深淵的安史之亂。

西元 755 年，節度使安祿山跟朝廷佞臣楊國忠鬧矛盾，一氣之下，串通部將史思明，以討伐楊國忠為名，率兵十五萬殺奔長安。開始的時候，叛軍進展順利，攻占洛陽後，安祿山一不做二不休，乾脆自稱大燕皇帝，準備西進奪取長安，徹底滅掉李唐。唐玄宗一面組織抵抗，一面往西逃往四川。長安落入安祿山之手，但是他以為取得二京，等於取得了唐朝的天下，從此再無長遠的打算。加上他本人實在也不是治理國家的料，只是得過且過，於是他的大燕帝國分裂了，產生了嚴重的內耗，君臣間相互猜忌，將相間爭權奪利。757 年，安祿山被自己人殺死。緩過勁來的唐軍才反撲，收復二京，逐漸平息了此次叛亂。

分派系的朋黨之爭

　　唐朝中後期高官爭權現象非常嚴重，其中又以持續了近四十年、歷經五任皇帝的牛李黨爭影響最大。

　　唐憲宗在位時，有一年長安舉行考試選拔人才，舉人牛僧孺、李宗閔在考卷裡批評朝政，被當時的宰相李吉甫認為於己不利。李吉甫就蠱惑說這兩個人與考官有私人關係。憲宗信以為真，不但把考官降職，而且還不讓牛僧孺和李宗閔任職。這事激起了朝野一片反對，眾人紛紛鳴冤叫屈，譴責李吉甫嫉賢妒能。迫於壓力，唐憲宗只好將李吉甫貶為淮南節度使。如此朝臣之中就形成了兩個對立派，也拉開了牛李黨爭的序幕。兩個派別的人，以私憤相互排斥，李黨執政，牛黨必捲鋪蓋走人；牛黨主朝，李黨必被逐出中央。本來唐朝廷已經猶如八、九十歲的老人，岌岌可危，被他們這麼一鬥，衰老得更快了。

道家發跡

　　儒學仍然被奉為唐代的治國根本思想。不過，盛行於漢初的道家黃老思想也頗為流行。不僅皇上信奉道教，朝臣、民間人士莫不如此。政治上，道家的無為而治，追求清淨簡易，確實對經濟的發展有所貢獻，給老百姓減輕了不少負擔。不過，道家對個人的最大影響，莫過於追求長生不老術。

　　唐朝從建立到滅亡的二百九十年間，一共有二十一位皇帝。這些皇帝中，至少有五位是因為服用丹藥中毒而喪命，他們是太宗、憲宗、穆宗、武宗和宣宗。唐宣宗是晚唐時期一位比較有作為的皇帝，有「小太宗」之稱。他即位以後，立即杖殺和流放了用金丹毒害武宗的道士趙歸真、軒轅集等人。但後來，他也開始服用仙丹。由於中毒太深，背上長出了膿瘡，最後宣宗帶著金丹之毒踏上了黃泉路。

三省六部制

自秦漢以來，皇帝雖然是最高統治者，但是宰相處於一人之下、萬人之上，權力也不可小覷。有時候，宰相專權，往往造成朝政混亂。隋文帝吸取了前朝教訓，將宰相權力一分為三，建立三省六部制。也就是尚書省，負責執行國家的重要政令，即最高行政機構；門下省，負責審核政令，即審議監督機構；中書省，負責草擬和頒發皇帝的詔令，即決策機構。三足鼎立的三省六部制，分工明確，互相制約，構成一套有完整系統且運轉靈活的中央政府機構，提高行政效率，充分發揮了國家機構的效能。

入門指南

唐朝服飾流行異國風情

◆穿著胡服趕時髦

唐代女子穿著胡人服飾是當時的一種流行時尚。

胡人是經商高手。他們在長安從事不同職業，經商、開店、貿易、侍傭、戲耍的都有。大量胡人的湧入，對漢族人民的服飾、樂舞等文化產生了深刻影響。當時，人們「慕胡俗、施胡妝、著胡服、用胡器、進胡食、好胡樂、喜胡舞、迷胡戲，胡風流行朝野，彌漫天下」。

唐代胡人俑的服飾裝束非常引人注目，如梳辮盤髻，卷髮虯髯、高尖蕃帽、翻領衣袍、小袖細衫、尖勾錦靴、葡萄飄帶、玉石腰帶等。

盛唐以後，胡服的影響逐漸減弱，女服的樣式日趨寬大。唐代貴族婦女，

頭簪特大花朵,身穿透明紗衣,紗衣裡面不穿內衣,僅以輕紗蔽體,這是一種大膽的裝束,也反映出當時婦女的思想開放。

◆半臂

半臂,又稱「半袖」,是一種從短襦中變化而來的服飾。首先是宮女所穿,後來自宮廷傳播開來,一般為短袖、對襟,衣長與腰齊,並在胸前結帶。樣式還有「套衫」式的,穿時由頭套穿。半臂下襬,可顯現在外,也可以像短襦那樣束在裡面。這種服裝不能單獨使用,穿著時,裡面一定要穿內衣。一般多穿在衫襦之外,為春夏或夏秋之際穿著的服裝。為了搭配半臂,女人還流行將一塊帛中披在肩背上,名為「披帛」。製作披帛的材料,通常是輕薄的紗羅,或搭於雙肩,或繞於雙臂,走起路來飄飄然。

◆女裝男性化

襆頭袍衫是唐朝男子的主要裝束,至天寶年間,婦女也模仿穿著。同樣先由宮女所穿,之後傳入民間,成為普通婦女所喜愛的服飾。可見當時的宮廷,已經成為時尚潮流的指標。宮裡流行什麼,外面就跟風什麼。女裝男性化是唐代社會開放的表現之一,婦女穿著男裝是當時的一種時尚,與胡服的流行有關。不過,她們雖然穿著男裝,卻不戴襆頭,只是挽各式髮髻而單穿圓領袍衫。

貨幣與經濟

◆鼓勵以物易物

隋朝開國皇帝楊堅規定了開皇五銖錢幣作為法定的新錢,到了他兒子楊廣執政時,五銖錢大量鑄造,導致通貨膨脹很厲害。物價飛漲,百姓大為不滿。

五銖錢的「五」字左邊多有一分隔號，旋轉過來看像一個「凶」字，人們藉機發洩說：「此為凶錢，楊廣凶多吉少，註定沒有好下場。」果然，隋煬帝最後不得善終。

到了唐朝時，發行了一種名為「開元通寶」的錢幣。因為害怕重蹈隋朝通貨膨脹的覆轍，不敢大量發行。即使市場上極度需要錢幣，當朝仍然小心謹慎，不肯增加發行，反而還鼓勵以物易物，把流通在外的錢幣回收。所謂的以物易物，其實就是把布帛當作錢幣來用。如此一來很不方便，當時一斗米只需三五文錢，但是老百姓去購買米時首先要扛著布帛。在唐朝前期，布帛作為貨幣的地位最高、作用最大，使用範圍甚至超過了錢幣。

◆金銀是收藏欣賞用的

我們所熟知的金銀，那可不包括在法定貨幣中。在嶺南、西域等少數地區，金銀可以流通，是當地的貨幣，但是在中土，人們一般用於儲藏、賞賜、賄賂以及製作器物飾品。唐代也鑄有金銀錢幣，但是並非用來流通，主要用做宮廷賞賜或玩賞。那些內廷嬪妃每到春天時，就三五人一起，拋擲金幣取樂，以此作為遊戲。又如安祿山過大壽，楊貴妃用錦緞像包裹新生兒一樣把安祿山包裹起來，用轎子抬著，眾人感到新奇，大聲起哄。唐玄宗看著高興，就賜給楊貴妃金幣。

社會風俗與文化

◆偽娘盛行

隋唐時期的男女著裝佩飾有些「陰陽顛倒」。女子穿男人裝，男子則打扮得像個女人一樣。真是咄咄怪事。愈接近上流社會，那些名流就愈喜歡打扮成

女人。他們很注重儀容的修飾與化妝，用面脂、唇膏、簪花等女用化妝品粉頭飾面。黎民百姓雖然沒有那種閒錢，不過也多少受了些影響，在社會上，一度成為一種時尚。

為什麼男子非要弄得油頭粉面，裝扮得像一個現代「人妖」呢？那是因為武則天、太平公主等大唐權貴婦人喜好「小白臉」。武則天就不用說了，她喜歡美男子，挑選陪侍的標準就是「潔白美鬚眉」。既然上層權貴婦人喜歡「小白臉」，那麼有心吃軟飯的朝野上下就努力打扮自己，男子做美容、化女妝，裝飾打扮標新立異，為的就是吸引貴族女人的注意。

唐懿宗時有個詩人叫李山甫，他本身長相秀美，極像女人，偏偏他又留有長達五尺餘的長髮，每次沖洗後，就讓兩名女僕用金盤子接住頭髮，然後梳理。有些不明就裡的客人來造訪，還以為他是女人呢。

◆京城浪人多，杜甫也是其一

唐朝的京城長安既然是全國的政治經濟文化中心，當然也就成了人人嚮往、追求夢想的地方。就像中國的北京一樣，擠滿了來自全國各省的有志之士。如大詩人王維、杜甫、孟浩然等，都曾當過「京漂族」（長期在京城工作、生活，但沒有京城戶口的流動人口）。

杜甫三十五歲開始進京漂泊，他多次參加科舉考試，但是都沒有被錄取。悲慘的是，從前他有老父親在後面支持他，父親去世後，他的生活壓力就大了，吃飯都成了問題。為了籌錢吃飯，他只好從野外採來一些草藥，到長安城裡擺地攤。運氣好時，可以自己解決，運氣不好，賣藥還掙不到一天的伙食費，他就只好去熟人和朋友家吃飯去。

他自己不僅想考取功名，而且還試圖引起那些達官貴族的注意。所以困居長安期間，寫了很多詩，投給權貴，希望得到他們的推薦，但是沒有什麼人理

他。到了四十歲那年，他進獻的《三大禮賦》終於受到了唐玄宗的讚許，命其待制集賢院。「待制」相當於獲得了當官的資格，但還得等候任用。這一等，又是四年，直到四十四歲時才被授了個右衛率府冑曹參軍的小官職。不過，他也夠倒楣的，上任沒幾天，安史之亂爆發，他又失業了。

◆不一樣的重陽節

農曆九月九日，俗稱重九，又叫重陽，是中國民間一個傳統節日。重陽正式定為節日是在唐代。每逢重陽節，百官休沐，皇帝賜宴曲江池，人們紛紛佩茱萸，登高遊玩，或聚會宴享，觀賞菊花。

唐代登高、賞菊風氣之盛，為歷代所罕見。漢魏時代人們登高以避邪，這時已經變成一種健身、遊玩的娛樂活動，重陽節時，唐代帝王都要到慈恩寺大雁塔，或渭水邊上的臨渭亭登高宴會。

重陽節有佩茱萸的風俗。茱萸是一種具有濃烈香味的植物，可以入藥，有驅蚊殺蟲之功效。古代，人們認為佩茱萸能驅邪避惡。王維有一首著名的詩篇《九月九日憶山東諸兄弟》，寫到了重陽佩茱萸的風俗。詩云：「獨在異鄉為異客，每逢佳節倍思親。遙知兄弟登高處，遍插茱萸少一人。」

不過，唐代重陽節不是一天，而是兩天。李白《九月十日即事》詩寫道：「昨日登高罷，今朝再舉觴。菊花何太苦，遭此兩重陽。」詩中描寫九月十日小重陽再次宴賞的風俗。此外，有時鑑於朝中在九日前後有重大活動，重陽節亦有挪至九月十九日舉行的，這也是唐人通融的一種辦法。

◆門第婚姻規矩多

隋唐時期的門第婚姻是一種等級婚姻。政府對於「良賤制度」相當重視，統治階級和普通的老百姓是絕對不可以通婚的，等級是絕對不可逾越的，通婚

與否對統治階層來說有致命的危險，可以完全喪失人格身分。法律規定，如果男人立自家隸屬「賤籍」的婢女為正妻，那官府會判男人做兩年苦役，女人打回原階級當婢女，不得享受正室待遇。

唐人小說《訂婚店》說了這樣一個故事。唐朝貞觀年間杜陵一個名叫韋固的書生，因求婚來到宋城，在旅館裡看到一個算命的老人，老人告訴他婚姻皆是前定的，無論貴賤，或是吳楚異鄉，由冥冥中的紅線一繫，男女便成了夫婦，逃脫不了命運。並且告訴韋生，他將來要娶的是一個店北賣菜家嫗的女兒。韋固十分悲憤，覺得這是對他的侮辱，竟然想讓僕從去刺殺那個幼女。不想若干年後韋固所娶的美麗嬌妻，正是當年欲殺之女。只不過此女並非出身貧賤，而是昔日宋城縣令之女，因其父早死而寄養在乳母家，後由叔父收養。

這個故事透露了唐朝時等級婚姻現象的普遍：為了不娶不相稱的出身貧賤的女子為妻，竟然動了殺害她的惡念，可見在韋生心目中，等級婚姻的觀念是多麼執著和偏激。

◆ **男女關係開放**

如果你還認為過去中國的男女關係就是很保守，那你就錯了。這只是一般的刻板印象，事實上，唐代世風最突出的特點之一就是男女關係開放。

在唐代，未婚女子有一定的擇偶權，並不完全由父母做主。如唐玄宗時期的一代奸相李林甫，有六個女兒，他在家中客廳的牆壁上開了一個窗子，用薄紗圍住，然後讓六個女兒常常在窗下玩耍。玩耍是假的，實際上是偷窺那些來謁見宰相的貴族子弟，看看他們長相為人談吐如何，如果有中意的，那就擇之為婿。

唐朝對女性貞操的要求並不嚴格，具體又體現在：女子初婚非處女不受苛責；女子離婚、再婚並不被社會所嘲弄。比如，大才女晁采與鄰居文茂青梅竹

馬，成年後以詩傳情，偶爾也會偷吃禁果。她的母親知道後，只是感嘆說：「才子佳人，自有此事」，最後還將女兒嫁給了文茂。又比如一代美人楊貴妃，她曾是壽王李瑁的妻子，按理說早已是婦人之身，但是後來又嫁給了唐玄宗。最離譜的就是蕭皇后了。她天生麗質，嬌媚迷人，一生共侍六主，那些君主都被她迷得神魂顛倒，根本就不在意她之前跟多少男人發生過關係。既然統治者都如此，上行下效，仕宦階層及民間對此也就相當開明。

◆怕老婆之風盛行

梁國公房玄齡懼內，是出了名的。他只有一個老婆，不是他不想娶妾，而是不敢。就算太宗賞賜的美女，他也推辭不敢收。

唐太宗是一個極為開明的人，心知他的痛苦，所以就想出了讓皇后出面說服房夫人的辦法。皇后跟房夫人講了男人三妻四妾的大道理，最後就說皇帝憐惜梁國公年紀大了，想賞幾個美女給他享受。房夫人頭搖得像波浪鼓，依然不答應。於是太宗親自出馬，他也沒二話，直接就威脅說：「你要是不給房玄齡納妾，那你就滾蛋。」房夫人說：「他想納妾，除非我死。」太宗嚇唬她，讓人端來一杯醋，說：「這是毒酒，你要死的話，就喝了它吧。」房夫人接過醋，一飲而盡，無所畏懼。這下唐太宗也沒招了。他跟老房說：「實在幫不了你啊，你家那位太頑固了。這樣的女人誰都怕，更別說你了。」

不過，更離譜的是還有人因為怕老婆而丟了官職。太宗貞觀年間，有一個桂陽縣令阮嵩，他的妻子是出了名的醋罈子。有一回，阮嵩在外面和別人應酬，叫了幾個妓女唱歌逗樂。他的老婆聽說後，氣得發狂，像個瘋子一樣，披頭散髮，光著腳，露著胳膊，提著刀，殺氣騰騰找老公算帳去了。那些客人和妓女一看不得了，母老虎發威了，跑得一乾二淨。剩下個阮嵩，躲到床底下，滿頭大汗，祈福保佑。

這件事不巧被州長官崔邈聽說了，心裡不樂，在給阮嵩年終政績考核時，就說：「阮嵩不行啊，怕老婆怕成這個樣子。老婆剛強，丈夫柔弱，連老婆都管不好的人，怎麼能管理一方百姓，那些強盜匪徒可不比妻子柔弱啊。而且他的老婆這麼無禮，恐怕也跟丈夫的縱容有關，可見他的能力實在不行。」吏部的人一聽，這不是明擺著要撤阮嵩的官嘛。就這樣，因為怕老婆，阮嵩連官都丟了。

實用指南

穿越前的準備

隋唐總體上來說這是中國歷史上顛峰王朝之一，雖然期間有些小小的動亂，但是無礙大局；在盛唐，你可以享受到一個泱泱大國的自豪感；不過準備好相應的物品，還是能幫助你更好地享受這趟旅行。

◆藥品

如果你習慣了現代社會的舒適，擔心回到唐朝，人生地不熟，容易患病，那大可不必。唐朝有位孫思邈，他可是著名的醫學家和藥物學家，被譽為「藥王」，許多華人奉之為醫神，曾經被一代帝王唐太宗聘為御用醫師。他不僅醫術高明，而且醫德高尚，因此你不用擔心去看病時受氣被人坑。他提倡把病人當作自己的父兄，對待病人不應「瞻前顧後，自慮吉凶」。在治病時，不要過於計較個人得失，凡事講究「救人一命乃從醫者之責任」；即使面對那些又髒

又臭的病人，他也不嫌棄，依然耐心治療。

　　對了，他還是個養生專家。有資料顯示他活了一百零一歲，不過另外有考據說他活到了一百四十一歲。那可是貨真價實的養生達人啊，跟現在那些活躍在電視臺、網路傳媒上的山寨貨絕對不可同日而語。

◆酒量

　　隋唐人好酒是出了名的。飲酒之風十分盛行，酒是人們日常生活中不可缺少的飲品。而且酒的品項眾多，有些簡直是我們聞所未聞的。如果你對於酒的認識只限於白酒、啤酒、葡萄酒，那你可要睜大眼睛了。隋唐的酒類品項有幾十種那麼多，像什麼石榴酒、松花酒、竹葉酒、烏程酒、鬱金香等，唐人在釀酒工藝上可不簡單啊。

　　不論是朝廷大典、內宮宴筵、祥瑞節令，還是民間婚喪嫁娶、親朋聚會都離不開酒。飲酒最出名的當然是李白了，這位仁兄號稱「醉聖」、「詩仙」，絕非浪得虛名，他有一部分的作品是在酒醉後創作的。杜甫曾經作詩：「李白鬥酒詩百篇，長安市上酒家眠。天子呼來不上船，自稱臣是酒中仙。」

　　如果你一點兒酒量也沒有，碰到這些醉醺醺地跟你稱兄道弟的帶頭大哥，恐怕你都不好意思搭腔呢。

◆詩詞

　　既然說到李白，那就不得不提到詩賦。可不要想著把現代氾濫成災的網路小說帶到唐朝去，那種東西，送給人家催眠，人家都不要，還要被斥為不登大雅之堂。

　　小說在隋唐還不成氣候，那時候最流行的是詩詞。只要看看那些我們耳熟能詳的詩人就知道了，詩仙李白，詩聖杜甫，詩鬼李賀，還有白居易、李商隱、

韓愈、王維等，簡直數不勝數。

這些文人墨客熱衷於舉行宴會，俗稱文酒之宴。他們以文會友，又喝又玩，把飲宴與吟詩作賦結合起來。劉禹錫曾作詩曰：「洛下今修禊，群賢勝會稽。盛筵陪玉鉉，通籍盡金閨。」

以唐朝來說，文總是與酒掛鉤的。有文人的地方總是少不了酒。所以前面說要有好酒量，是有道理的。

總之，來到了唐朝，就不能不接觸這些千古文人，領略他們的書生意氣，所以用詩詞妝點一下自己，能幫助你快速地融入他們的圈子裡。

◆增肥

這僅僅是針對女性而言，如果你是一名女性穿越者，請認真考慮這個意見。審美觀發展到了現在，一般以苗條美為主流，不過在唐朝，恰恰相反，他們是以豐肥濃麗為美的，也就是豐滿、肥碩、濃豔、亮麗。只要看看號稱古代四大美人的楊玉環就知道了。唐代大詩人白居易在《長恨歌》裡，以「天生麗質難自棄」、「雲鬢花顏金步搖」的詩句來描寫楊貴妃的美態。可是，以楊玉環的身材樣貌，放到當下，絕對是路人甲，甚至有可能被斥為恐龍。但在當時她卻「回眸一笑百媚生，六宮粉黛無顏色」，深得唐玄宗寵愛。可見環肥燕瘦，並非胡說。

唐朝人之所以以肥胖為美，有若干原因：唐朝經濟繁榮，人們有條件吃飽穿暖，保持健康豐滿的體格；唐朝文化開放，相容並包，心寬體胖；唐朝皇族身上有鮮卑血統，使他們天生喜愛健碩體魄的女性。

在現代社會，女性熱衷於減肥，甚至為此折磨自己，但到了唐朝，減肥簡直就是自殘的行為。不但不應該減肥，還應該以增肥為一生的事業。

帶多少錢去隋唐

隋唐經歷了幾個盛世，經濟發達，當時的國際地位，堪比如今的美國。因此，來到隋唐，經濟壓力其實挺大的。不過，考慮到隋唐獨特的貨幣制度，重要的不是帶多少錢，而是應該帶什麼樣的東西。

◆購買力

唐初強盛時期，四、五文錢一斗米，這種物價在貞觀到高宗初期時都保持著。按五文錢算，十斗為一石，唐朝一石約是五十九公斤，以如今一般的米價來算，那麼唐貞觀時一文錢約等於如今三十元新臺幣的購買力。

以大家都熟悉的名臣魏徵來說，雖然他在電視劇裡是主角，但歷史上的他，拿的並不是頂尖的薪資。貞觀元年魏徵任尚書右丞，屬四品從職，年薪不算太高，不到百萬臺幣。第二年被升任祕書監，為從三品官職（知名詩人賀知章也官至此職），月薪在一百萬至一百四十萬之間，和如今公司的總監之類待遇相當。貞觀七年，魏徵代王珪為侍中（宰相），是正三品官，這才有了年薪一百四十萬以上的待遇。

以下結合《新唐書》中所述的唐初官俸，以一錢折合三十元新臺幣來核算一下當時各種官職的工資：

一品月俸八千，食料一千八百，雜用一千二百。折合月薪三十三萬元，年薪三百九十六萬元以上。

二品月俸六千五百，食料一千五百，雜用一千。折合月薪二十七萬元，年薪三百二十四萬元以上。

最低的九品月俸一千零五十，食料二百五十，雜用二百。折合月薪四萬五千元，年薪五十四萬元以上。

當時官府的薪資可不低，物價嘛，當然是水漲船高了。

◆布帛

如果你來到隋唐，看見那些富人家裡有一個大大的廂房，裡面擺滿了各式各樣的布帛、絲綢製品，可千萬不要驚訝。固然布帛、絲綢製品在我們印象中是拿來製作衣服的，但是在隋唐它還有個重要的功能，就是支付作用，等同於貨幣。所以，你看到的不是一堆未裁剪的衣服，而是一堆實實在在的錢。

因此，如果你有足夠的條件，帶上幾塊上等布帛和絲綢來到唐朝，那你就發了，絕對是當之無愧的富賈。

另外，不要被那些古裝電視劇迷惑了，金銀固然是好東西，可惜不是在任何時間都通用。在隋唐，金銀器只是有錢人收藏把玩的東西，就像如今的玉石一樣，人人都知道它價值大，但就是不流通。所以，如果你拿著一把銀子去買東西，商家是不理你的。說不定還會被官府抓起來，把你的金銀統統充公。

◆鑄錢

隋唐時的冶煉技術雖然大有提高，但是遠遠滿足不了社會發展的需要。尤其是缺乏鑄錢的銅，成為鑄錢的一大障礙。使得唐武宗登基後，不得不拆掉寺廟，把寺院內的佛像，僧尼缽盂、鐘磬、用具統統砸碎，化銅鑄錢。即使這樣，仍然解決不了市場上銅錢缺乏的局面。

隋唐時，私鑄錢一直存在。法律雖然曾經發文禁止私鑄錢，但是執行得並不嚴格。有的私鑄錢品質做工都不錯，竟然還被某些官府當作官錢使用，以兩三枚私鑄錢就可以抵官錢一枚。那時對於錢幣可沒有防偽這一說法的，只看做工好不好，用料足不足而已。

誰擁有鑄錢的權力，誰就獲得最大的利益。因此，來到隋唐，如果不想帶著又厚又重的布帛，不妨帶上一些銅，還有先進的冶煉技術、鑄造技術，找個隱蔽的地方，就地鑄錢。這是最快速的致富辦法。

最佳穿越時間點

時間點的選擇，關係到時空旅行的樂趣。隋唐延續三百多年，以下推薦數個熱門的時間點。

◆推薦時間：西元 581-604 年
安全指數：★★★　新鮮指數：★★★

楊堅建立了隋朝，當時北邊有突厥，南邊有江南的陳朝。北方突厥為遊牧民族，凶悍無比，不過由於內部分裂，實力大減。江南陳朝政治腐敗，上下猜忌，賦稅繁重，府庫空虛，刑罰殘暴，人民怨聲載道；後主沉醉於酒色，疏於戒備，想憑藉長江阻遏隋軍進攻。楊堅積極發展經濟軍事，先是滅掉了突厥；然後揮軍南下，趁陳朝歡度春節、防備鬆懈之際，滅掉陳朝，統一了南北。雖然陳朝餘孽偶有叛亂，不過不足為道。

大事：楊堅對於歷史做出了許多重要貢獻，其中包含奠定中國古代法制建設的《開皇律》。南北朝時期，法律既殘酷又混亂，人人均在不安中過日子。隋文帝下令參考魏晉舊律，制定《開皇律》，將原來的梟首、車裂等殘酷刑罰予以廢除，保留了律令五百條。而且他還規定凡判處死刑的案件，須經「三奏」才能處決死刑。這就是流行至今的死刑復奏制度。法律的完善有助於保護穿越者的人身安全，避免被昏官濫殺。

趣事：據說隋朝的開國皇帝楊堅相貌獨特，讓人不敢目視。怎麼個獨特法呢？第一，他的額頭突出，而且有五個隆起的部分從額頭直插到頭頂上；第二，下頷突出，而且長；第三，上身長，下身短。這副相貌嚇得他母親也不敢撫養，把他直接送到廟裡去了。但是那些會看相的人知道這是帝王相，將來可是要做皇帝的。所以他長大後從政，沒少受過同事的妒忌和皇帝的猜忌。幸好，他懂得韜光養晦，後來果然做了隋朝的開國君主。

◆推薦時間：西元 604-618 年

安全指數：★　新鮮指數：★★★★★

隋煬帝楊廣是歷史上有名的暴君，他在位後期，農民起義頻發，河南地區有翟讓、李密的瓦崗叛軍；河北地區有竇建德的叛軍；江淮地區有杜伏威、輔公祏的叛軍。可說全國上下一片戰亂，安全指數大打折扣。不過，考慮到群雄並起的年代，適合那些熱愛冒險的穿越者。畢竟身處這個時代是最容易成就功名的。

大事：

㈠隋煬帝雖然被千夫所指，罵為敗家子，不過他無意中還是做了一些好事。西元 605-611 年，他發動百萬民工，挖了一條連接北京和餘杭的大運河。大運河全長兩千七百餘公里，是世界上最偉大、最壯觀的工程之一。想一想，從北京乘船漂啊漂，就能漂到杭州，是不是很不可思議？

㈡西元 607 年，隋煬帝正式下令以「孝悌有聞」、「德行敦厚」、「結義可稱」、「操履清潔」、「強毅正直」、「執憲不饒」、「學業優敏」、「文才秀美」、「才堪將略」、「膂力驕壯」選拔人才。這意味著科舉制度的正式誕生。它改變了古代讀書人的命運，讓讀書人不再像孔夫子一樣四處奔波求職。這個制度持續了一千三百多年，影響了中國的各個方面。從古至今，還沒有哪一種制度的影響力能比得上它。

趣事：

㈠如今的地方政府官員喜好形象工程，這在歷史上是有先例的。隋煬帝就是其中一位，他是個好面子的人。他登基做皇帝時，大隋王朝經濟發展得不錯，人口也有所增長。他把這一切都歸功於自己的領導，所以有心在外商面前炫耀一番。當時的長安城，有來自各國的使節和商人。他命令把長安城內所有的樹幹都用綢包起來，而且把東都的市場豪華裝修一番，即使以賣菜糊口的菜販子

也被勒令在店鋪裡鋪上地毯。那些外國商人路過酒家時，店主人要熱情地邀請他們免費吃喝，末了，還不忘說上一句客套話：「我們中原王朝很富裕，所以老百姓到酒店吃飯都是免費的。」外國人當然不相信了，他們也看過許多百姓窮得連衣服都沒得穿，於是就反問道：「有人窮得連衣服都沒有，可是你們竟然把絲綢纏在樹上，真是怪事，難道這也叫富裕嗎？」

㈡據說李淵的皇后竇氏家族顯赫，父親竇毅乃是北周的八大元帥之一，母親則是北周武帝的姊姊襄陽長公主。竇氏自幼個性鮮明，在隋文帝楊堅取代北周時，她恨恨地說：「我恨自己不是男子，無法為舅舅家掃除禍患。」竇毅認為自己這個女兒不是等閒之輩，有心招個「潛力股」為婿。他決定以比武招親的方式為女兒選婿。竇毅讓人在大門上畫了兩隻孔雀，有意應招的人必須在百步外射上兩箭。凡是兩箭均射中一隻孔雀眼睛的，就招為女婿。恰好射箭是李淵最擅長的。當時來應招的人絡繹不絕，但是能夠兩箭均射中孔雀眼睛的，卻只有李淵一人。李淵憑藉著射箭技藝出眾，得到了竇氏的好感，最終抱得美人歸。

◆ **推薦時間：西元 627-649 年**

安全指數：★★★★★　新鮮指數：★★★★★

身處歷史有名的「貞觀之治」，你還擔心什麼呢？這可是百年不逢的盛世啊。唐朝繼承了隋朝的《開皇律》，社會秩序空前安定，官吏多清廉，王公貴族不敢隨意欺負人，百姓安居樂業。

雖然李世民發起了對外擴張戰爭，對東突厥、吐蕃、高句麗等國用兵，不過戰事都發生在國境外，對於中土王朝來說，一切繁榮安定。

大事：

㈠萬邦來朝的貞觀之治期間，都城長安成為當時的國際中心，唐朝的影響

力不僅透過絲綢之路，還透過海洋向外輻射。在別的地方還處於蠻夷階段時，唐朝就已經邁入古代社會的高潮階段，長安城吸引了來自世界各地的使者、商人。

㈡玄奘西天取經事蹟，相信看過《西遊記》的人都知道是怎麼一回事。唐玄奘是李世民的拜把兄弟，原名陳褘，是唐朝三藏法師，簡單地說，就是個和尚。當時從西方傳播過來的佛教，到了中土後，逐漸形成各具特色的分支，唐三藏遍訪佛教名師，發現各有各的說法，於是下定決心前往佛教的發源地——印度，尋找正宗的佛學。

西元 627 年，他從京都長安出發，經過涼州出玉門關西行，歷經艱難抵達天竺。《西遊記》雖然以他的故事作為藍本，加入許多神話因素，但是考慮到當時的交通條件、社會環境，就可以知道行程有多麼艱辛。他歷時十七年，行程達五萬里，帶回佛經五十二筐，總共六百五十七部。

◆推薦時間：西元 649-683 年
安全指數：★★★　新鮮指數：★★★

所謂盛久必衰，經歷了貞觀之治後，輪到唐高宗即位，唐朝的基石開始出現裂縫。西元 653 年，江浙一帶爆發陳碩真領導的農民起義。幸好唐高宗本性仁慈、低調，不好鬥，所以很快就採取措施，讓叛軍息事寧人。不過，對外戰爭依然持續。朝鮮半島一分為三，內戰不停。唐軍趁機各個擊破，終於平定了朝鮮半島，完成太宗未竟的事業。

西突厥又來犯。高宗也不客氣，果斷出擊，連年用兵於西域，硬是把西突厥從歷史版圖中抹去。唐代的版圖，以高宗時為最大，東起朝鮮半島，西臨鹹海，北達貝加爾湖，南至越南橫山，維持了三十二年。

大事：武則天原本是唐太宗後宮的一個六級才人，她亭亭玉立，極其健

碩，臉方，下頷秀美，兩眉明媚，兩鬢微寬，有自知之明，料事如神，治事有方，智力非凡，頭腦冷靜，而且野心無限。太宗皇帝看出來此女不簡單，因此一直對她不冷不淡。

想不到這倒成全了太子李治。在太宗皇帝臥病在床時，李治跟她眉目傳情，勾勾搭搭。以中國傳統的倫理道德看來，雖然兩人沒有血緣宗親關係，但名義上是母子，因此形同亂倫。李治這個大膽行為，跟隋煬帝有得拚。據說，隋文帝臨死時發現隋煬帝在後宮非禮嬪妃，決定廢隋煬帝。於是隋煬帝搶先一步，殺了老爸，順利即位。

唐高宗隱藏得比較好，沒有經歷這些波折。唐太宗死後，他順利繼承皇位，而武氏依唐後宮之例，入感業寺削髮為尼。但是很快被念念不忘的唐高宗召喚入宮，兩人又好上了。唐高宗甚至廢黜了王皇后，立武氏為后。後來高宗患風眩，整天頭暈眼花，有時難以睜眼，索性將朝政大事全部交給武則天處理。武則天執掌大權後，漸漸不再把庸懦無能的高宗放在眼裡，高宗遂成為徒有虛名的皇帝。

◆推薦時間：西元 690-705 年

安全指數：★★★　新鮮指數：★★★★★

武則天在位期間，雖然有山東群盜，地方上也有盜徒滋蔓，不過數十年間沒有發生過內戰，社會比較安定。不過另外一方面，她為了鞏固統治，任用濫用刑罰、殘害無辜的酷吏，在一定程度上反而擾亂了社會正常秩序。

對外依然戰事不斷。西突厥死灰復燃，吐蕃人總是在西域鬧事，而東北又崛起了一個新的遊牧民族契丹，屢屢騷擾中原王朝。武則天雖然是女流之輩，但是論起保家衛國，不遑多讓，凡進犯者必遭痛擊。邊境形勢時好時壞，穿越者可不要輕易到邊境，以免被當作奸細抓起來。

在男權社會，女人當政本來就是一件新鮮事，武則天「我的地盤我做主」，首開歷史先河。既然當了皇帝，就不可避免地涉及「後宮佳麗」的問題。

武則天先後寵幸過三名男子。第一個是薛懷義，原名馮小寶，他是遊走江湖、以販賣藥材為營生的小夥子，憑藉英俊瀟灑、落落大方的姿態贏得了武則天的喜愛；薛懷義背靠這棵大樹，很快就混得如日中天，人也變得不知天高地厚起來，有些驕橫跋扈，甚至對御史、宰相都有些不敬。終於引起武則天的厭惡，先是疏遠他，後來乾脆派人把他暗殺掉了。

後來，她的女兒太平公主把美貌年輕、通曉韻律、能歌善舞的張昌宗兄弟推薦給她。這兩兄弟除了能唱能跳，而且精力旺盛，更有侍寢的本領，把武則天服侍得舒舒服服，身心愉悅。武則天馬上把兩人提拔起來，做了四品大官。

二張也是有些野心的人，比薛懷義有心機多了。除了牢牢抓住武則天外，還在朝廷上下結黨營私。結果，他們沒有惹惱武則天，反倒惹怒了其他官員。

神龍元年，張柬之等策動「宮廷政變」，把二張剁成了肉醬。武則天眼睜睜地看著寵臣被殺，卻無能為力，因為這時候她正躺在病床上呢。

趣事：武則天曾經立了一塊無字碑。無字碑乃是用一塊完整的巨石雕鑿而成，高七‧五三公尺，寬二‧一公尺，厚一‧四九公尺，重達一百多噸。古往今來，有碑必有字，可是無字碑看起來並不符合常理，所以它就成了一個不解的謎團。後人對此有些揣測，比如說武則天覺得自己功勞非常大，已經超出文字所能形容的極限，所以乾脆就不刻字了；又有人說，她篡奪李家的天下，淫亂後宮，罪孽深重，因有自知之明，所以不敢刻字；又有人認為，武則天很豁達，根本不在意別人的說法，所以乾脆就留了一塊空白的石碑，讓後人自己去評論，大有「我走黃泉下，管你們說三道四」的氣勢；還有人認為碑上本來是有字的，是後繼者唐玄宗令人磨去的，因為他視武則天為李家天下的恥辱，所以不願她留下字來，也算是對九泉之下的她的羞辱。

◆推薦時間：西元 705-712 年

安全指數：★★　新鮮指數：★★

女強人武則天過世後，政權回到李家手中。不過，宮裡宮外一片混亂。韋皇后和她的女兒安樂公主把持朝廷，尤其是安樂公主，公然要求當武則天第二。為了爭奪權力，唐中宗竟然被毒死。政局不穩，安全指數也不高。高層人士尚且為自己的人頭膽戰心驚，平民百姓就更不用說了。

大事：西元 710 年，唐朝再度發生政變。由當時相王李旦第三子臨淄王李隆基和太平公主於帝都長安城共同發起，李隆基以禁軍殺了韋后、安樂公主，並徹底剿滅了韋氏集團。這次政變的結果是，即位不足一個月的李重茂退位，李旦復辟為唐睿宗，李隆基被立為皇太子，太平公主的權勢更加強大。713 年，已經即位的李隆基，也就是唐玄宗發兵，誅滅了太平公主，最終結束了自中宗朝以來多年混亂的局面。

趣事：唐睿宗李旦，是唐高宗李治的第八個兒子。他一生兩度登基即位，卻三讓天下，一讓母親，情非得已；二讓皇兄，事出有因；三讓兒子，實屬無奈。堪稱中國歷史上最窩囊的皇帝。

◆推薦時間：西元 712-756 年

安全指數：★★★　新鮮指數：★★★★

這段時期可以分為兩個階段，從西元 712-736 年，是唐朝的全盛時期。天下一片太平，四海歸附，對外也沒有什麼戰爭。安全指數到達五星級別；但是西元 737-756 年，發生了安史之亂，把唐玄宗前期積累的政治資本全部賠了進去。叛亂歷時七年零兩個月，雖然亂事最終平定了，但是卻造成藩鎮割據，國內戰爭不斷，安全形勢也一落千丈。

大事：西元 742 年起，鑑真和尚受邀前往日本。由於地方官的阻撓和海上

風濤險惡，先後四次都未能成行。第五次漂流到海南島，因長途跋涉，過度操勞，不幸身染重病，雙目失明。第六次總算成功抵達日本。

趣事：這段時期出現了許多著名歷史人物，單單說四大美人之一楊玉環。她雖然被唐玄宗寵幸有加，不過竟然被趕出宮過。唐玄宗在未遇見楊貴妃之前，已經寵幸梅妃。楊貴妃來了之後，兩個女的自然為了爭寵鬥得不可開交，唐玄宗就在兩人之間轉悠。楊貴妃這人心胸是比較狹窄的，不想跟別人分享。一氣之下，就跟皇帝吵了起來。這還得了，冒犯龍顏啊，皇上一怒，就把她送回娘家。幸好唐玄宗本人也是個多情種子，花花大少，心裡還惦記著楊貴妃的好處，不久以後，又請高力士把她接回來了。

最該去的地方

隋唐的城市規模在當時的世界上是首屈一指的，在此推薦三個城市。

◆長安

長安不僅僅是隋唐的都城，更是世界性的大都會，位於今西安市區。城市由外郭城、宮城和皇城三部分組成，面積達八十三平方公里。城內百業興旺，最多時人口接近五十萬。當時它的地位超高，既是全國工商業貿易中心，也是中外各國進行經濟交流活動的重要場所。商賈雲集，邸店林立，物品琳瑯滿目，貿易極為繁榮。

長安城東市西北有一個崇仁坊，是旅店集中地。來到此時的落腳地，首選崇仁坊的旅店。因為往西不遠就是皇城，也就是諸多政府機構所在地，去選官考試很方便；東南角是東市，逛街方便；南面則是平康坊，找藝伎娘子們談心方便。因為有這些好處，此處就成了從外地來長安選官考評和參加科舉考試的文人們的居住集中地，附屬而生的酒樓、飯店等服務業也異常繁榮發達，晝夜

喧譁，燈火不絕，儼然長安城的夜生活中心。

◆洛陽

　　洛陽是隋唐的東都，位於如今的河南省洛陽市。它的城市布局跟京城不太一樣，宮城、皇城位於都城的西北隅。洛陽城的建築規模略小於京城長安城。含嘉倉的城糧窖密集，存儲來自河北、河南諸道的官糧。洛陽戒備的堅固嚴密，遠在京城之上。城內街道縱橫相交成棋盤式布局。洛陽的居民以士、農、工、商四類人為主。有大量從事商業活動的人員，並且出現了大量的酒樓和旅館。與此同時，也產生了許多小商小販，許多外國商人也在洛陽經商。隨著洛陽陪京地位的日益重要，洛陽城成為重要的文化中心，又是一個重要的科舉考場，每次考試都聚集了大批趕考的士子。

◆揚州

　　揚州城，位於今江蘇省揚州市市區及近郊。

　　隋朝大運河開通後，揚州作為大運河與長江的交點，一躍成為長江流域繁華的商業、手工業城市。江南的物產大多在揚州集散，大食、波斯等國的商人在此雲集。此時的揚州城僅次於長安和洛陽。到了唐代，則成為淮南的政治中心。

　　城市分為子城和羅城。北為子城，是衙門政府集中所在地；南為羅城，是居住區和商業、手工業區。當時最繁華的是羅城的兩條十里長街。一條東西走向，自禪智寺月明橋抵西水門一帶，市井相連，行人洶湧。另一條是與官河平行的商業街，起於羅城北壁，一直到南門。生意人紛紛在此建造房子，以至於街上很擁擠。

找誰簽名

在隋唐，如果時間和條件允許，不妨在行程安排中選擇下列人物拜訪。

◆李白

李白（701-762），字太白，號青蓮居士，歷史上有名的唐朝詩人，被人尊稱為「詩仙」、「詩俠」、「酒仙」、「謫仙人」等。他被公認為是中國歷史上最傑出的浪漫主義詩人。作品意境超然，天馬行空，想像力十足；詩句宛如高山流水，讓人賞心悅目。他的眾多詩詞，被人傳誦千年，其中不乏許多經典。

◆楊貴妃

楊玉環（719-756），字太真，蒲州永樂人。原先是作為唐玄宗的兒子壽王李瑁的王妃被選進宮，但是唐玄宗一看之下，深深地被她迷住了，乾脆霸為己有。楊貴妃就這樣陰差陽錯得到了皇帝的寵幸，改變了中國的歷史。她與西施、王昭君、貂蟬齊名，號稱古代四大美女。其中楊貴妃又以「羞花」之貌而聞名。

◆郭子儀

郭子儀（697-781），中唐時期的一代軍事家。他透過武舉進入仕途，做過九原太守、朔方節度右兵馬使。安史之亂時，給了他立功的好機會。他任朔方節度使，率軍收復洛陽、長安兩京，功勞非常高，因此被封為中書令、汾陽郡王。後來，他又平定了僕固懷恩叛亂；說服回紇酋長，聯合打擊吐蕃，保衛唐朝的安寧。他享有非常高的威望和聲譽，歷史學家曾稱他「權傾天下而朝不

忌，功蓋一代而主不疑」。

◆魏徵

　　魏徵（580-643），字玄成。以直諫敢言著稱，是唐太宗跟前的紅人，雖然屢屢冒犯唐太宗，但還是得到了皇帝的歡心。他死後，唐太宗曾經說過一句很有名的話，就是「以銅為鏡，可以正衣冠；以古為鏡，可以知興替；以人為鏡，可以明得失。朕嘗保此三鏡，用防己過。今魏徵殂逝，遂亡一鏡矣。」可見他在唐太宗心目中的分量。他留下了許多言論，被收藏在《魏鄭公諫錄》和《貞觀政要》兩書裡。

◆杜甫

　　杜甫（712-770），字子美，自號少陵野老，其實就是一個苦命的詩人。他的人生一直不太順利，吃遍人間苦頭，不過他很會作詩，是盛唐時期偉大的現實主義詩人，世界文化名人，被人尊為「詩聖」，在詩詞界的地位堪比李白。因為個人遭遇，所以他的詩多半反映了對國家的憂慮及對老百姓困難生活的同情。有人曾說過，讀杜甫的詩，就好像在讀一部歷史一樣。現代大概保存有他的一千四百餘首詩。在隋唐傳統文化中，占有重要的一席之地。

◆尉遲恭

　　尉遲恭（585-658），字敬德，鮮卑族。為人純樸忠厚，驍勇善戰。他曾經做過唐太宗李世民的對手和俘虜，不過李世民愛惜他的人才，沒有殺他。後來成了李世民的手下，征戰南北，馳騁疆場，屢立戰功。在玄武門之變中，他射殺李元吉，而且還跑到唐高祖李淵面前示威，讓李淵鬱悶不已，隨後被迫讓

位給李世民。他是李世民身邊的保護神。因此，後來他被尊為民間驅鬼辟邪、祈福求安的中華門神。

特別補充

◆美食小吃

到了隋唐，不要忘記品嘗當時的美食小吃。

隋唐五代時期的飲食習俗，繼承了魏晉南北朝的傳統，在許多方面表現出前所未有的興旺發達。飲食花色品種非常多。粟麥是北方人的主食，而南方人仍以稻米為主。唐代比較著名的飯食有青精飯、團油飯、王母飯、荷包飯和餳粥、茗粥等。青精飯是一種用南燭烏飯樹葉汁浸黑的米蒸成的飯，其色如青，故名青精飯或烏飯。據說久食此飯，可益精氣、強筋骨，延年益壽，也可作為長途旅行的食品。團油飯是用煎蝦、魚炙、鴨鵝、豬羊肉、雞子羹、蒸腸菜、姜桂、鹽豉等合製而成，為富貴人家婦女產兒三日或滿月時食用。王母飯是皇家的主食之一，類似今日的蓋飯。荷包飯以香米雜魚肉等用荷葉蒸成。另外餳粥也很有名，是加杏酪、麥芽糖製成的。茗粥則是摻茶葉煮成的粥。

如果想嚐嚐麵食，那也不錯。隋唐麵食種類也很豐富，而且受到胡人的影響，僅餅的種類就有很多。有煮餅、蒸餅、湯餅、蠍餅、阿韓特餅、凡當餅、胡麻餅、雙拌方破餅、春餅、齏字五色餅、五福餅、丸餅等。其中，春餅是一種以麥麵裹菜肉蒸成或烙成的圓薄餅。按當時的風俗，人們在立春日這一天，一定要吃春餅。五福餅也是一種類似點心的餅，有五種不同的餡料，相信它能令你的味蕾大吃一驚。

現代常見的麵條和麵團那時候也已經有了，如冷陶（過水涼麵）、湯餅（湯麵），以及羊肉麵、雞湯麵、素菜麵等。是不是很熟悉呢？

至於包子、餛飩、餃子、油條也很流行，偶爾也可以來一些。嚐嚐當時的

手藝，看看古代的飲食跟現在的有什麼不同。

◆ 娛樂節目

嚐遍美食後，就要找找消遣節目了，這時候可以參加風靡一時的馬球。

馬球是唐代非常盛行的一種娛樂活動，上至皇帝，下至諸王大臣、文人武將，無不以此為樂。因為它是一項騎在馬上揮杖擊球的活動，所以又稱擊鞠、擊球。

它最先受到唐朝最高統治者皇帝及王室貴族的喜歡。唐代皇帝中幾乎沒有不愛好打馬球的，有的球技還很高超。上行下效，下面的黎民百姓也喜歡打馬球。

打馬球時，不能隨便穿。要穿各色窄袖袍，足蹬黑靴，頭戴樸巾，盡量一副貴族裝束。身手要矯健，姿態要優美，這樣才能博得觀眾的喜歡。

如果你是女子，害怕騎馬做激烈的運動，也不要緊，可以騎驢來踢球。這可是為了方便女子玩馬球特別修改的哦。

如果你覺得騎著馬打球不過癮，還可以嘗試一下蹴鞠。這就有點類似於現代的足球。不用擔心球的品質問題，到了隋唐的時候，原來實心的球已經變成空心的了。球的彈性非常好。要注意的是，當時的球門不是在地上，而是掛在兩根三丈高的竹竿上。所以踢的時候，要很講究技術。如果你瞄得不夠準，總是不能命中球門，那也沒關係。他們還發展了一種不用球門的踢法，就是專以踢高、踢出花樣為目標。誰踢得最高、花樣最多，誰就是贏家，稱之為「白打」。這個就簡單多了。兩個人可以玩，也可以好幾個人分成兩組對玩。

偶爾去看看別人鬥雞也不錯。唐代是鬥雞之戲的鼎盛時期。鬥雞除了娛樂，還能激發鬥志。唐人就是這樣自我激勵的。不僅社會上盛行鬥雞，軍中也推行鬥雞之戲。就連皇帝也喜歡鬥雞。如果你對鬥雞非常有天賦，那你可就發

163

了，皇上龍顏大悅，賞個四品官給你也不是難事。

　　每年元宵節、清明節、中秋節是鬥雞最活躍的時間。人人都喜歡鬥雞，鬥雞的價格就水漲船高。所以，購買鬥雞時，還是要量力而行，切不可傾家蕩產啊。

第六章 回到宋朝！

第一天 入境，由宋代主管接待外國朝覲使節的鴻臚寺檢查。當晚住進汴京城內的接待驛站。運氣好的話，你還可以參觀遼國使節的都亭驛、西夏使節的都亭西驛站、高麗使節住的同文館等。

第二天 參觀上朝，需要在早上四五點就做好準備。經過御街，從正南的宣德門經過，進入皇宮，並在正殿大慶殿觀禮。

第三天 參觀宋徽宗營造的史上最大皇家風景園林——艮嶽。該園林從1117年開始建造，直到1123年建成，方圓十幾里，其中密布四方奇花異草，怪石嶙峋，不可勝數的樓臺殿閣，可惜的是，這座園林只存在了四年，就被南下的金兵所破壞。

第四天 在北宋都城汴京城逛街。上午觀看蹴鞠比賽。中午在樊樓就餐，體驗北宋菁英社會的宴飲感受。下午於茶肆鬥茶。晚間到勾欄觀賞文藝演出，包括歌舞、傀儡戲、說書、皮影戲、雜技等。

第五天 遠行前，參加汴京士大夫們組織的餞行儀式。餞行儀式分為宴會送別、持金送別和詩文送別等不同方式。當然，別忘了按照宋朝習俗，在臨行前去祭拜主管旅途通順的「陸地行神」和「水上行神」等。按照《太平寰宇記》的說法，主管蜀道路途的行神叫張惡之，是晉代人，

戰死在四川，從宋朝開始被當作那段路途的保護神。

第六天 來到南宋臨安，參加錢塘江觀潮活動，並觀賞西湖遊船，體會「三秋桂子、十里荷花」（柳永詞）的美景，晚間行走參訪這裡的御街。

第七天 前往南宋對外港口泉州，參觀當時的外貿活動，並與中東、阿拉伯和北非商人聯誼。之後，返程回到現代。

行前須知

宋朝，建立於西元 960 年，結束於 1279 年。分為北宋和南宋，歷史上稱為「兩宋」。

西元 960 年，後周大將趙匡胤奪取帝位，建立宋朝，趙匡胤即宋太祖。在其統治下，中原地區、江淮流域和南方得到局部統一，結束了五代十國的混亂局面。同時，他加強中央集權，解決了軍閥藩鎮割據的問題。此後，隨著宋真宗、宋仁宗的統治，北宋步入盛世。宋神宗在位期間，王安石發起「熙寧變法」，試圖解決王朝內部的社會矛盾，但最後失敗。

西元 1118 年，金國邀請北宋共同夾擊遼國，宋徽宗好大喜功，予以同意。但在雙方共同滅遼的過程中，北宋薄弱的軍事實力也被金朝窺探無遺。1127 年，發生了著名的「靖康之變」，汴京被金兵攻掠，宋徽宗和兒子宋欽宗被俘虜並帶往北方，北宋由此滅亡。

同年，宋皇室成員趙構南遷，在臨安建立了南宋政權。由於岳飛、韓世忠等將領英勇抗擊金兵南侵，使南宋政權得以穩固。而岳飛透過之

後的北伐，奪取金朝扶植的傀儡政權「齊」所控制的土地，兵鋒一直達到距離汴京（開封）僅有四十五里的朱仙鎮。但由於宋高宗和重臣秦檜的錯誤政策，連下了十二道金牌督促岳飛班師，北伐勝利毀於一旦。隨後，岳飛被以「莫須有」的罪名殺害。1141年，南宋和金達成和議，雙方以淮水到大散關為界。

西元1162年，宋高宗趙構下詔退位，懷有改革志向的宋孝宗即位，他平反岳飛冤獄並任用主戰派人士，意圖恢復中原。但由於缺乏必要準備和足夠的軍事人才，其發動的「隆興北伐」失敗收場。

此後至西元1232年宋理宗在位期間，北方的蒙古勢力派遣使節要求夾擊金朝。缺乏戰略眼光的宋理宗一口答應，1234年，金朝滅亡。而宋理宗隨後進行的北伐則再次宣告失敗，遭到蒙古軍的伏擊損失慘重。由此，南宋開始面臨更強大的威脅。1275年，蒙古軍隊南下，第二年二月，臨安開城投降，南宋滅亡。

西元1278年，在廣東新會發生崖山海戰，在漢人將領張弘範的帶領下，元軍全殲宋軍。南宋殘餘勢力退出歷史舞臺。

宋朝將行政區域分為路、州、縣三個級別，集中行政權力，從而有效解決了藩鎮割據的問題。政治體制上，設立宰相和副相分割權力，並設立「二府三司」相互制衡，並加強皇權。

軍事上，宋朝實行樞密院制度，從而將帶兵權和調兵權分離。同時，還經常更換部隊將領，防止出現個人武裝勢力。戰爭時期，戰區最高長官通常由文官或太監擔任，並由皇帝遙控戰略乃至戰術。在兵制上，宋朝實行募兵制度，體現自願性，軍隊徵兵帶有一定的社會福利性質以便發揮緩和社會矛盾的作用，但由此也導致了軍隊戰鬥力不強的深遠憂患。

宋代經濟繁榮發達，前所未有。在農業、印刷業、造紙業、紡織業

和瓷器業上皆有重要發展，海外貿易也相當發達，與世界五十多個國家進行通商。同時，由於南宋時期的開發，也推進江南地區進一步成為經濟中心。此外，宋代城市經濟有著重要突破，先後出現了汴京、臨安等當時世界上最大的都市。

在文化科技領域，兩宋時代貢獻了中國古代四大發明中的三項（活字印刷、火藥和指南針）。並出現了被西方漢學家李約瑟博士稱為「中國整部科學歷史中最卓越的人物」的沈括，以及世界上最早的法醫典籍《洗冤錄》。宋代完成了古文復興運動，而南宋理學的出現，則推進了新儒學的產生，「詞」作為文學形式在此時達到全盛，而宋代話本則為中國小說史開闢了新的紀元。

背景知識

悲劇的武官

北宋是典型的「文人政府」，武人很不受喜愛。

北宋歷史上，官職最高的武人是狄青，官職為樞密院使（北宋軍事機構最高長官）。不過，他在這官位上沒待幾年。因為，他一當上這官，便立刻有無數文臣在宋仁宗面前詆毀他。這些文人厲害得很，耍起嘴皮子無人能敵。這麼一來，在文官們的嘴裡，狄大人就慘了：今天他家裡半夜冒出紅火，這可是造反之兆；明天他老人家腦袋上就「被」長了角，這可是帝王的徵兆……雖然聽起來荒誕不經，但奈何眾口鑠金，不久，可憐的狄大人就被罷官，之後因憂鬱而死了。

通判猛於虎

有人曾問正在中央政府等待任命的某官員，你喜歡去什麼地方啊？該官員最喜歡吃螃蟹，於是說，我最喜歡去的地方，必須有螃蟹而無通判。

「通判」是中央政府派到各地的官員，名義上，他是各地行政長官的副手，實際上，北宋政府規定，遇事時行政長官必須和通判商量。所以，通判是無名有實的一把手，經常給法理上的一把手製造麻煩。

八十萬禁軍

《水滸傳》中有這樣一個故事：擔任東京八十萬禁軍教頭的林沖，始終奉公守法、謹小慎微。一次，他和妻子去東嶽廟上香，妻子被高俅的乾兒子高衙內看中。後來，高俅採用了陸謙的奸計，將林沖引入白虎堂，並誣告他擅闖軍事重地。

林沖擔任的到底是什麼官職？八十萬禁軍教頭，皇帝身邊真的有八十萬禁衛軍嗎？這是不是一種誇張的說法呢？

禁軍，其原意指的是皇帝的近衛部隊，但從唐末發展到宋代，禁軍力量愈來愈大，直到此時已經成為整個國家的主要正式軍隊力量。所以，八十萬禁軍幾乎是全國所有的武裝力量，因此這數量並不算誇張。

拍馬屁也能金榜題名

南宋端平二年舉行了一次科舉考試。其中有一位考生叫潘庭堅。他在試卷中狂拍皇帝的馬屁，引起了皇帝的注意。試卷是這樣寫的：「陛下是上天降下來的聖人，整天忙著處理國家政務，完全顧不上手足之情、生死榮辱。更不能像普通老百姓那樣享受全家團圓的溫馨親情，也無法看到鄉鄰之間的互敬和糾

紛。正是因為有了皇上這樣無私的犧牲，浩蕩皇恩遍及全國，才有了普通老百姓的和睦與安寧。」本來嘛，他這文章寫得也馬馬虎虎，可是就這馬屁，拍得也太過舒服了，連皇帝也動心了。皇上龍顏大悅，大筆一揮，這位潘庭堅就中了進士。多少秀才還在苦苦研讀四書五經時，他卻輕而易舉地登科了。

科舉考試自從隋唐以來，已經發展得相當完善，像唐朝溫庭筠那樣的作弊幾乎不可能重現江湖，但是秀才畢竟是吃腦的，所以作弊不行，那拍馬屁總可以吧。

官員福利最好的時代

包拯包青天的大名在宋朝的歷史上如雷貫耳。很多人或許以為，像他這樣疾惡如仇、公私分明的青天大老爺，一定也是兩袖清風，餐餐稀飯鹹菜的。那麼，事實又是怎麼樣呢？根據史料揭示，包拯每年的各項實物收入，包括朝廷薪水、補貼，還有自己的田產收入，每年高達二一八七八貫（一貫為千文），按當時四百文銅錢的購買力相當於如今的一千兩百元臺幣，也就是說，包拯年收入近七千萬臺幣，這個數字夠嚇人吧，足以顛覆你對清官就一定是窮官的傳統看法了。

宋朝對政府公務員實行高薪制，月薪餉最高達四百貫，是漢代的十倍，清代的二至六倍。除俸錢外，還有祿米，宋朝大小官員錦衣美食，生活奢華。所以，宋朝的官員都是富得流油。有些官員明明到了退休年齡，還不肯退下來領養老金，就算要改年齡，也要死皮賴臉地多混幾年，無非就是想多領點薪水。

入門指南

宋朝人流行花樣衣妝

◆官員的帽子與宋太祖

宋代官員們最為人熟悉的一面，是他們戴的帽子上長著長長的帽翅。帽翅的單翅長度接近五十四公分。

為什麼會有這樣長的帽翅？這是宋太祖的發明。宋太祖上朝時，由於官員眾多，素質不高的官員就互相交頭接耳，竊竊私語。在皇帝老子面前還敢如此放肆，這還得了？但礙於面子，宋太祖不便太過斥責。於是，冥思苦想之後，設計出一種長翅帽子。只要官員們戴上，他們就無法再將腦袋湊在一起了。

◆壽陽公主的梅花妝

宋朝的姑娘們，流行著一種美麗的妝容——梅花妝，這種妝容需要在額間貼上一枚梅花形的花籽，看起來優雅而端莊。這梅花妝是誰發明的呢？答案是壽陽公主。據傳壽陽公主午睡時，曾有一朵梅花落在她額間，三天後才落下去。那花雖落了，但她額間卻留下了梅花痕跡。這痕跡不但沒有損毀她的美貌，反倒讓她看起來更加嬌豔。之後，宮人紛紛效仿，梅花妝就成了當時的一種時尚。

貨幣與經濟

◆現在一文，頂過去三文

梁山好漢楊志在上山前，因失了生辰綱（成批的壽禮），丟了差事，也沒有盤纏回鄉，於是決定將自己的寶刀賣掉，換幾個錢。誰知他碰見了個無賴牛二。楊志要價三千貫，牛二嫌貴。楊志便說，自己這刀子，砍銅剁鐵，刀口不捲。牛二不服，掏出二十文當三錢，擺在一起，令楊志試刀。楊志這刀果然好，一刀下去，那銅錢便紛紛劈成兩半。

這試刀的二十文「當三錢」是什麼意思呢？

原來，宋代銅錢的基本單位稱作「文」，在通貨緊縮時，政府規定一枚銅錢可被當作數文使用。這「當三錢」，就是以一枚銅錢當三文使用。

◆銅錢不如銅

宋朝的「通貨緊縮」是怎麼造成的呢？不是因為銅錢鑄造得太多，而是因為政府總是鬧「錢荒」！

那麼，銅錢都去哪了呢？

商家們發現，銅錢熔後鑄造銅器，其價格居然比銅錢本身要高出許多——也就是說，銅錢本身所代表的貨幣價值，已低於其原料價格了。這麼一來，奸商腹內算盤打得響亮，紛紛將銅錢熔了。時間一長，就鬧出錢荒了。

語言，話要怎麼說

◆方言

大奸臣秦檜身上，曾發生過一個啼笑皆非的故事：秦檜同學念書時，同學們都嘲笑他是「長腳漢」。秦檜聽了很是不忿，下定決心出人頭地，擺脫這個

外號。可惜的是，即便後來他終於順風順水，叱吒朝堂，卻仍無法避免被妻子稱作「老漢」——沒辦法，誰叫秦檜是個妻管嚴呢？

可是，「××漢」在今天看來，最多有點戲謔的味道，為什麼秦檜會覺得無比羞憤呢？原來，宋代人的口語中有一些特殊詞彙。例如，在接近宋朝官話的開封方言中，不循規蹈矩、不遵守常理稱為「乖角」，做事沒依據叫「沒雕當」。至於「漢子」，則是一個典型的具有蔑視意味的稱呼。

◆口頭語言 VS. 書面語言

在「岳飛案」中，其部將王俊率先對岳飛進行誣告加以陷害。由於王俊缺乏必要的書面語言水準，其狀詞全部都使用了白話文，例如，「自家懑（們）都出自岳相公門下」、「他懑（們）有事，都不能管得」、「大段煩惱」等，都是宋時人們常用的口語。

由此可見，雖然宋代的書面語言仍大致沿用古文和騈文，不過，當時的口頭語言與今人已經非常相似了。

社會風俗與文化

◆佳節趣聞

北宋名臣王安石，二十歲進京趕考，元宵節路過某地，觀賞花燈。忽然看見一大戶人家門口高懸走馬燈，旁有一上聯，求對招親。聯語是「走馬燈，燈走馬，燈熄馬停步」。王安石一路思索，到了京城，看見隨風飄動的飛虎旗幟，於是對出了「飛虎旗，旗飛虎，旗卷虎藏身」。等他高中進士歸鄉路上重經那家門口時，便以此下聯對出，結果被招為東床快婿。

此傳說是否真實值得推敲，但其中反映出的元宵節燈會傳統倒是確鑿無疑的。

有一首《生查子‧元宵》寫得好：「去年元夜時，花市燈如畫。月上柳梢頭，人約黃昏後。今年元夜時，月與花依舊。不見去年人，淚滿春衫袖。」如這詞中所寫，宋朝元宵節時，滿城都會擺出許多花燈供人觀賞。而平日受到拘束的深閨女子，也能出來逛逛，看看花燈。在這熱鬧的夜晚，不知有多少小姑娘對少年郎們芳心暗許，譜寫出一曲曲戀歌呢？

實際上，今天的許多節日傳統，在宋代已經定型。除了元宵節之外，除夕守歲、清明祭祖、七夕乞巧、中秋賞月等節日風俗，在宋人不同的詩詞作品中都有著詳細的描繪。

◆嫁人的傷腦筋問題

大文豪蘇軾出生於眉山，家中一門三父子皆是高官，好不得意！雖然如此，為了讓家中女眷順利出嫁，東坡先生竟然拉下老臉，東拼西湊借了兩百貫，才將嫁妝置辦妥當。這聽起來，未免太不可思議了吧？

實際上，在北宋，嫁妝往往比聘禮更加貴重，這是因為女方試圖以嫁妝來表達自己對這段婚姻的重視，如此，才能更多地從姻親處得到點好處。北宋的男人們，根本不用像如今擔憂自己沒房沒車娶不到老婆；倒是姑娘們要擔心，自家若錢不夠，湊不足嫁妝，就只能在家當老姑娘了。

◆殯葬改革的先驅

潘金蓮與西門慶勾搭成姦，毒殺了武大郎。待人死後，匆匆忙忙在城外的「化人場」火葬，連棺材都隨同焚燒，並將骨灰撒在漱骨池中不予保留。不日武松返回，問及緣由，潘金蓮只道：「哪裡去尋墳地？沒奈何，留了三日，把出去燒化了。」令人奇怪的是，武松對此並沒有提出疑問。還是何九叔在妻子的提醒下，「偷」出武大郎的骨灰才存留了僅有的證據。

在宋代喪葬方式中，出現了前所未有的火葬習俗，雖然它被士大夫們和朝廷反對，但由於人口迅速增多和土地兼併的加劇，大概有一到三成的人選擇火葬。由此看來，宋朝人對於生死還是很看得開的。

◆拜金主義

南宋紹興年間，有一個窮秀才戀上了一個金華某地的女子，請了媒婆上門說媒。男方因為家裡窮，拿不出太多的錢，所以就託媒婆在女方面前通融通融。想不到那女的卻說：「男人花錢娶老婆的規矩，那是天經地義的事情，再過一萬年也不會改，如果今天從我這壞了規矩，我以後還怎麼做人？」一席話說得媒婆也啞口無言，回過頭來跟秀才如實回答。秀才也不是讀死書的人，有些頭腦，他略一思索，心裡便有了主意，還是請媒婆上門傳話，大意就是說自己如今是秀才身分了，很快將參加科考，到時候說不定會金榜題名哦，你現在嫁過來就等於投資了一支潛力股，將來還怕沒有清福享嗎？女方家裡一聽，有道理，回話說考慮考慮。於是，秀才就親自登門拜訪了，拜見未來岳父岳母，又說自己家有薄田數畝、房屋數間，只有一個老父親在世，言下之意就是你家大小姐嫁給我，絕不會受人欺負。這下子女方家裡總算點頭同意了他們的婚事。

南宋時，拜金主義開始盛行，人人都在攀比鬥富，和北宋不同，有時候即使婚嫁的女方不是嫌貧愛富之輩，也拗不過潮流，非得索要禮金才行。正是在南宋時期，古代所謂「納采」的結婚禮儀變成了「納幣」，意思就是男方送彩禮到女方家。所以，有錢的人才能結婚，沒錢的人就只能像上面的秀才一樣，先開空頭支票，希望能把女人騙過來再說了。

番外篇

◆榜下捉婿

　　南宋時，有一個年輕的秀才經過科考後，金榜題名。他長得很帥氣，人又高大，所以吸引了京城某個權勢家族的注意。這個家族派出十多個虎狼大漢，一半是邀請，一半是脅迫，把新科舉人請到家中。年輕人莫名其妙，不知道發生了什麼事情。很快，就有一位穿著朝服的高官來到他的面前，開口就說道：「我有一個女兒，長得也還過得去，自幼熟讀經書，知書達理，願意嫁與公子為妻，不知你意下如何？」年輕人愣了愣神，算是緩過勁來了。雖然他心裡反感，可是也不好直接拒絕，所以就說：「我出身卑微，如果能高攀娶你女兒為妻，那是我做夢都不敢想的事情啊。我當然願意極了，可是我已經有了妻子，不如你讓我回家跟妻子商量一番怎麼樣？」那高官想不到年輕人已經有妻室，很尷尬，拂袖而去。圍觀的人見狀哄堂大笑，隨即散去。年輕人有驚無險地離開了。

　　在宋朝，考取功名的士人所受到的重視和推崇是空前絕後的。那時候，有錢有勢的家族，都把嫁女兒給狀元當成一種榮耀、一種政治上的投資，考中科舉的士人就成了豪富之家選擇佳婿的「搶手貨」。每三年一次的科考，中科舉的人寥寥無幾，所以競爭程度非常激烈，以至於出現了上面敘述的情況，連新舉人是否單身都沒有弄清楚，就急不可待地想嫁女，可見已到了飢不擇食的地步。

◆皇帝挖地道偷情

　　李師師是北宋末年京城有名的妓女，不僅模樣傾國傾城，而且能彈能唱，可謂藝色雙絕。宋徽宗曾經趁著夜晚，穿著微服，偷偷地跟她私會過幾次，在

177

京城裡引起沸沸揚揚的議論之聲。他的皇后勸說道：「你堂堂一個皇帝，怎麼能私自跟外面的妓女在一起呢？而且夜晚微服外出，很容易發生意外，希望你多珍重。」宋徽宗唯唯諾諾，自此收斂了很多。但他心裡還老是惦記著李師師。這時候，有個太監就獻了個主意：從宮中挖一條地道通到李師師家。宋徽宗竟然同意了。地道建成後，長達三里。從此以後，每逢夜深人靜，他就偷偷地帶著一兩個隨從，鑽入地道，跑到李師師家去偷情。

宋朝的歷任皇帝中，宋徽宗的好色、放浪是出了名的。他經常微服出入妓院，尋花問柳，凡是京城中有名的妓女，幾乎都與他有染。碰到很喜歡的妓女，還將妓女喬裝打扮，帶回家去，長期據為己有。

◆貓仔粥原來是這麼回事

南宋末年，元軍大舉進攻，左右丞相陸秀夫、陳宜中等一幫人帶著小皇帝一路南逃，進到了閩南沿海地區。有一天，他們隨身帶的糧食吃完了，個個都感到飢腸轆轆，剛好走到某個漁村。他們就在一大戶人家前乞討食物。主人見他們幾個滿面塵土，身上的衣服破破爛爛，不成體統，把他們當成了普通的乞丐，於是把飯後準備餵貓的殘羹剩飯做成粥施捨給他們。君臣幾人飢不擇食，立刻風捲殘雲般地將粥一喝而盡。後來，他們逃到廣東崖山安頓下來，小皇帝想起那頓美味的粥，便吩咐身邊的御廚弄一份出來。但御廚弄山珍海味慣了，怎麼懂得民間的這些東西。沒辦法，他就駕舟返回當初皇帝乞食的漁村，一打聽才知道，原來當初皇帝他們吃的竟然是餵貓的麵糊糊，不禁啞然失笑。不久，崖山被元軍攻陷，君臣死的死，逃的逃，南宋滅亡。那位御廚也潛回了老家閩南，把這種麵糊糊進行改良，增加了許多食品種類和調味品，取名貓仔粥，獨家經營。從此，貓仔粥作為閩南風味，便流傳開來。

實用指南

穿越前的準備

宋代總體上和平安寧，除了末期不幸的覆滅階段，沒有面臨過較大的動亂和戰爭，也有著繁榮發達的物產供應。不過，做好行前準備，還是能幫助你更好地享受這趟旅行。

◆眼鏡

《說岳全傳》上有這樣一個故事：岳飛進京考武舉，碰到了企圖靠爸上位的小梁王，兩個人先較量弓箭，結果兩人射出的九支箭齊齊地扎在靶子上。坐在臺上的奸臣張邦昌，因為近視眼，看不清楚靶子，只好讓人拿到面前。

雖然是小說，但這樣的描述是符合歷史的，在宋代還沒有發明近視眼鏡，因此，近視者千萬不要忘記帶上如此重要的物品。

◆牙具

蘇東坡的發明能力其實一點也不弱於他的詩詞書畫，他曾經親自發明過一款牙粉。牙粉的製作方法是這樣的，將松脂與茯苓曬乾磨碎，漱口時將這粉末與水一起含入口中，非常清香宜人。

用慣了各種品牌的現代牙膏，回到宋朝之後，你一定不想錯過蘇東坡親手配製的產品。

其實，在宋朝，已經有了牙刷與牙膏。甚至連政府也推薦人們注重口腔衛生，專門將刷牙方法記錄在官方醫學教科書中，並推出二十九種有益於口腔衛

生的中藥材供人們使用。所以，你要回到宋朝，就不用考慮攜帶牙具啦！

◆首飾

不要以為馳名品牌與商標只有現代才有，在宋朝，就已經有了類似的存在。如「舒家體真頭面鋪」就是其中之一。在這裡，你能買到工藝完備的各種首飾，甚至可以量身定做。所以，回到宋朝的女性讀者們，就不用再帶著首飾啦。大宋的工藝，包您放心！

◆指南針

宋朝時，少數民族如猛虎一般蟄伏在邊疆，截斷了絲綢之路。不過，這麼一來，倒讓大宋的海運行業格外地發達起來。在對外貿易中，宋朝人甚至曾遠航到了阿拉伯國家。他們之所以能夠航行這麼遠，當然是因為宋朝時已經有了指南針。所以，根本不用帶指南針來宋朝了，而且你不但能找到指南針，說不定還能跟著宋朝的船隊，去外國瞧瞧呢！

帶多少錢去宋朝

宋代商品經濟發達，因此，不要因為你來自現代就想輕鬆炫富。實際上，在這個沒有信用卡的時代裡，不帶上充分的旅行現金，你還真有可能因此滯留在這裡。

◆汴京人的人均收入

北宋汴京城是那個時代的世界性大都市，整個歐亞大陸的商業貿易中心，而美洲人民那時候還在種植玉米和捕獵。你可以猜一下：汴京城人均 GDP 是

多少？

這裡可以先透露答案，按照《開封城市史》一書提供的資料，開封府人均GDP 等於現值的兩千美元。而如果只算汴京城市區，那麼人均 GDP 則在四千美元以上。

要知道，2011 年，中國安徽的人均年收入才剛剛突破三千美元而已。

◆交子

四川自古缺銅，何況蜀道又難，銅錢難以運入，便造成了銅幣流通不足的問題。不過，聰明的商人們，就想到了這樣的一個辦法：他們用一種叫作「交子」的憑證，來替代銅錢的流通。後來，交子被廣泛承認，成了真正的紙幣——世界上最早出現的紙幣。

所以，回到宋朝後，若你打算去四川看看，不必帶太多沉甸甸的銅錢——你只要身邊有幾張輕飄飄的紙鈔就可以了。讓你享受紙文化的便利的紙鈔，就稱為「交子」。

◆購買力

《水滸傳》中，第十回，奸人陸謙在李小二店裡，花了一兩銀子請管營和差撥吃飯，希望他們能夠在流放的途中，結束林沖的性命。誰知這消息被李小二夫婦聽到，兩人告訴了林沖，才讓這位好漢在後來逃過一劫，最終走上梁山。

這一兩銀子，到底有多大的購買力，足夠三人吃上一頓？

按照銀價與米價推算，宋朝時的一貫錢，折合一兩銀子，大概相當於現在的一千多元臺幣。這麼看來，小飯館花個一千多塊錢，三個人吃頓好的也並不難。這一點，宋代倒是同今天毫無二致。

最佳穿越時間點

回到宋朝，你得找個好時間。當然，也要顧慮安全問題，因為除了少數的軍事愛好者或者特殊興趣者，絕大多數的人都不會選擇去靖康年間，體驗從汴京城頭上往下投擲石塊作戰的危險經驗。

下面的時間點是目前推出的選項。

◆推薦時間：西元 961 年

安全指數：★★★★　新鮮指數：★★★★★

此時宋朝剛剛建立，趙匡胤在陳橋發動兵變迅速登基，並開始著手剝奪武將軍事指揮權，任用文官帶軍，並將地方權力集中到中央，從唐末開始的藩鎮割據局面得以終結。安全形勢得到極大好轉。

大事：西元 961 年和 969 年，趙匡胤先後兩次「杯酒釋兵權」，以宴會形式，故意推心置腹地向石守信等將領詢問，「如果有人推舉你們上臺怎麼辦？」結果，懂事的武將們第二天就紛紛呈上了辭職書。這也是中國歷史上最文明的開國皇帝對付功臣的方案。

◆推薦時間：西元 976 年

安全指數：★★★　新鮮指數：★★★★★

宋太祖趙匡胤確定先南後北的戰略順序，並攻滅荊南和湖南的割據政權，之後迅速消滅後蜀、南漢和南唐三國。此後，趙匡胤開始謀劃北伐。由於這段時間內宋朝對統一戰爭的努力，並對北方用兵，因此安全度不高。

據《續湘山野錄》記載，開寶九年（976）三月，趙匡胤遇見早年相識的道人，並請他占卜陽壽，道人說，只要本年十月二十日夜晴朗，就還能延續，

否則，應該加快後事的安排。八月，趙匡胤開始謀劃對遼國北伐，十月二十日夜，他夜觀天象，落日晴朗而星斗璀璨，內心喜悅。但一會兒後，雪雹驟降，趙匡胤於是命人迅速召其弟趙光義入宮。此後，宦官和宮女全都遵令退下，兩人徹夜飲酒商談，到夜深時分，人們看見蠟燭光晃動，趙匡胤用玉斧（古代鎮紙用的玉器）戳著地面說道：「好做，好做。」之後，趙匡胤解衣就寢，趙光義也留宿其宮。到天亮時分，趙光義宣布太祖已經去世，時年五十歲。這便是「燭影斧聲」的由來，太祖之死成為千古謎團。

◆推薦時間：西元 977-997 年

安全指數：★★★★　新鮮指數：★★★

此時的大宋已經統一黃河和長江流域，除了來自北方少數民族的威脅和偶爾爆發的小規模戰爭之外，基本上處於太平無事的階段。

大事：宋太宗趙光義好大喜功，先後發動兩次對遼國的進攻，但都以失敗告終，好在並沒有損傷國力，因此雙方基本保持著平衡的態勢，對於宋朝人民來說並沒有太多威脅。

趣事：這個時間內，可以親眼看一看宋太宗趙光義設置的「登聞鼓」。

「登聞鼓」制度，在中國歷史上早已有之，一直都是時空旅行的熱門景點。不過，趙光義對其進行的改進更加吸引人，他不僅設立了「鼓院」，對擊鼓鳴冤的事情進行直接管理，還親自處理過不少汴京市民的「上訪」。例如，在其執政年間，某市民擊鼓鳴冤，說家奴弄丟了自己家養的一口母豬，跪求皇帝幫忙找回來。而趙光義給出的答覆是賜予千錢賠償。

當時的相關大臣對此事大感不解。不過，趙光義解釋說，雖然看起來很可笑，但連這種事情都能予以解決，不就是「登聞鼓」為服務民生而設置的初衷。

◆推薦時間：西元 1008 年

安全指數：★★★★　新鮮指數：★★

由於盟約的建立，北宋和遼國之間正式形成和平關係。同時，在宋真宗的領導下，北宋開始踏入安定的時代。

宋真宗接受大臣王欽若和王旦的建議，在西元 1008 年先後三次登泰山封禪，了無新意且嚴重消耗民力。

宋真宗好大喜功，由於對北方的遼國戰爭毫無建樹，因此，他決定仿照古代傳統登泰山封禪。為此，還大量製造虛假的「祥瑞」。但名臣王旦對此並沒有表示支持，於是，宋真宗將他請到宮內設宴招待，臨走還送他一罈酒，說回去一定要好好帶著全家品嘗。當罈子在全家人面前打開時，人們被裡面滿滿的大粒珍珠驚呆了。王旦從此便閉上了嘴。這也是歷史上幾乎絕無僅有的皇帝賄賂丞相事件。

◆推薦時間：西元 1043 年

安全指數：★★★★　新鮮指數：★★★★

宋仁宗統治北宋四十一年，對西夏的邊境作戰各有勝敗，但最終西夏決定向北宋稱臣。由此，北宋進入最安全的時期。

在宋仁宗時期，一度推行了「慶曆新政」，但並沒有真正成功。

宋仁宗的政治才能或許一般般，但其個人品行相當優良。某日早晨起床後他告訴身邊太監說，昨晚朕覺得餓，睡不著，很想吃燒羊。太監說，皇上怎麼沒下命令讓咱們去取？仁宗回答道，我聽說，皇宮中不管索要過什麼，宮外就會因此為例。我是怕如果我一旦吃了，你們就會連夜宰羊並引為常例，這樣，時間一長，浪費的東西就太多了。不能因為我一晚上的飢餓，而開始無窮無盡的殺戮啊！如此心細和仁慈的皇帝，大約也就只會在宋朝出現了。

◆推薦時間：西元 1126 年

安全指數：★　新鮮指數：★★★

宋徽宗在位末年，北方的金朝勢力開始南侵，最後拉開了「靖康事變」的序幕。北宋正是滅亡於這個時候。

大事：宋徽宗喜愛大造園林，在他的授意下，臭名昭著的「花石綱」（運送花石往京師的船隊）開始實施，就是成批成批地運輸名花奇石，然後建成龐大華美的皇家園林。中國古代許多文人都喜歡這味兒，宋徽宗當然也是這方面的行家，文人好這味兒，不過是個人陶冶情操；皇帝好這味兒，就成了國家大事，想不興師動眾下面的人都不答應。當然，具體負責花石綱的人叫朱勔，在蘇州辦了一個「應奉局」，專門為宋徽宗搜羅花石。朱勔手下養了一批差官，一聽說哪個老百姓家有塊石頭或者花木比較精巧、別緻，差官就會帶了兵士闖進，把石頭或花木用黃封條一貼，算作是進貢皇帝的東西，要百姓認真保管。如果有半點損壞，就要被加上個「大不敬」的罪名，輕的罰款，重的拘留。有的人家被征的花木高大，搬運起來不方便，兵士們就把那家的房子拆掉，牆壁毀了。那些差官、兵士往往還趁機敲詐勒索，被征花石的人家，往往被鬧得傾家蕩產，有的人家賣兒賣女，到處逃難。

朱勔把搜刮起來的花石，用大批船隻運送到東京。運送的船隻不夠，就劫運糧的船隻和商船，把船上貨物倒掉，改運花石。這大批船隻自然還要徵用大量民夫。於是船隻在江河裡穿梭來往，民夫們為運送花石日夜奔忙。

因為花石綱，方臘打著誅殺朱勔的旗號造反。因為花石綱，《水滸傳》中的青面獸楊志丟了官，從名門之後墮落成打著「替天行道」的旗號燒殺搶掠的響馬。其實，在那些奸臣看來，花石綱才是替天行道，因為天子就喜歡走這個道。

趣事：宋徽宗的悲劇在於他不應該做皇帝，事實上，他是中國最偉大的畫

家之一，也是中國歷史上第一個創辦宮廷畫院的皇帝，同時還將美術作為科舉升官的考試方法。為此，宋徽宗還親自以詩詞形式來出題目，比如，「山中藏古寺」的題目，最終由宋徽宗選出這樣的一幅畫：畫中只有深山瀑布，溪邊有個和尚正在挑水。看來，宋徽宗的審美趣味，遠遠在其政治能力之上。

◆推薦時間：西元 1127-1162 年
安全指數：★★　新鮮指數：★★★★

趙構跑到江南建立了南宋，他在位期間，只想保住皇位，貪圖享樂，根本就沒有心思收復中原失地。南宋跟北邊的金國也是打著打著又停下來議和。當然，總體而言，這段時間，南宋裝孫子向金國磕頭認錯的時候比較多。

大事：西元 1141 年，金國以殺害南宋武將岳飛為交換條件議和。趙構和秦檜先是解除了岳飛的兵權，然後誣賴岳飛父子造反，在沒有找到證據的情況下，硬是以「莫須有」的罪名處死了岳飛，造就了千古第一冤案。

◆推薦時間：西元 1163-1189 年
安全指數：★★　新鮮指數：★★

宋孝宗是高宗的養子，他才是趙匡胤的正統傳人。在位期間，勵精圖治，百姓富裕，五穀豐登，一改高宗在位時貪污腐化的局面。除此之外，他還積極恢復北伐，跟金國互有攻守。不過雙方實力旗鼓相當，南宋無法攻過黃河，金國也無法越過長江。宋孝宗被認為是南宋最有作為的皇帝。

大事：宋孝宗為岳飛父子平反，恢復岳飛的諡號「武穆」，追封他為鄂國公。同時剝奪秦檜的官爵，把秦檜的餘黨一網打盡，實踐了「出來混總是要還的」這句話。

◆推薦時間：西元 1224-1264 年

安全指數：★★　新鮮指數：★★★

這段時期屬於宋理宗統治時期。宋理宗本人早年跟平民無異，他執政後，一度立志中興，改革朝政，也的確收到了一些成效，但是晚年沉溺酒色，把政務丟給了賈似道這樣的奸臣處理，以致南宋愈來愈衰敗。更令人費解的是完全不顧唇亡齒寒的教訓，聯合蒙古滅掉了金國，接著把長江以北的地區割讓給蒙古，向蒙古稱臣。

大事：西元 1234 年，失去金國作為屏障的南宋直接暴露在更加彪悍、更加凶殘的元軍鐵騎之下。第二年，蒙古將領窩闊臺以南宋違背盟約為由，率軍進攻南宋，由此拉開了長達四十年的宋蒙戰爭。

趣事：宋理宗在世時，怎麼也沒有想到他死後竟然會被人盜墓。盜墓者不僅將他的屍體倒掛樹上曝曬三日，而且還將他的頭蓋骨獻給蒙古首領作為骷髏碗。堂堂一國之君，遭受如此侮辱，連後來的明太祖也看不過去，為之嘆息。

最該去的地方

宋代城市經濟發達，如果你去宋代是為了城市遊，還真的選對了方向。在全國星羅棋布的城市中，可以特別注意下列三座城市。

◆汴京

北宋都城汴京，位於黃河岸邊，又稱為東京，行政上則屬於開封府管轄。由於政府對中央集權的有效加強，汴京城被建設成為當時的超級城市。這裡的人口超過百萬，店鋪多達六千四百多家，其中心街道稱作御街，寬約兩百步。

在這裡，唐朝相對封閉的「坊市制度」得以改變，居住區和商業區終於再

次聚合，店鋪也不再遵循唐朝時的規定，而是能夠面向街面建立。由此，大街小巷終於連接成為一體，整座城市獲得了新的格局和生命力。整個汴京城裡，商賈來往，人頭攢動，每天有無數金錢流通——這就是《清明上河圖》上的那片繁盛之地。回到宋朝，一定要記得去汴京城遊玩。

漫步汴京城內，能看到《清明上河圖》上那種車水馬龍、繁榮發達的城市景象，後來的《東京夢華錄》說汴京「花陣酒池，香山藥海」，誠不為過。

進了汴京城，千萬不要忘了去酒樓和食店裡參觀和用餐，這些地方如同一扇小小的視窗，折射出汴京人民生活的富足和愜意。

正規的酒樓，在汴京被稱為「正店」，和後來的星級飯店有點接近。汴京城內共有七十二家這樣的「正店」。這些酒樓擁有很大的生意規模，經營時間也相當長，無論春夏寒暑，基本上每天營業時間都在十八個小時以上。其中楊樓、樊樓、八仙樓酒店等，客人基本上總在千餘人以上，如果你晚點才去，恐怕還真沒有座位。

當然，來到汴京以後，也可以選擇草根一點兒的飯館，這些飯館被稱為「腳店」。不要因為其規模小就懷疑其水準，那裡一樣有著種種精妙烹飪技法，被汴京人口耳相傳。

除此之外，汴京城內還有著更加豐富的消費場所，如著名的四大夜市、令人流連忘返的演藝場所、與生活相關的醫藥鋪子、陶瓷工藝店鋪、茶肆、布帛店、書店等，足以滿足人們生活需求的各個方面。

◆臨安

南宋王朝都城，即今天的浙江杭州市。

紹興八年（1183），臨安正式被定為行都，由於南宋始終要保持恢復北方基業的姿態，因此整個城市並沒有被大規模地擴建。

臨安城主要位於錢塘江和西湖之間，平面接近長方形。皇帝的宮城在城南端，而城內的中心御街縱貫南北，是全程最繁華的街道。街的東面還有兩條運河，交通非常方便。

◆泉州

南宋的泉州港，堪稱當時中國對外貿易的最大港口之一，和廣州並駕齊驅。紹興三十二年（1162），兩座城市的稅收收入增加到兩百萬貫錢，可見其地位的上升。

泉州港不僅是港口，同時也是重要的生產基地，那裡出產不同的絲綢和布匹，受到外國人的歡迎。另外，泉州有著相當多的瓷器生產基地，其中不少是為了外銷而生產的。其他的外銷商品，如茶葉、銅鐵、鹽、糖等則數不勝數。

找誰簽名

在大宋，如果時間和條件允許，不妨選擇下列的人物拜訪。

◆岳飛

岳飛（1103-1142），字鵬舉，北宋相州湯陰縣永和鄉孝悌里人。他是中國歷史上著名的戰略家和軍事家，被譽為宋代最傑出的軍事統帥，同時，還是兩宋最年輕的封侯者，居南宋「中興四將」之首（其他三位是韓世忠、張俊、劉光世）。

◆蘇軾

蘇軾（1037-1101），字子瞻，號東坡居士，北宋四川眉州眉山人。雖然

一生仕途坎坷，但天賦極高、學識淵博，詩文書畫無一不精，儒、道、釋無一不曉。其文章與歐陽修並稱「歐蘇」，是「唐宋八大家」之一；詩句則與黃庭堅並稱「蘇黃」，善用誇張和比喻；詞則與辛棄疾並列為「蘇辛」，開啟豪放派別；書法則擅長行書、楷書，同黃庭堅、米芾和蔡京號稱「宋四家」；畫則開創「士人畫」，獨具一格，主張「神似」。

◆李清照

李清照（1084-1155），山東省濟南章丘人，號易安居士。有「千古第一才女」的稱號，婉約詞的代表人物。早年生活富裕安閒，與丈夫趙明誠致力於金石學研究，後來因北宋滅亡而流落南方，境遇悲苦。其詞形式上善於利用白描，語言清新且崇尚典雅，反對用詩文方法作詞，提出詞「別是一家」的說法，開啟了宋詞的繼續發展道路。

◆朱熹

朱熹（1130-1200），字元晦。南宋江南東路徽州府婺源縣人，十九歲就中進士，曾經擔任過荊湖南路安撫使。後來成為著名理學家、思想家、哲學家和教育家。他認為，在現實和社會之上還存在著人們行動應該遵循的「天理」，只有「天理」才能帶來和諧，而「人欲」則是過度的放縱。西元 1176 年，他與陸九淵在江西上饒鵝湖寺相會並辯駁，甚至發生嘲諷，進而出現了「理學」和「心學」兩大派別。此後，朱熹成為理學的創立鼻祖，對中國後來的思想歷史產生深遠影響。

◆文天祥

文天祥（1236-1283），字履善，自稱文山，是南宋末年人。

十九歲時以政治抱負和切中時弊的論述由皇帝欽點為狀元。曾官至知州，在任時，深受百姓愛戴。不過他為人正直，屢屢觸犯權貴，一度被免去官職。蒙古大舉南侵後，文天祥散盡家產，招募豪傑，保衛皇上，可惜朝廷腐敗，奸臣當道，他的努力不僅付之東流，還一度做了俘虜。後經義士解救，方走脫。西元 1278 年，文天祥率兵勤王時，再度遭到元軍猛烈進攻，雖然他企圖以身殉國，可惜沒有成功，再次成為元軍階下囚。

元軍統帥忽必烈愛惜他的才能，屢次派人招降，他堅貞不屈，寧死不降。後來被行刑處死，年僅四十七歲。「人生自古誰無死，留取丹心照汗青」就是他給後人留下的最經典的千古絕句。

◆辛棄疾

辛棄疾（1140-1207），字幼安，號稼軒，跟蘇軾齊名的南宋豪邁派詩人。他生於金朝統治下的山東，自幼被祖父灌輸抗金復宋的理念。長大後雖然曾兩次參加金國的科舉考試，但是二十歲時，不惜率兵反抗金國。曾經手刃敵方將領，策動上萬名士兵一起投奔南宋。被南宋朝廷委以重任。他一生堅決主張驅逐金兵，收復失地。奈何南宋政府軟弱，內鬥不已，以民族事業為重的他明顯跟當時的南宋政府不在同一條船上，他曾七次被彈劾遭到免職。

直到晚年仍然得不到信任，恨恨而終。他同時是個多產的詞人，留下了六百多首詩詞，他的作品題材廣闊，風格多樣，以豪放為主，主要體現了軍旅生活和收復中原的愛國熱忱。

特別補充

◆文弱書生最吃香

回到宋朝，不妨先注重培養自己的文人氣質。

宋太祖趙匡胤要求子孫，永遠不得殺害文人，因此文人在宋朝獲得了很高的地位。而武將們因為在五代時期留下了斑斑劣跡，因此只能接受被忽視乃至被鄙視的現實。

同時，隨著後期理學興起、言論控制下降、「市民文化」出現和商品經濟的繁榮，加上印刷工藝的發明等，宋朝更是出現了不少優秀的知識分子。所以，你更應該多練習一下自己的詩詞歌賦功底，實在不行，背背方文山的歌詞也可以在短時間內提升自己的文學水準。千萬不要誇耀自己有多麼強的體能，或隨便展示自己的肌肉，這種魯莽的性格和行為即使在當時的市民看來也是不值得誇耀的。而當時的武將們也都將填詞作詩當成自己的業餘愛好。

同時，你肯定會發現宋代人的生活離不開詩詞。無論是朋友相聚宴飲，或者是隨便聊天談話，乃至於棋牌遊戲或者是送行別離，都需要用詩詞、對聯等文學行為加以點綴。而以宋朝歷史為背景留下的詩詞故事也數不勝數。

不過，雖然講究文人氣質，但宋朝人在體育活動上卻並不輸給其他朝代，甚至大有遙遙領先的氣勢。其典型的體育活動就是蹴鞠。

蹴鞠在歷史上早已有之，但北宋時期得到了極大發展。最著名的球星當屬因為踢球而得到宋徽宗欣賞，最後成為太尉的高俅。實際上，上海博物館還收藏一幅《宋太祖蹴鞠圖》，可見這也算是家學淵源的一門愛好。

因此，宋代還出現了職業足球藝人，在皇宮宴會中專門負責踢球表演，但是，宋代蹴鞠比起唐代利用球門間接比賽有了新的變化，更加講究利用花式動作如頭部、肩部、背部、胸部、膝蓋、腿腳等技法來讓球保持不落。為了維護職業藝人的利益，杭州還出現了專門的「齊雲社」，負責相關活動的比賽組織

和宣傳推廣。

總的說來，具有文化底蘊，或者善於娛樂表演，掌握這兩大技藝，相信你在宋代一定能吃得開、混得遠。

◆鬥茶

來到宋朝，不會鬥茶將讓你難以融入社會，而如果不會喝茶，大概就會讓你變成外星來客了。所以，在此提醒你，千萬別忘了茶文化。

宋代茶飲有兩大類，一類是單純地用一種茶葉點泡而成，另一類則是混合茶，需要將茶葉和其他材料混合並搗碎，從而方便沖泡或者煎煮。而後一類尤其受到人們的歡迎，混合進去的材料從藥品到水果，幾乎無所不包。

值得學習的技巧則是點茶法。首先，將茶末放在茶盞中，然後注入少許湯（沸水）並將之攪拌調理均勻，這個步驟叫作「調膏」。接著，一邊緩緩地注入湯水，一邊擊拂，保證茶水的比例正確。當湯進入茶盞內大約十分之四的時候就停止。在這些步驟中，茶末和沸水的比例是最難以掌握的，茶少湯多，則沒有所謂的「雲腳」（即花紋），而湯少茶多，則會像稀粥那樣聚合成「粥面」。

由於點茶技術的講究，於是出現了鬥茶。所謂鬥茶，就是比賽雙方同時採用點茶法泡茶，並由協力廠商來評價勝負。其標準是茶湯能否做到顏色鮮白，或者成茶之後其花紋是否不出現水痕，從而加以具體判斷。當然，茶香、茶味也相當重要，絕對不能忽視。在《嘉祐雜記》中說道，北宋名臣蔡襄最喜歡鬥茶。一次，他和蘇舜元鬥茶，蔡襄使用的茶葉好，而且用了天下第二泉的惠山泉水。但蘇的茶葉不如蔡，卻選用了竹瀝水來點茶，這樣，由於蘇舜元的搭配更好，結果反而勝過了蔡襄。

當然，如果你不喜歡鬥茶，也可以參加一些單純以品茶為樂的社團，例如官員們組成的「湯社」、佛教徒們的「千人社」等。或者去平民百姓家享受更

多的日常茶文化，例如，鄰居上門要「獻茶」，貴客來了要獻「元寶茶」，訂婚要「下茶」，結婚要「定茶」，連夫妻進洞房之前都要「合茶」。

當然，最適合享受茶文化的還是茶肆，在那裡，不僅有喝茶的場所，還能欣賞到說書人的表演。更讓人稱奇的是，在茶肆中，已經結合了最早的體育俱樂部。《夢粱錄》記載說，臨安城中有一家黃尖嘴蹴球茶坊，讓在蹴鞠中認識的人們能夠在這裡暢談比賽，或乾脆約定時間來一場。另外，茶肆中還有著棋局、雙陸局等賭博的項目，成為當時合法的賭場。

第七章 回到元朝！

七日遊推薦行程

第一天　如果你想在元朝玩得開心，那麼，建議你跟隨馬可‧波羅的腳步，好好領略這個偉大又混亂的時代吧！

第二天　來到大都。如果你幸運地穿越成一位蒙古貴族，甚至可以去大汗的皇宮裡瞧瞧。在馬可‧波羅的描述裡，這是一座無比繁華的皇城。每天都有皇親國戚們在這裡舉行宴會。也許，你也能參與其間。

第三天　你可以在大都外城中遊覽，觀察來自各個國家的各色人等。另外，你可以好好品嘗具有元朝特色的小吃、參觀摔跤、馬球比賽。當然，雜劇表演也是不可錯過的。

第四天　參觀大都（汗八里）外城，逛逛鐘鼓樓地區的繁華市場，感受川流不息、萬國來朝的盛大。

第五天　啟程前往外地遊覽。在官道上，每隔二、三十里，你就能看到一處驛站。這驛站建造華麗，供給充足，所以你在路上絕對不會感到旅途勞頓。

第六天　到達杭州——元朝時中國最大的經濟中心。你可以在城中遊覽，或者去西湖坐坐遊船。對了，晚上吃飯時，別忘了要一杯進口的葡萄酒！

第七天 從杭州前往刺桐港——即泉州。在這裡，你能看到來自世界各國的商船。在這絲綢之路的起點、東方最大的港口上，觀看「漲海聲中萬國商」的繁華景象。

行前須知

元朝，是蒙古族統治者建立的王朝。西元 1206 年，一代天驕成吉思汗統一蒙古，建立大蒙古國。1227 年滅西夏，1234 年滅金帝國，完成了中國北方的統一。1271 年，大蒙古國領導人忽必烈改國號為大元，定都大都（今北京）。五年後，忽必烈滅南宋，實現了中國的統一。元王朝並不等於大蒙古國，元王朝只是大蒙古國的總部，大蒙古國在各處還有四大汗國。忽必烈既是大蒙古國的領導人可汗，也是元王朝的皇帝。

元朝共十帝，自西元 1271 年建立到 1368 年明帝國將領徐達攻陷大都，計為九十八年。在這九十八年時間裡，元王朝的風光轉瞬即逝，接踵而至的就是漢族人烽火連天的反抗。之所以有這樣悽慘局面，民族政策是主要因素。元王朝把天下人分為四等，占絕大多數的漢人居最底層。在兢兢業業進行民族壓迫的同時，它的宮廷政治也是一塌糊塗。從忽必烈到最後一任元順帝的不到四十年時間裡，走馬燈似的換了八個皇帝。皇位繼承必須透過流血來解決，權臣擅權，財政空虛，最終導致各地漢人起義，終於把元王朝推上了斷頭臺。

元王朝的皇帝們並非都是酒肉皇帝，元仁宗和元英宗在位時就曾下苦功推行過改革，包括政治改革，甚至被人詬病的最後一任元順帝也發動過改革運動，遺憾的是，這些改革措施在權貴的干擾下，全部夭折。

背景知識

無垠的疆域

元世祖忽必烈喜歡「祥瑞」之物。於是，臣子們投其所好，獻上了白鳥、白鸚鵡，還有木連理（連理枝）。忽必烈非常高興，臣子們也都紛紛拍馬屁。只有一個叫作劉秉忠的大臣，沉默不語。

忽必烈覺得非常好奇，便私底下召來他，說：「我雖然不是十分的賢明，但受到了先王成吉思汗的餘蔭，使得國家安平，臣子和睦，所以上天降下了祥瑞。但為什麼大夫您對這件事情感到不高興呢？」

劉秉忠說：「這種祥瑞，對老百姓並沒有好處。就比如說，屈原投江，楚國將要滅亡。就算楚國都城當時出現了麒麟，也無法避免國家滅亡的命運啊！真正的祥瑞，應該是國家出現聖人，或者國民豐收。況且，事物的顏色與形態異常，所預示的萬一是凶兆呢？您是否需要自省？」

聽了劉秉忠的話，忽必烈恍然大悟。從此以後，他開始更加努力治理國家，開疆辟土，最後使得大元帝國成為疆域廣闊的「日不落帝國」。

說起「日不落帝國」，你所想到的一定是英國吧？實際上，數百年前，大元朝的疆域，才算得上是「日不落」！蒙古鐵騎一路所向披靡。他們甚至踏上了太平洋畔的土地。而北冰洋與南海，也曾出現在這些蒙古鐵騎們的視線中。開滿天竺葵的遙遠國度匈牙利，都曾屈服於蒙古騎兵的鐵蹄之下。

鼎盛時期，元帝國的領土，占據了這個世界上接近四分之一的土地。這才稱得上是真正的「日不落帝國」吧！

行省制度

著名旅行家馬可・波羅在元朝時，從遙遠的威尼斯來到了中原。他們一行人帶來了大批珍寶與教皇的信件，拜訪了忽必烈。年輕聰明的馬可・波羅得到忽必烈的賞識，於是他被忽必烈派遣去中原各地辦事。馬可・波羅的足跡遍布許多行省，據說他甚至還在揚州做過三年的總管。

我們今天以省為單位的行政區劃制，就來源於元王朝的行省制。不過，元王朝的省都非常大，它的全稱是「行中書省」。中央政務機構中書省直轄黃河以北，太行山以東及以西，這些地方稱為「腹裡」。剩下的地方劃為十個行中書省，分別稱為嶺北、遼陽、河南、陝西、四川、甘肅、雲南、江浙、江西和湖廣。元王朝的行省是皇帝的派出機構，其官員配置和中央政府的中書省大體相同，品級也相當。行省的領導人直接向皇帝負責，其實就相當於是中央政府中書省的一個分身。

元朝的四等人

元朝末年，這個曾經強大的帝國，已經風雨飄搖了。幸而出現了一位救世宰相賀惟一，稍稍挽回了這種頹勢。他擔任丞相後，提出好幾項改革措施。其一，有妻室的僧道必須還俗，這樣才能減少國家對於寺院和道觀的賜田，使農民的負擔減小。其二，防止虛報以冒領官俸。其三，准許經筵館的講官設坐講授，以發揚儒學。其四，設立行都水監，以治理黃河水患。

另外，賀惟一也非常愛惜人才。他常常將自己查訪到的能人記錄在冊，在適當的時候委以重任。因為他為國家付出了這麼多，故而被破格拔擢為御史大夫（監察院院長）。

實際上，這件事受到許多蒙古貴族的反對，元順帝只好賜蒙古名字「太平」給了賀惟一，這件事才算揭過去了。

那麼，為什麼賀惟一擔任御史大夫，會被許多蒙古貴族反對呢？

事情要從元朝四等人的制度說起。

現在，我們生活在一個民族大一統、人人平等的年代。但你可知道，在元朝的時候，依據不同的民族，人是被分作四等的？這四個等級，分別是蒙古人，色目人（即大部分少數民族），漢人（原金國轄下的人口），南人（南宋遺民）。

這四個等級，其權力自上而下。最低等的漢人與南人，命運往往都非常悲慘。在元朝的法典中，就赤裸裸地表達了這種不平等：如果蒙古人與漢人爭鬥，漢人被狠狠揍了一頓的話，可以去報告官府，但是絕對不允許報復。而如果蒙古人失手殺死了漢人，只要受點苦頭——被杖責五十七下，再賠點錢給漢人的家屬，這案子就可以結了。而假如漢人殺了蒙古人，這可不得了！他一定會被處死，而且所有財產都要賠償給死去的蒙古人的家人。這幾乎是要求漢人「打不還手，罵不還口」了。

當然，假如漢人運氣夠好，家庭環境也不錯的話，也是可以當官的。不過，重要的官職，是指望不上了。即使是堯舜在生，也只能擔任副職。終元一代，漢人中只有元初功勳卓著的史天澤做到了右丞相，那也是元初個別的例外。

菜刀管制和初夜權

在元朝，漢人每十戶才能擁有一把菜刀。而多餘的菜刀，都要被沒收掉。元朝沒收菜刀的做法聽起來非常「科幻」——官員們研製出一種直徑六米，十個壯漢才能推得動的滾圓形吸鐵石，沿街滾動巡邏。這麼大的吸鐵石磁性超強，一推出來，那些私藏的刀具就都會從民宅的紙窗戶中破窗而出，吸附在磁鐵上。而一旦誰家藏的菜刀被發現了，就會受到嚴重的懲罰。

這看起來不可思議，但蒙古人統治中原後，對基層的控制相當嚴密而徹

底。他們把每二十家編為一「甲」，首長稱「甲主」，由政府委派蒙古人充當。這蒙古人就是這二十家的總管，而這二十家就是這蒙古總管的奴隸，衣服飲食，他可以隨心索取，女子和財產，他更可以隨心所欲。據說，每個處女結婚前，都要和甲主先入洞房，叫「初夜權」。

元政府有嚴厲規定，禁止漢人打獵，禁止漢人學習花樣武術表演，禁止漢人持有兵器，禁止漢人集會，禁止漢人趕集做買賣，禁止漢人夜間走路。

在這樣的重壓之下，也難怪漢人們會紛紛揭竿而起了。

元朝漢人難做官

明朝開國元勳劉伯溫，早年間其實是元朝的進士。他曾擔任江西高安縣縣丞。有一天，他接到一個狀子：告狀者是一個賣燒餅油條的老漢，他一生的積蓄都被人偷走了。老漢非常痛苦，他這輩子就只攢了這麼點錢，要是都丟了，以後養老該怎麼辦？劉伯溫思考片刻，便找到了破案方法。他帶人貼出告示，聲稱老漢可憐，希望街坊們每個人捐獻一枚銅錢幫助他。劉伯溫擺了一只裝滿水的大缸，讓街坊們將銅錢放入缸中。很快，劉伯溫就找到了罪犯。

原來，那罪犯投的錢，本是他從老漢處偷來的；而老漢是個賣油條的，自然銅錢上是有油漬的。將這樣的一枚銅錢丟入清水中，便可看到油漬浮起來。依據這個，劉伯溫破掉了這個案子。

實際上，元朝時，像劉伯溫這樣的漢人，能做官的非常少。

什麼樣的人、透過什麼途徑可以在元政府做官呢？有三條路。

第一條路：根腳。所謂「根腳」就是社會出身。元政府中央的高級官員和地方上的長官，都是由皇帝任命勳臣、名門以及儒吏出身品資相當的人擔任。

第二條路：吏進。元代和歷代王朝一樣在各級政府設置辦事人員（吏），和以前王朝不同的是，元政府中有一種吏，稱為譯史和通事，由於很多蒙古人

不懂漢語，所以必須透過翻譯來進行工作，譯史和通事就是翻譯人員。吏的來源很雜。有的是學校教師，有的是隱居山林的出世者，有的是因為擅長某項技藝，有的則膀大腰圓，天生就是捉賊的料。他們透過和地方官員接觸，或是送上厚禮，或是毛遂自薦，得到吏的職務，然後再從吏慢慢向上爬，希望有朝一日能做成官。

第三條路是儒士。元代儒士做官，一是貢授，一是科舉。貢授是國家最高學府的學生經過考試後被授予官職，但這條路太難走，每年只有兩人。科舉制曾在元朝廢除過一段時間，西元 1314 年，元仁宗恢復科舉，把朱熹的《四書》規定為考試科目。請注意，後來的明王朝和清王朝的科舉考試科目，正是元王朝定下的規矩。元代科舉一共舉行了十六次，但這個人數也是屈指可數，由於會試三年一次，所以每三年才有五十人得到官位。

元朝的軍隊

元朝開國元勳納牙阿，本來是鐵木真仇敵的手下。但後來，他投降鐵木真，成了他的貼身侍衛。在阿勒真沙陀一戰中，鐵木真遭到了人生第一次真正意義上的慘敗。在他惶惶如喪家之犬時，是納牙阿一直守護著他。納牙阿不善言詞，但他對鐵木真非常忠誠，還是一個將才。也正是有這樣的下屬，才能促使鐵木真最終成為偉大的成吉思汗。

在這裡，提到了納牙阿，就不得不提他所統領的禁衛軍——怯薛（蒙古語，漢譯多作宿衛），以及元朝強大的騎兵。

大蒙古帝國時期，成吉思汗和他的子孫憑藉一支騎兵，橫掃地球。這支讓魔鬼都聞風喪膽的軍隊在元王朝建立時，被稱為蒙古軍。此外，還有三支軍隊：探馬赤軍、漢軍和新附軍。

蒙古軍和探馬赤軍都是騎兵，士兵主要來自蒙古族和色目人。漢軍主要是

步兵，士兵主要是契丹軍和女真軍。新附軍則是南宋軍隊，這支軍隊曾在忽必烈征日戰爭中表現出無能的作戰水準，使得忽必烈認為日本有天神保佑。

除了這四支軍隊外，元朝的皇帝還有一支禁衛軍，名為怯薛。他們驍勇善戰，在地球上難逢對手。

番僧，元王朝的毒瘤

元朝時，發生過這樣的一件荒唐事。有一天，一個柴販被喇嘛搶了柴火。這柴販非常不忿，便向北京留守長官李壁報告。李壁是個正直的官員，他決定幫柴販申冤，懲罰那些喇嘛。誰知李壁還未開始正式審問，那搶柴火的喇嘛竟帶著他的師兄弟衝進李壁的辦公室，對他棍棒相加，險些把李壁打死。

李壁後來把這事向皇帝控訴，事情的結果令人大跌眼鏡。皇帝居然絲毫沒有責怪喇嘛，反倒將倒楣的李壁訓斥一番了事。

這類似的事情，在元朝其實還有許多。而究其緣由，則是由蒙古人的信仰造成的。

蒙古人信仰的是薩滿教，薩滿教認為，「天」是至高無上、長生不滅的，所以他們信的神就是「長生天」。「長生天」到底是什麼，可從成吉思汗攻陷花剌子模城後對俘虜們的一番講演中窺見全貌。成吉思汗對即將被屠殺的花剌子模人說：「你們必須知道，你們都犯了滔天大罪，所以必須加以懲罰。你們一定會問，我有什麼證據，證明你們犯罪。我告訴你們，我就是上天的災禍，如果你們沒有犯罪，上天為什麼派我來屠殺你們？」這就是成吉思汗四處攻陷城池的邏輯。他之所以這樣認為，是因為他認為「長生天」就是這樣認為的。

在後來的對外征戰中，成吉思汗和他的後代接觸到了許多宗教，佛教、道教、基督教、伊斯蘭教，蒙古人對宗教的態度非常開明，貴族們尊敬宗教中虔誠的、有學識的人，樂意向他們求教。不知是什麼原因，蒙古皇帝和

貴族們逐漸地信仰上了佛教在西藏的分支喇嘛教。由於皇帝的尊崇，喇嘛教的勢力遮天蔽日，西元 1291 年，官方統計的數字表明，全國共有寺廟四萬二千三百一十八所，僧尼二十一萬三千一百四十八人。

番僧受到重視，便忘乎所以，為所欲為。江南佛教總督楊璉真迦駐紮杭州時，把宋帝國皇帝和大臣的所有墳墓，全部挖掘，挖去陪葬的金銀珠寶，並且至少有五十萬戶農民被他編為寺院的農奴。喇嘛所過之處，隨從如雲，如颶風一樣掃蕩民間。何止是民間，就是貴族，也會受到喇嘛的欺凌。一次，一位公主和一個喇嘛爭奪道路，被喇嘛狠揍了一頓。公主向皇帝控訴，皇帝卻下令要她反省，以後再有此事，他要秉公辦理。他所秉的「公」就是：毆打喇嘛的，砍斷他的手；詬罵喇嘛的，割掉他的舌頭。番僧是元王朝的毒瘤之一，所有人都知道，這毒瘤必須要切除，只有皇帝不知道。

入門指南

元朝人怎麼穿？

蒙古人把額上的頭髮弄成一小綹，像個桃子，其他的就編成兩條辮子，再繞成兩個大環垂在耳朵後面，頭上戴笠子帽。他們穿的衣服主要是「質孫服」，是較短的長袍，比較緊、比較窄，在腰部有很多衣褶，這種衣服很方便上馬下馬。

元代的貴族婦女戴的帽子很詭異，帽子上有一高高長長的像是木牌的東西，被稱為「罟罟冠」。這種帽子戴在腦袋上如同入肉生根，如果你有力氣，可以揪著那個木牌，把人揪起來，帽子不會脫落。她們穿的袍子更使人發笑，

寬大而且長，走起路來拖泥帶水，常常要兩個婢女在後面幫她們拉著袍角。

　　無論是蒙古男人的髮型還是女人的帽子與衣服，漢人是沒有資格修理和穿戴的。漢人縱然家財萬貫，出門時也要穿得襤褸一點，這都是等級制所致。

社會風俗與文化

◆臭老九的來歷

　　幾十年前，有人把知識分子稱為「臭老九」。這個「臭老九」是怎麼來的呢？要去元代挖「根」。元代，處處都是等級。你是漢人，就要處在第三、第四等。你是其他少數民族，就處在第二等，你是蒙古人，恭喜你，你是一等公民。但這是民族劃分標準。如果按階級來劃分，元王朝的漢族知識分子會說，元政府把人分為十個等級即「十流」：一官、二吏、三僧、四道、五醫、六工、七匠、八娼、九儒、十丐。第九等級是儒，也就是知識分子，所以是老九，前面加上侮辱的「臭」字，「臭老九」就這樣誕生了。

◆平民有姓無名

　　朱重八是朱元璋的原名，張九四則是張士誠的原名。朱元璋和張士誠都是元末的革命家，我們今天耳熟能詳的朱元璋和張士誠都是他們發跡後改的名字，兩人的名字為何都是數字呢？這要歸功於元政府的規定。元政府規定，不讀書的平民有姓無名，就是「狗剩」、「石頭」這種名字都不許用。名字只能是父母生他時的年齡相加或者出生的日期。我們僅以朱元璋為例加以說明，朱元璋名叫重八，其實，應該是朱八八。也就是說，他父母生他時的年齡相加恰好是八十八歲。這樣一來，如果我們知道他父母任何一方生他時的年齡，就能算出另一方的年齡。

◆胡同

北方人喜歡稱呼小街道為「胡同」。今天，北京還有著不少著名的胡同，像東交民巷、什剎海胡同，等等。這樣的稱謂習慣，正是源自元朝。

「胡同」在蒙古語裡，就是小街巷的意思。在元雜劇《沙門島張生煮海》中，張羽打聽梅香的住處，梅香回答說：「我家住磚塔兒胡同。」這個胡同名字至今未變，還在北京的西四南大街呢。

在當時的蒙古語中，「胡同」的意思原本是指水井，蒙古族來自沙漠和草原，是典型的遊牧民族，擇水而居是他們的生活傳統，即使來到城市也是如此。因此，「胡同」逐漸演變成為必須要有水井才能存在的「街巷」意思，這同漢語中的「市井」恐怕也有異曲同工之妙。

◆元曲

說到中國古代文學，人們必提「唐詩宋詞元曲」。這元曲，本來只是流傳於民間的小調。不同於宋詞的風雅與文縐縐，元曲的唱詞是非常活潑和生活化的。而它之所以廣泛流行，與元朝君主們對古文的牴觸有關。

原來，元世祖忽必烈看不懂古文，便命令奏章不許用古文。這麼一來，作為封建社會讀書人努力的終極目標——官場——都已經沒有了論詩文必言古的風氣，民間更是如此了。而「八娼九儒十丐」的說法，更讓滿口「之、乎、者、也」的讀書人沒辦法再和宋朝一樣，創作優雅含蓄的文學作品。

在這樣的情況下，淺白易懂的元曲就被廣泛推崇。也正是因此，催生了關漢卿這樣的一批元曲大家。

實用指南

穿越前的準備

你選擇的元朝,一直處在戰爭當中。這是一個野心勃勃的朝代,這是一個充滿各種危險的朝代。所以,如果想要去元朝看看,在出發之前,一定要做好準備。

◆火器

如果你以為元朝是個落後的朝代,打算帶著一把槍去做「無敵高手」的話,也許你的算盤就要落空了。實際上,元朝時,已經有了大型火器「火銃」,並且已經被大量投入使用。

在《元史·亦思馬因傳》中記錄道,在至元十年(1273),亦思馬因帶領蒙古軍隊攻到了襄陽城下。亦思馬因因地制宜,把一架重達一百五十斤的炮置放在城的東南角。發動時,炮聲震天,攻到之處,無堅不摧。守城的宋將呂文煥感到恐懼了,於是帶領整城人投了降。

◆口罩

為了預防來自遠古的病菌,回到元朝之前,你是否需要打包一個口罩呢?答案是否定的。因為,元朝已經有了口罩。在馬可·波羅的記載中,忽必烈在進餐時,為了避免食物被侍者發出的氣息污染,便命令這些侍者們戴上蠶絲與黃金線織就的面巾 —— 這就是口罩的原型。也許,回到元朝之後,你也能弄到一個如此拉風的高級口罩戴戴。

◆乾糧

元朝兵荒馬亂，你回去之前，要不要捎點兒營養口糧、奶粉，或者別的什麼乾糧？

其實，大可不必如此。在元朝的時候，已經有各種速食食品了。比如，風乾的肉，以及奶粉。是的，你沒有聽錯，元朝時，就已經有奶粉了。蒙古人將牛奶炮製後，成為粉末，行軍時攜帶，食用起來非常方便。

實際上，元朝在飲食方面的發明非常多。比如，涮羊肉和霜淇淋，就都出自於元世祖忽必烈之手。你回到元朝之後，一定要去嘗嘗鮮。

帶多少錢去元朝

◆GDP

元朝雖然戰爭不斷，但它在工業與農業，乃至科技方面的發展，並沒有停滯。另外，它的不斷擴張，從某種程度上也刺激了中原與世界各地的經濟貿易往來。所以，元朝的 GDP 可不低。西元 1300 年時，元朝 GDP 高達宋朝——西元 1100 年時的二・二五倍，占據全世界 GDP 總量的三分之一。

◆紙幣

元朝時，紙幣已經非常流行。帝國發行的「中統元寶交鈔」，不但可在中原各地使用，甚至在邊遠地區，乃至遙遠的波斯，也能讓你的口袋「硬」起來。不過，如果你選擇穿越的時間是元朝末期，最好就不要使用這種紙幣了。因為，那時候由於統治者的黑暗與腐敗，使忽必烈制定的一系列保持貨幣價值穩定的政策難以執行，而造成嚴重的通貨膨脹。所以，為了保險起見，你還是帶一些絲綢與銀子吧。

最佳穿越時間點

從蒙古草原上的崛起，到吞併整個中國大陸，元朝建立了寬廣的國土疆域，並形成中國歷史上具有相當特殊性的封建王朝。

◆推薦時間：西元 1206 年
安全指數：★★★　新鮮指數：★★★★

此時，四十四歲的鐵木真在鄂嫩河畔，在全蒙古的貴族們的推舉下，成為全蒙古的大汗——成吉思汗。成吉思，在蒙古語裡是強大的意思。這個名字，似乎預示著，這位汗王即將帶著這個民族，走向最輝煌的時刻。

大事：西元 1206 年統一蒙古之後，成吉思汗將土地與百姓分給自己的親信與下屬。成吉思汗的子民們，都是他的戰士。凡是十五歲以上和七十歲以下的男子，沒有戰爭時，他們就作為牧民放牧；而戰爭一旦到來，他們就成為了躍馬橫刀的騎兵。正是這種制度，為將來蒙古鐵騎的強大奠定了基礎。

◆推薦時間：西元 1271 年
安全指數：★★　新鮮指數：★★★★★

此時，忽必烈稱帝，他以《易經》中的「大哉乾元」為口號，立國號為「大元」。次年，元帝國建都於大都。不過這時候，元帝國並沒有完全統一中原。在接下來的數年裡，蒙古鐵騎們才逐步地占領整個中原，甚至還繼續向外擴張。

大事：西元 1276 年，南宋都城臨安歸降，宋恭帝成為蒙古人的俘虜。而在這之後，「留取丹心照汗青」的文天祥與陸文夫，擁立趙昺為新帝，繼續在東南沿海與蒙古人抗爭。然而，可惜的是，在 1278 年，文天祥兵敗成為俘虜。

具諷刺意味的是，次年，漢人降將張弘範帶領蒙古鐵騎消滅了南宋最後的一股力量。南宋的遺民們，在崖山下洶湧的海波中，成為了歷史。

◆推薦時間：西元 1275 年

安全指數：★★★★　新鮮指數：★★★★★

元朝統一後，百廢俱興，社會經濟再次開始飛速發展。而各國的使者與遊客，也都紛紛湧入中原土地，想來看看繁華的大都。這一年，十七歲的少年商人馬可‧波羅與叔叔一起來到大都，並且與忽必烈建立了深厚的友誼。

馬可‧波羅到達元朝之後，向忽必烈獻上教皇的信箋和禮物。忽必烈非常欣賞年輕、聰明的馬可‧波羅，便帶著這個年輕人返回大都。一路上，馬可‧波羅為大汗講解了自己旅途中的各種見聞——遭遇強盜、穿越沙漠、翻越帕米爾高原……這些新鮮的經歷，讓忽必烈對他好感劇增，甚至打算將馬可‧波羅一行人留在元朝做官。

最不推薦的穿越時間點

元朝末年，是社會大動盪的時代。所以，如果你只是想去體驗一下馬可‧波羅描述裡的那個遍地黃金的美好國度，那麼，一定不要選擇戰亂年代。

◆推薦時間：西元 1351 年

安全指數：★　新鮮指數：★

在元朝政府的殘暴統治下，民不聊生。終於，漢人們對於蒙古人的仇恨到達了一個頂峰——於是，農民們揭竿而起了。

劉福通與韓山童組建了白蓮教。他們製造輿論，將矛頭指向蒙古人。西元

1351 年 4 月，白蓮教正式揭竿而起。然而，不幸的是，起義的消息走漏，白蓮教眾遭到元朝官兵的圍捕。韓山童不幸遇難，而劉福通則僥倖留下一命。他逃回了潁州，一個月後，再次起義。這一次的起義很成功，它的烽火將元朝漸漸推向滅亡。

◆推薦時間：西元 1368 年
安全指數：★　新鮮指數：★★★

　　元朝的鐵騎的確強大，然而，連年的征戰與內部的損耗，讓這個帝國根基不穩。加之長年受到重壓的漢人奮起反抗，不斷起義，終於，這個國家滅亡了。

　　大事：朱元璋擊敗了其他起義軍之後，開始北伐。僅僅一年時間，就打到了通州。如此情形之下，元惠宗唯有倉皇逃竄。朱元璋的手下徐達很快就攻下了大都（北京）。就這樣，元朝滅亡了。雖然成吉思汗的後人們還在北方反抗，但他們已經無法東山再起。中原，終於再次回到了漢人的手中。

最該去的地方

　　由於農業、手工業與商業的飛速發展，元代的城市還是非常繁榮的。不信，你去瞧瞧。

◆大都

　　元朝的首都大都，即今天的北京城，歷史非常悠久。大都城始建於西元 1267 年，設計得非常美觀。大都有三層城郭，外郭城綿延六十里，共有十一座城門。城中街道非常整齊，馬可‧波羅描述它「規劃整齊猶如棋盤」。

　　而宮城則更加漂亮。其中殿堂巍峨，閣樓相望，是典型的漢式建築風格。

而宮城西邊的太液池邊有萬壽山，修建非常精巧，渾如天成。

　　整座大都城中，建築華麗而密集，每天都有許多人來往——其中很大一部分是如同馬可‧波羅一樣的外國人。他們穿著奇裝異服，帶著珍貴的禮物，來進貢或者經商。而來往的車輛，一天也有上千之數，可謂是車水馬龍。

◆杭州

　　作為南宋的故都，杭州的繁華程度，也是不容小覷的。在馬可‧波羅的描述中，元朝的杭州，是一座「廣有百里」的城市，城內橋梁縱橫，橋下大船可以通行。而在元朝時，城中人口竟然超過了一百萬，堪稱歷史上的最高峰。

　　如果你到了杭州，可以到「施水坊橋梳頭沈待詔之樓」投宿。白天，逛逛這「東南形勝，三吳都會」；晚上，則可以找個地方吃吃喝喝。在這裡，除了能夠吃到典型的江南小吃，北方常見的餛飩、羊肉、驢肉等，也可以吃到。更值得一提的是，你如果帶夠了錢，甚至能喝到進口的葡萄酒哦！

找誰簽名

　　在大元，如果時間和條件允許，不妨選擇下列的拜訪對象。

◆關漢卿

　　關漢卿（約 1220-1300），元朝雜劇作家，號己齋，解州（山西運城）人。他是「元曲四大家」之首，堪稱才華橫溢。他性格狂放，作品針砭時弊，揭露社會的黑暗面，非常犀利。《竇娥冤》、《救風塵》、《望江亭》、《單刀會》等，都是他的代表作。實際上，據考證，關漢卿曾是元朝太醫院的一個大夫——所以，如果你要去找關漢卿，也許得去太醫院瞧瞧了。

◆黃道婆

　　黃道婆（約1245-？），知名紡織家。她出身貧苦，少年時代流落崖山，寄居道觀中。她在黎族人處學會了製棉工具的使用方法。多年後，她返回家鄉，教授家鄉人製棉，並且推廣了製棉的工具與製造技術。這些技術很快被許多人學習，沒多久，她的家鄉松江，成為了全國的棉紡織業中心。如果你想學習古老的紡織技術，不妨去拜訪一下這位充滿智慧的老人。

◆丘處機

　　丘處機（1148-1227），號長春子，是全真教的掌門人、思想家、文學家。金國與蒙古的統治者都對他非常崇敬。他曾因為成吉思汗殺戮過重，而遠赴西域，以大智慧勸服了這位雄才偉略的君王。他「萬里赴詔，一言止殺，悲天憫人」的精神，實在當得起「高尚」二字。想必你也曾在武俠小說中聽說過這位道長的大名，如果你回到元朝，一定要去親眼看看這位道家高人。

◆施耐庵

　　施耐庵（1296-1371），本名彥端，蘇州人。他博古通今，於詩詞歌賦、醫理、星象、地理等方面都非常精通。他曾與劉伯溫同中一榜進士，但後來棄官著書，與弟子羅貫中一起收集史料，完成了四大名著之一——《水滸傳》的創作。後來，起義軍揭竿而起後，施耐庵曾受邀作張士誠的幕僚。但張士誠剛愎自用，獨斷專行，於是施耐庵最後辭去，浪跡江湖，為人治病解難。如果你穿越回元朝，看到路邊一個施藥的老翁，也許就是施耐庵本人呢。

特別補充

◆在元朝結婚要慎重

如果你來到元朝，並且打算在元朝尋覓一段「跨越時空的愛情」，那麼你要注意了。元朝的婚俗，可是和現代大不相同。首先，你要明白：在元朝，同姓是不可以結婚的。所以，你千萬不要對姓氏和自己相同的人動心。

其次，在元朝，已經有法定結婚證明──婚書的存在了。婚書，類似於現代的「結婚證書」。所以，如果你有了喜歡的人，不僅需要媒妁之言，還需要一紙婚書，你才能和喜歡的人成為合法的夫妻。

最後需要提的是，元朝的「驅良婚」制度。在這種制度下，奴隸與良家，是不可以互相通婚的。假如良人想要娶一個奴隸做妻子，那麼他就會被判刑兩年。而假如良家女嫁給奴隸，那麼她就會失去自由，從此以後，不但她自己，就連她的子子孫孫，也只能做奴隸了。所以，回到元朝的你，一定要看清階級，不要喜歡上與自己不是同一階層的人，否則下場會很慘。

◆飲食，肉食者的天堂

不論在哪個朝代，飲食文化都是非常重要的──具有少數民族特色的元朝，當然也不例外。來到元朝的你，一定不要錯過許多元朝美食。

如果你是個「無肉不歡」的人，那麼元朝的伙食可真是太合你口味了！大口吃肉，大碗喝酒，正是元朝飲食的一大特色。元朝的蒙古人對於各種家禽和野味的烹飪，都頗有心得。

有一種特色野味──土撥鼠，不得不提。早期，草原上的蒙古族人因為食物匱乏，而捕捉這種動物食用。在他們崛起之後，土撥鼠仍舊是宴席上的一道珍品。在宴席上，人們把鹽巴抹在新鮮土撥鼠肉上，然後用鋼籤子穿起來，在

炭火上燒烤。烤熟後的土撥鼠肉，肥美異常。再佐上一杯美酒，真是鮮美得讓人幾乎把舌頭都吞下去。

另外，身為遊牧民族的子孫，元朝的蒙古人對於乳製品的食用也非常有心得。蒙古人認為，馬奶是長生天的饋贈。元朝一種名叫「忽迷思」（即馬奶酒）的飲料，就是以它為原料製作的。人們將馬奶倒入一個大皮囊中，然後攪拌。在快速攪拌時，馬奶會產生氣泡，如同剛剛釀造的葡萄酒，變酸，發酵。繼續攪拌，直到產生奶油，馬奶的味道變得辛辣，「忽迷思」就算製成了。

如果你喜歡吃優酪乳或者奶油，在元朝也能享用得到。蒙古人能從牛奶中提取大量奶油；而提煉奶油後，剩下的牛奶會變酸。這變酸的牛奶經過燒煮，會凝固成塊。蒙古人將這種奶塊收集起來，想要喝「優酪乳」時，用熱水沖泡奶塊，就可以了，真是非常方便。

當然，你要是想喝酒，在元朝也能如願。元朝的蒙古人，喜歡飲用的酒有四種：葡萄酒、米酒、忽迷思（馬奶酒）和蜂蜜酒。蒙古人素來豪放善飲，回到元朝的你，一定能夠找到契合的酒友，和他們「會須一飲三百杯」！

最後，要提到的是，元朝的麵食。在元朝，各個少數民族的特色飲食，都在中原大為發展——而其中最有特色的，當屬麵食。一種叫作「春盤麵」的麵食，你可得去嘗一嘗。它是由漢族傳統麵食與元代少數民族食品結合成的一種食物。這麵的做法，是將白麵揉好切細，然後以羊肉、羊肚肺、雞蛋、生薑、韭黃、蘑菇、胭脂等食物做成麵湯，最後加上胡椒和鹽醋，方可食用。這麼一碗大雜燴，實惠而美味，非常「豪爽」。

總的說來，元朝的飲食，少有中國傳統飲食的精緻。它呈現出一種豪爽簡單的氣質，一定會令你著迷。

◆娛樂

來到元朝，在這個蒙古人統治的時代，你不妨去體驗體驗，具有蒙古族特色的娛樂活動。

首先，來說說摔跤吧。實際上，摔跤對於蒙古人來說，不僅僅是一種娛樂活動，更是一種悠久的傳統。蒙古摔跤的規則是「徒手相搏，而專賭腳力，勝敗以仆地為定」。參賽者身強力壯，自不必說。如果你對自己的身手有信心，大可找一位蒙古摔跤高手試一試。而如果你只是想要做「圍觀黨」，只要等到節日或有祭祀活動的日子，就能看到盛大的摔跤表演。表演摔跤的健兒們穿著窄袖的白布短衣，邊緣鑲嵌了銅釘，背上有華麗的紋式，看起來非常威風。一場比賽結束後，勝者需要跪下飲酒。如果這場比賽氣氛夠好，也許勝敗雙方會一起繞場表演一段「禡克式」舞（滿族的傳統筵宴舞），再行離開。

接下來要隆重介紹的，是「打球」。這個打球，可不是宋朝的蹴鞠。它是一種類似於「馬球」的娛樂活動。球員們乘著裝飾華麗的駿馬，手持球杆，擊打皮質的軟球，如果能將球打入球門，就算是獲勝了。在元人熊夢祥的《析津志輯佚》中寫道，球技高超的球員們，能始終以球杆操縱皮球，使之始終不落地。

蒙古貴族們在佳節之時，總會舉行擊球比賽。球員們，都是從「怯薛」中選出的、身手一等的軍人。他們裝扮華麗，打球時，那球「盤屈旋轉，倏入流電之過目，觀者動心駭志，英銳之氣奮然」。如果有機會，你一定要去看看！

◆雜劇文化

對了，來到元朝，還有一項你絕對不可以錯過的活動——觀賞雜劇。雜劇，為什麼要叫這樣一個名字呢？因為，它和後世京劇相似，包含了說白、武術、雜技、唱曲等許多功夫，內容駁雜，故而叫作「雜」劇。

說到雜劇，當然不得不提元曲。元曲分為兩種，一種是平時閒人們填了以抒發心情，叫作「散曲」；另一種則是整合成整齣劇的「雜劇」。可以說，雜劇就是後世戲曲的始祖了。

元朝雜劇，一個完整的故事為「一本」，而每本一般是由「四折」組成。這「折」，就相當於現在的「幕」。每一折，都是故事的一部分，一個相對完整的小節。在演唱方面，主場一般是一個人——或者是正末，或者是正旦。是的，你沒有聽錯。在元雜劇中，角色分為生、旦、淨、末、雜。在這一點上，與現代的京劇，是何其相似。

也許你會疑惑，雜劇演繹的，到底是什麼樣的故事呢？根據《太和正音譜》一書的分類，雜劇共有十二科，分別是神仙道化、隱居樂道、披袍秉笏。忠臣烈士、孝義廉潔……林林總總，包羅萬象，幾乎所有的故事類型，在雜劇中都能找到。且不說鼎鼎有名的《竇娥冤》、《西廂記》之流；水泊梁山的故事，想必你也聽說過吧？沒錯，這梁山的故事，在南宋時就已經被人編寫成話本。而在元朝時，其中《李逵負荊》的段子，已經被改成雜劇。在瓦子勾欄（市民消費、娛樂場所）裡，也許你就能看到戲臺子上，黑臉李逵舞動雙斧的畫面。

第八章　**回到明朝！**

七日遊推薦行程

第一天　來到北京城，參觀北京故宮，如果運氣好的話，你能看到一場熱鬧的
　　　　　廷杖。

第二天　在北京城觀賞雜技百戲。在城隍廟、崇文門、燈市等地逛集市，品嘗
　　　　　明朝美食，並購買一些紀念品。特別提醒，一定要挑選一兩件成化年
　　　　　間的瓷器。另外，如果看到沒有鬍子、說話聲音尖細的人鬼鬼祟祟地
　　　　　賣木雕，一定要買下來，因為它多半出自明熹宗朱由校之手。

第三天　前往東緝事廠，錦衣親軍都指揮司，參觀明朝兩大特務機構。

第四天　前往金陵，參觀烏衣巷、南京故宮等地。夜遊秦淮河。

第五天　遊覽鄭和下西洋的寶船基地，觀摩明朝時發達的造船技術。

第六天　來到杭州，看看在明朝拓寬加固的蘇堤，遊覽湖心亭、小瀛洲。此後，
　　　　　前往購物點西湖香市，購買特色產品「五杭」。

第七天　最後一站前往江西南昌——明朝時出狀元最多、文風最鼎盛的地方，
　　　　　參加一次科舉考試，試試自己的身手。

行前須知

明朝（西元 1368-1644 年），是最後一個漢人王朝。它由明太祖朱元璋建立，傳至十二世、第十六位帝王時滅亡。

明朝前期，在貧民出身的太祖朱元璋的帶領下，國力迅速發展。正是由於朱元璋的出身，讓他格外能夠體會民間疾苦。他大力整治貪官污吏，關注民生，開啟了洪武之治。然而，朱元璋的多疑，讓他設立了「拱衛司」——即錦衣衛的前身，為自己的子孫埋下了隱患。

後來，當帝位傳至朱允炆手中後，其叔叔朱棣起兵篡位，是為成祖。明朝的國力，在此時達到了一個新的頂峰。明成祖出擊南安，五征漠北，鎮壓蒙古之亂，可謂是開疆擴土。他還修《永樂大典》，遷都北京，派出鄭和下西洋……不過，成祖也繼承了父親朱元璋的多疑，他一手創立了東廠。

在這之後，明朝的大部分皇帝就都變得不靠譜了。他們或沉迷於玩樂，或好大喜功，或鑽研木工，或者就是純粹的心理變態……再加上各種內憂外患，雖然有洪制中興這樣的時期，然而明帝國還是不可遏制地走向衰落。

至崇禎時期，朱由檢雖有心朝政，奈何他本人能力有限，且剛愎自用，明帝國頹勢已無可挽回。在農民起義與女真人的攻打下，明帝國於西元 1644 年滅亡，崇禎帝自縊於煤山。

在這之後，明宗室雖還有人兼祧（一子繼承兩房），然而終究難成氣候。明帝國就這樣消失在了浩繁歷史中。

背景知識

內閣制，祕書掌權

　　大奸臣嚴嵩，想必你一定聽說過他的名字。各種小說話本裡提到幕後老闆都會讓這位元大爺客串一把，在明朝奸臣中，他的出鏡率，恐怕只有魏忠賢比得上了。實際上，嚴嵩雖然囂張了那麼些年，但他的結局，是很慘的。而黑他的人，就是堪稱腹黑之王的徐階。

　　明世宗篤信道教，愛拜神仙。有一回，他召徐階推薦的方士藍道行入禁，為他占卜。恰好嚴嵩有事要報，與徐階串通好的藍道行就對皇帝說：「今天有奸臣來奏事。」嚴嵩就這樣被黑了。而剛好在附近避雨的御史鄒應龍見皇帝陛下寵幸的大神「黑」嚴嵩，他便也興沖沖地躥進來，落井下石，告了嚴嵩一狀。本來，皇帝就已對嚴嵩有些不信任，再來這麼一出，自然也就順理成章地處理了這個曾經貼心現在囂張跋扈的首輔。

　　曾在朝堂上呼風喚雨的嚴嵩，就這樣倒臺了。嚴嵩被迫辭官回家，他的兒子嚴世藩被充軍，後來又被人找了個罪名殺掉。而嚴大人辛辛苦苦攢下的家業，也都被抄走了。嚴嵩如喪家之犬一般回到老家，要錢沒錢，要勢也沒勢，兒子死了，還落得一身罵名。不過幾年他就於貧病飢餓中死去，死後連棺材都買不起，更不要說有人給他弔喪了。

　　嚴嵩走運那幾年，做的是首輔。什麼是首輔？首輔，就是內閣的頭頭。這內閣，可是明朝的一大特色。

　　明代內閣制的完善，並非一蹴而就。一開始，洪武十三年，太祖以胡惟庸謀反為由，廢除宰相，由他本人直領六部。不過，皇帝本人精力有限，於是任用大學士做顧問，這就為內閣制的產生製造了契機。這種制度傳至成祖時，解

縉等七個翰林官員進入文淵閣，共參政事——他們被稱為內閣，即相當於皇帝的私人辦公室。然而，一開始內閣只是相當於祕書，直到宣德時期，三楊輔政時，權力才開始上升。再到後來，成化、弘治年間，內閣的權力已足以對抗皇權。

全國大小奏章、民意，首先呈報於皇帝過目，此後就交由內閣。內閣草擬處理措施，再返還皇帝手中批准，最後下發六部執行。內閣草擬的建議叫做「票擬」，而皇帝對其的批示叫作「批紅」。實際上，這「批紅」，皇帝只是揀兩本來做，剩下的都是司禮監的公公們代批的。這麼一來，太監的權力被過分放大，為後來閹黨作亂埋下隱患。

酷刑治貪，剝貪官的皮

明太祖朱元璋早年的生活非常艱辛。他本是貧民出生，原名重八，從小他就過著吃不飽、穿不暖的日子。他的父母本有四子二女，但除了朱元璋與他的大哥，其他孩子因貧窮而被送掉了。朱元璋十六歲時，瘟疫、蝗蟲與旱災奪去了他的父母和哥哥的生命。孑然一身的朱元璋，唯有去廟裡求生。

在廟裡，他每天非常辛苦，可還是會被僧人斥責。但即便是這樣艱辛的生活，朱元璋也無法繼續過下去——因為不久之後，廟裡的糧食也不夠了。朱元璋從此以後，成為一個流浪兒。在他加入紅巾軍之前，在社會上晃蕩了好些年。這些歲月，讓朱元璋學會了狡猾與自私，也讓他看清了社會的黑暗，讓他對那些食民膏民脂的貪官非常怨恨。

後來，奇妙的命運，讓朱元璋成為天下最有權勢的人。登上帝位之後，他並沒有忘記自己年輕時受的苦——他仍然非常憎恨貪官。在他的授意下，明朝法律對於貪官的懲戒，是非常嚴厲的。朱元璋曾詔令，但凡貪污滿六十兩銀子的，就要處死。而且，這處死的方法還很血腥——除了讓貪官們遭受挑筋斷指

之類的酷刑之外，朱元璋還別出心裁地想出了一種「剝皮揎草」的刑罰。凡是犯了死罪的貪官們，都會被拉到專設的「皮場廟」剝皮。剝下的皮囊，裡頭填滿石灰和稻草，放在這個倒楣鬼職位的接替者的辦公桌邊……怎樣，聽聽都讓人汗毛倒豎吧？

實際上，這項政策執行的時間並不長。而明朝對於貪官的處置，也僅限於太祖時期較為嚴格罷了。在明朝後期，各種貪官雖然層出不窮，但奇葩的皇帝們也都不耐煩管了。太祖皇帝辛苦修訂的《大誥》，終成一紙空文。

廠衛，無孔不入的特務機構

在朱元璋這位「老闆」手下幹活，其實是件挺吃力不討好的事情。不信，看看宋濂和錢宰的經歷，你就明白是怎麼回事了。

宋濂是明朝開國文臣之首，能坐上這把交椅，怎麼著也能驕傲驕傲不是？但面對朱元璋，宋濂必須得小心翼翼。卻說有一天，宋濂在家會見朋友，兩人開懷暢飲，互訴心懷。誰知第二天上朝時，朱元璋卻問他道：「你昨天在家，喝酒了？」宋濂頓覺毛骨悚然，只好戰戰兢兢稱是。朱元璋便笑道：「是了，你沒有騙我。」在家會客這樣私密的事情都被知道，可見朱元璋對臣子們疑心之重，而他手下的特務也真是無孔不入。

不過，和錢宰的情況比起來，宋濂這已經算好的了。大臣錢宰奉命編纂《孟子節文》，連日操勞，疲憊非常，自然會在心裡偷偷吐槽朱元璋這位壓榨勞力的老闆。有一天，他下班回家，忽然詩興大發，便作了一首滿是牢騷的詩：「四鼓咚咚起著衣，午門朝見尚嫌遲。何時得遂田園樂，睡到人間飯熟時。」本來，這只是他在自家臥室裡頭隨筆之作，寫完了他便洗洗睡了。誰知第二天早晨上朝時，朱元璋便皮笑肉不笑地說：「昨天愛卿的詩，寫得不錯啊。不過，寡人不是『嫌』你上朝遲，還是換成『憂』字更好些呢。」聞言錢宰幾乎嚇得

尿了褲子，慌忙磕頭謝罪，這事才算揭過。

細細一想，明朝這些倒楣的臣子們，每天無時無刻不有一雙詭異的眼在身邊窺視，朝廷的密探就藏在不為人知的陰影裡……想想都讓人難以安寢。說起來，明朝的皇帝對臣子們的監視，都是透過廠衛來實現的。這兩個部門，的確是明朝的一大特色。東廠的公公和錦衣衛的密探，你聽了一定不陌生。

先說錦衣衛吧。它的前身叫作「拱衛司」，是朱元璋設立來羅織罪狀、消滅功臣的。胡惟庸與藍玉，就死在拱衛司手中。在消滅心頭大患之後，朱元璋解散了這個機構。但後來，成祖朱棣將其恢復，並更名為錦衣衛。明面上，錦衣衛是皇帝的侍衛親軍與儀仗。不過，他們和普通的禁軍又不一樣。錦衣衛，負責廷杖，並可以偵查、逮捕和審問官員，是個地地道道的特務機構。

再說東廠，這是成祖朱棣，為了鎮壓反對自己的政治力量而設立的。其全名叫作「東緝事廠」。東廠的首領，叫作東廠掌印太監，或稱督主和廠公，是天下太監裡的第二號人物。其手下有許多小隊長──檔頭，檔頭手下又有許多番子。他們都是錦衣衛中的菁英人物。東廠的權力，甚至在錦衣衛之上，可不經批准隨意逮捕臣民。這可是給了太監天大的權力。究其緣由，是因朱棣起事時，太監給予他很大的幫助，所以他才對這些閹人非常信任。

最後說的是西廠。西廠是由明憲宗建立，其頭領是太監汪直，權力甚至超過了東廠。不過，西廠在正德年間就被廢除了。

廷杖，官員不聽話就打屁股

明萬曆年間「五賢」之一的趙用賢，是個腦子有點一根筋的傢伙。他曾死咬著張居正不守父孝，上書告這位權傾一時的首輔奪情。張居正當時可是皇帝眼前的紅人，萬曆皇帝年幼時，張居正深得攝政太后的信任，一切軍政大事均由他主持裁決，前後當國十年。這一來，可就逆了皇帝的意思──我要用的人，

你老叨叨人家的缺點，這是想造反呢？皇帝一怒之下，就把趙老給廷杖了。卻說這位老人家本就生得有些肥胖，這一著打，血肉模糊不說，還打落了一塊巴掌大的肉（廷杖時所用刑具上有倒刺，傷人極狠）。這趙用賢，也真是個狠人。他居然讓自己老婆把這塊肉醃了，像臘肉一樣風乾，做成紀念品收藏起來⋯⋯

說起這個廷杖，它其實源於東漢，不過這項殘暴又滑稽的制度，是在明朝發揚光大的。

在明朝，廷杖的實施者是廠衛──東廠監督，錦衣衛打人。在成化之前，但凡被廷杖的臣子，都要脫下衣褲，再蓋上厚厚的毯子，胡亂打幾下，以示侮辱就算了。這種情況下，受刑者最多不過落個殘疾，躺幾個月。到了正德年間，閹人劉瑾心狠手辣，對臣子們施行廷杖之刑時，加重了力度。有好多臣子都被打死了。當時，廷杖分為兩種──著實打和用心打。著實打，只要打傷打殘即可；而用心打，受刑者則是十死無生了。

明朝規模最大的一次廷杖，一共有一百三十四個臣子同時被扒下衣褲，當場廷杖。真是打得哀聲四起，血肉橫飛，其中有十六個人當場身死。

不過奇怪的是，明朝有一大批腦子和皇帝一樣有些轉不過彎來的臣子。他們以為，被廷杖便可證明自己是忠臣，是直臣，這是一種驕傲與榮光。於是，在這種奇怪心理的驅使下，明朝中後期的皇帝們常常被這幫跟打了雞血一般的臣子們辱罵──而他們的目的，就是求廷杖⋯⋯乃至於後來還有了趙用賢這種做臘肉的超級重口味的傢伙⋯⋯

言官，罵一切可罵之人

嘉靖皇帝沉迷道教，見天與道士談仙論道，還大肆開爐煉丹，搞得烏煙瘴氣，只求早登仙道，長生不死。這樣不靠譜的皇帝，當然有許多臣子不滿了──戶部主事（相當於處級小官兒）海瑞，就上了一本萬言書。洋洋灑灑，

把這位皇帝罵了個狗血噴頭。在萬言書裡，海瑞將嘉靖比作夏桀、商紂一般的亡國君，甚至還有「嘉靖嘉靖，就是家盡家盡」這樣大逆不道並且帶著黑色幽默的句子。看了萬言書，嘉靖暴跳如雷，拍桌大叫：「快來人，把海瑞這傢伙抓起來！」

但他話音剛落，一旁的黃錦公公便道：「啟稟皇上，海瑞在上書前連棺材都買好了，現在正等著您治他的罪呢。」嘉靖聽了大驚，旋即自言自語道：「海瑞這傢伙想留下比干一樣的清名嗎？我可不想被人當作紂王。」無可奈何之下，嘉靖只是把海瑞降職處理了。

你是不是覺得海瑞罵人罵得狠？其實，這還不算狠的——明朝的言官，罵皇帝就跟罵兒子似的。可憐的皇帝很是被掣肘。

言官，又被稱為諫官。他們的任務是監督皇帝，諫諍封駁。在明朝，言官的品秩不高，不過他們的地位卻不低。他們身分特殊，職權也不一般，而且成群結隊，無時無刻不在。

這些言官，不愛錢，不愛權，就喜歡一世清名。他們寧折不彎，但凡見到什麼不順眼的——不論是大臣，還是皇帝，只要辦錯了事、說錯了話，便立即有大群的言官跟在身後，毫不留情地謾罵……這麼看來，皇帝們也挺憋屈的。因為，言官是不能殺的，最多只能廷杖——但這幫子只要清名的傢伙，喜歡廷杖還來不及呢，怎麼會退卻？

他們的目的，是罵得響亮、罵得精彩！

明朝不靠譜皇帝之一，萬曆，本來做得不錯，但他被言官罵煩了，便稱病連續三十多年不上朝，連內閣首輔都三年沒見到他。這麼一來，言官們急得跳腳，就差直接指著鼻子破口大罵了。這不，有一個叫作雒于仁的言官，就寫過一篇《酒色財氣四箴疏》，堪稱辱罵皇帝的最牛之作。在此疏裡，他將萬曆說成一個酒色財氣都占全了的昏君，但萬曆也不能拿他怎麼樣……

總的來說，言官雖然都看似一心為國，也實在做過些好事，但他們罵得太

厲害了，以致朝綱混亂。甚至袁崇煥，都被他們罵過——明朝的江山，有一部分就是被這些傢伙給罵沒了的吧。

明朝翻身公公把歌唱

宦官魏忠賢，本名叫作李進忠。他因賭博輸錢，自行閹割入宮做了太監。而他後來之所以能夠成為太監頭子，這和客氏密不可分。

明熹宗朱由校幼年喪母，從小由奶媽客氏撫養。客氏十八歲進宮，十九歲就守了寡。因皇帝從小與她朝夕相處，對她的感情便非常深厚，甚至封她作「奉聖夫人」。而魏忠賢就是搭上了客氏這條路，才開始青雲直上的。

早在漢代，宮裡的太監與宮女就會因為長期的寂寞而結為「對食」。雖然無法有夫妻之實，但在冷漠的皇宮中，能有一個人一起吃飯、聊天，也是一種心理上的慰藉。魏忠賢與客氏就是這樣的關係。

實際上，在與魏忠賢勾搭上之前，客氏的對食並不是魏忠賢，而是一個叫作魏朝的太監。但在魏忠賢出現之後，客氏改變了心意。魏朝因為吃醋，與魏忠賢大打出手，驚動宮裡很多人，甚至連皇帝都知道了這件事。

皇帝問明事情原由，態度和藹地對客氏道：「奶媽，你說你喜歡他們中的哪一個？我來替你做主。」客氏認為魏朝輕佻不可依靠，魏忠賢憨厚壯實，選擇了後者。皇帝當場點了鴛鴦譜，從此以後，魏忠賢專管客氏之事，此行相當於為兩人保了大媒。

皇帝並不知道，這樣一樁太監的「家務事」，在未來為明朝帶來了多大的影響……後來，魏忠賢與客氏兩人權勢熏天，做盡惡事，人皆傳「委鬼當朝立，茄花滿地紅」之言隱喻二人。

其實，在明朝早期，太祖朱元璋對宦官非常嚴格，他禁止宦官識字，並讓他們無法擔任較高的官階。然而，到成祖時期，宦官的地位發生了翻天覆地的

變化。他們受到重用，擔任特務機構東廠的頭頭。而到了宣宗時期，宦官們的地位又提高了一階──他們被允許讀書識字了。宮中專設了內書堂，教授宦官們識字。及至英宗時，宦官權勢愈發地大，宦官王振網羅官僚結黨營私，形成閹黨。之後，又有汪直、劉瑾、魏忠賢等宦官為禍朝政，為明朝的腐敗雪上加霜。

入門指南

明朝人怎麼穿？

　　明憲宗朱見深一輩子最愛的女人，叫作萬貞兒──她比他大了整整十七歲，並且終身專寵。

　　萬貞兒十九歲時，成為兩歲的朱見深的保母。也許，她的命運會和客氏相似──成為皇帝心中類似於母親的存在。但歷史卻開了一個不可思議的玩笑。當朱見深十八歲坐上皇帝寶座時，要做的第一件事，居然是冊封萬貞兒做皇后！不過，在旁人的萬般阻攔之下，他只能立萬貞兒做貴妃。這時候，萬貞兒已經三十五歲，早就青春不再。但她就是這樣，擄獲了小皇帝的心。

　　有一次，萬貞兒因為對皇后惡言相向，皇后一怒之下，親自杖責了她。皇后打得並不重，但萬貞兒卻把這事鬧到了皇帝面前。她哭得梨花帶雨，對皇帝請辭道：「妾身年長色衰，不及皇后許多。請陛下逐妾出宮吧。」皇帝被她這麼一激，次日便去找了太后。在皇帝的堅持之下，皇后竟然被廢掉了！

　　後來，萬貞兒在五十八歲時，因病去世。憲宗皇帝竟悲傷過度，在同年就去世了。那時候，憲宗不過四十一歲。

萬貞兒，到底有怎樣的魔力，讓一個比她小了十七歲的男人，熱烈地愛了她二十年？答案早就淹沒在史書裡。不過，可以確定的是，萬貞兒，一定是個情商很高的人。因為，沒有絲毫背景的她，一開始只是一個小小的掌衣。

所謂掌衣，即宮中管理衣裳首飾的女官。那麼，萬貞兒少年時整天打交道的明朝衣冠到底有什麼特色呢？別急，答案在下面。

明朝剛立國時，禁止百姓穿著胡服，恢復了唐時的衣冠制度。不過，明時的服飾與唐朝也不盡相同——明朝的上衣明顯比唐朝時長了很多，而領子也是以圓領為主的。

明朝的男裝，士大夫多著直身寬大長衣，頭戴四方平定巾；平民則是著短衣，裹頭巾。

至於女裝，樣式要多得多。上衣一般是三領窄袖，下襬距裙角不過兩三寸，稱為「花冠裙襖，大袖圓領」。而裙子，則有「鳳尾裙」、「百褶裙」、「月華裙」等許多樣式。還有一個不得不提的，是「霞帔」。它看似一條長的彩帶，穿著時繞過脖子，掛在胸前。彩帶的下端，墜著金或玉飾，看起來非常華麗。

另外，「水田衣」也很有趣。這是一種以各種顏色的零碎布料拼接而成的服裝，看起來非常後現代。

社會風俗與文化

◆貞節文化

讓我們先來看兩個令人心驚的故事吧。

慈溪人楊氏，自幼和同鄉鄭子球訂婚。洪武年間，鄭子球與父親都去了雲南戍邊。剛剛十六歲的楊氏，聽說未來的婆婆年老體衰，小叔子年幼無依，便自願先去夫家贍養婆婆，等待丈夫返回。然而，從未見過面的丈夫死在了邊疆。楊氏就這樣一直在夫家操勞了五十多年，並為丈夫過繼了一個兒子。她含辛茹

苦養大兒子，替婆婆養老……一個花季少女，就這樣耽誤了一生，慢慢枯萎。

程氏是揚州人胡某的妻子。胡某病重，程氏便從自己的手腕上割肉餵給丈夫吃。但胡某無法吞嚥食物，最終還是離世了。程氏痛哭絕食兩天想要殉節，但她已經懷孕四個月了。有人對她說：「如果你生了個兒子，就可以給丈夫延續子嗣。你為什麼要去死呢？」程氏回答說：「我知道。不過，如果生的是女兒，生下她我就馬上殉節。」後來，她生了個兒子。又過了一年，她對公婆說：「我不能再侍奉二老了，不過幸而有姆娌們在，我就不用擔心了。」說完之後，她又開始絕食了。次日，她的婆婆對她說：「你父母家距離這裡不遠，你不等等見他們一面嗎？」程氏說：「那請您快些迎接他們來吧。」她每天只喝一勺粥，等到見了父母派來探望她的幼弟之後，就水米不進，絕食而死。

中國古代的史書中，少有關於女性的傳記。然而，在明朝的歷史中，卻提到了許多女性，數量超過了其他朝代有記載的女性數量的總和。當然，這並不是因為明朝時女性地位高。而是因為，《明史》與《明實錄》中數千位女性的故事，都是由血淚書寫而成的。

在《明史·列女傳》中寫道：「婦人之行，不出於閨門。」再加上程朱理學的發揚，諸如「餓死事小，失節事大」與「存天理滅人欲」之類的觀念的宣揚，讓明朝女性如同被豢養起來的鳥，或一件物品，沒有尊嚴與地位。而「裹小腳」這樣的陋習，也是從明朝開始大肆盛行的。

在空前絕後的節烈風氣下，不論是貴冑之女，還是貧門小戶之婦，都以節烈為目標。狼牙山五壯士所在的縣城，明代時有烈女四百來人。她們中的許多人，為了全「貞節」而自殺。她們自殺的年齡，多在十四歲到十九歲之間……

然而與此同時，明朝的男人們，卻沉迷於秦樓楚館。不得不說，這是一種諷刺。

◆青樓文化

名妓蘇三與禮部尚書的兒子王景隆相知，誰知王景隆銀錢花光，被鴇母趕走。蘇三被貪財的鴇母賣給商人沈燕林做小妾。沈燕林的正妻非常厲害，定下毒計想要害死蘇三，陰差陽錯之中，本來準備給蘇三的毒麵卻被沈燕林吃掉了，沈燕林因此身死。沈燕林的正妻便陷害蘇三害死自己的丈夫，告到公堂，蘇三被判了死罪。

在起解途中，差人崇公道同情蘇三，認了她做義女。恰好，當年落難的王景隆已成江西巡按，蘇三的案子恰好交到了他手中。一審案，王景隆才發現，犯人竟然是自己當年的情人……後來，案情終於真相大白，王景隆也與蘇三再次團圓。這個故事，後來被改為京劇《玉堂春》，而其出處，則是明人馮夢龍的《三言二拍》。在這部書中，描寫了許多明朝的世情，而其中一大特色，就是關於名妓與落難公子的故事特別多。實際上，這也從側面反映了明朝發達的青樓產業。明朝永樂年間，官妓制度盛行。而到了明中期，官妓取消，娼妓改為完全由私人經營。在奢靡的社會風氣之下，青樓文化盛行。在張岱的《陶庵夢憶》中，就記錄了揚州青樓林立的情形。醉心狎妓的明朝人，甚至推出了《嫖經》這樣的青樓寶典。將明朝男人的《嫖經》與女人的《列女傳》放在一處，真是令人感嘆。

◆心學

心學的「開山祖師」王陽明，曾去杭州某廟宇中拜見一位遠近聞名、看透生死的禪師。王陽明見到禪師，便問道：「你有家嗎？」禪師答有。他又問：「家中還有誰？」禪師說母親尚在。他又問：「你想念她嗎？」禪師點頭。王陽明看著禪師，大笑著說：「既然想念自己的母親，就回去看她呀。這沒什麼好羞愧的，不過是人的本性而已。」禪師聽後，第二天就還俗，回家奉養老母去了。

如同故事中所表現的，王陽明的「心學」，雖然是儒學的一個分支，但與朱熹所提倡的「存天理，滅人欲」完全不同。在他看來，人內心中，包含世界運行的規則。人心不是無善無惡、沒有私欲的。人，應當追求這種未被私欲所蒙蔽的自然狀態，並且追求知行合一。

心學思想，在後來發展出了許多流派，也影響了許多人。可以說，大明帝國中晚期的命運軌跡，都被心學所影響。而在後世，心學的影響更大。甚至連日本海軍大將東鄉平八郎，也發出了「一生俯首拜陽明」的感嘆。

實用指南

穿越前的準備

◆玩具和木工工具

明熹宗朱由校酷愛木工。他整天和一群木匠在一起，切磋技藝。甚至把自己的小作品交給太監，讓他們悄悄拿去外面的市場上販賣。如果賣得了一個好價錢，這位皇帝便會高興得手舞足蹈。

回到明朝，你一定要帶幾個小玩具，還有一套好用的木工工具。因為明朝武宗與熹宗，分別有愛玩和愛從事木工的癖好。如果你能將來自現代的有趣玩具和先進木工工具獻給皇帝，一定能得到重賞。

◆登山裝備

一個晴朗的夜晚，湘水中一艘客船上，乘客們正在賞月。誰知道，忽然一

幫強盜躍上船來，向乘客們舉起了屠刀……這時候，船上一個五十多歲的老頭子竟然跳進水中。他如同「浪裡白條」一般，靈巧地逆流而上，找到了別的船隻，躲了上去，撿回一條性命……

這個老頭子，名字叫作徐霞客。喜歡四處行走的徐霞客，一生中遇到過無數危險。上面說的那一個危險，對他來說只是小意思。如果你想要和徐霞客這位驢友鼻祖交往，建議你帶上一套好用的登山裝備，這麼一來，《徐霞客遊記》中一定會增添更多的精彩段落。

◆望遠鏡

明朝大海盜陳祖義，盤踞麻六甲十幾年，其手下超過萬人，是史上最大的海盜頭子。鄭和第一次下西洋時，就遭到陳祖義的攻擊。不過，鄭和的寶船裝備精良，不但沒有遭到海盜的毒手，反倒活捉了海盜頭子陳祖義。

如果你想隨著鄭和出海，帶一架望遠鏡是非常明智的選擇。因為，望遠鏡在十七世紀才傳入中國。

如果三寶太監得到了望遠鏡這樣對航海非常有用的「神器」，不但能夠更好地警惕海盜，還能觀測遠處的天氣和海面狀況。他一定會樂得闔不攏嘴吧！

帶多少錢去明朝

◆經濟狀況

明朝的經濟狀況如何？如果僅僅依靠中國人自己的描述，難免有王婆賣瓜之嫌。所以，讓我們來看看明朝時期來中國的傳教士利瑪竇是怎麼說的。

在他的描述裡，中國人口眾多，物質生產非常豐富。糖比歐洲白，布比歐洲精美……人們衣衫華美，風度翩翩，百姓也都愉快有禮，談吐文雅。可見，

明朝時期人們的生活普遍還不錯。

的確，在明朝，商業空前繁榮。在隆慶後期，因為海禁的開放，對外貿易也非常發達。歐洲人用大量的白銀，從明朝換走絲綢、瓷器、茶葉⋯⋯所以，在明朝，白銀已經開始作為貨幣流通。你回到明朝時，可以像電視劇裡的主角那樣，走進一家飯店，大方地摸出一錠銀子點菜了。

◆錢幣

明太祖時，由於缺銅，便發行了名叫「大明寶鈔」的紙幣。大明寶鈔的面額分別有一貫、五百文、三百文、兩百文、一百文。不過，由於紙鈔紙質不太好，容易損毀，且通貨膨脹嚴重，人們紛紛棄用寶鈔。

朝廷對這種情況非常不滿，便三番五次禁止百姓使用銅錢，強行推行寶鈔。在永樂年間，曾鑄造過一種「永樂通寶」。這種錢只是試鑄，並沒有發行，當代存世量僅有一枚。如果你能弄到一枚，那可賺大發了。

總的來說，在明朝前期，雖然官方推行寶鈔，但百姓私底下終究不太買帳。有時候，人們情願以物易物，也不想用寶鈔。在百姓們心中——還是使用銀子和官制銅錢——制錢比較可靠。不過，制錢發行量太少，最令人心安的，還是沉甸甸的銀元寶。這所謂的「元寶」，就是明朝時才有的鑄銀特色。總而言之，你要是想在明朝混得好，就多帶點銀子傍身吧。

最佳穿越時間點

總的來說，明朝社會還算比較穩定。不過，到底穿越到哪個年代比較好，還是需要仔細考慮。

◆推薦時間：西元 **1368** 年

安全指數：★★★　新鮮指數：★★★

是年，明太祖朱元璋正式建立明朝。不過，此時全國還沒徹底統一。你要
回到這個年代，最好去南京之類的地方，比較安全。

大事：西元 1367 年，朱元璋發布討元檄文，派遣大將徐達北攻中原。僅
僅一年時間，朱元璋的農民起義軍就勢如破竹，攻占了大都（北京）。倒楣的
元惠宗皇帝，匆匆攜家帶口逃跑，連一點抵抗也沒有。朱元璋看這個前朝皇帝
倒還識時務，便給他加了個封號叫「順帝」，以表揚他順應天命。卻說這個順
帝還有個綽號叫作「魯班天子」——他在木工方面很有一套。如果他能夠和 N
年以後的明熹宗朱由校見個面，兩人一定會成為知己。

◆推薦時間：西元 **1402** 年

安全指數：★★　新鮮指數：★★★★

是年，發動靖難之變的朱棣攻破應天府。朱棣登上帝位，史稱明成祖。總
的來說，穿越到永樂年間，還是挺不錯的。你要是願意多待段日子，說不定還
能和鄭和一起出海呢。

大事：朱棣攻破應天府之後，建文帝朱允炆到底去了哪裡呢？有人說，他
和自己的后妃一起在宮裡自焚了，也有人說，他化裝成和尚逃跑了。傳聞多年
以後，已六十四歲的朱允炆終於被朝廷的探子發現，帶進宮中。曾服侍過他的
老太監驗明他的真身後痛哭流涕，奉養他直到老死。如果，建文帝的結局真的
是這樣，也不算太過悽慘了。

◆推薦時間：西元 1449 年

安全指數：★★　新鮮指數：★★★★

是年，發生土木堡之變。你如果去中原，還算安全。不過，甘肅、山西大同之類的地方千萬不要去。那裡，瓦剌軍隊正在肆虐。

大事：西元 1449 年，瓦剌派遣使者向明朝邀賞。宦官王振不肯滿足他們的條件，瓦剌便在這一年的七月，向明帝國發起進攻。明英宗朱祁鎮在王振的煽動下，御駕親征，卻在土木堡被俘虜。

◆推薦時間：西元 1620 年

安全指數：★★★★　新鮮指數：★★★

自萬曆年間開始，大明已經開始走下坡路。因為應付農民起義和遼東的後金軍隊，大明國庫可以說是一窮二白。不過，民間的財政狀況倒還不算太壞。在利瑪竇的描述中，明朝百姓生活水準還是算不錯的。

大事：西元 1620 年，剛剛登基的明光宗病重，李可灼進獻紅丸，稱是仙丹。誰知光宗服用後，便死去了。人們都懷疑是先皇愛妃鄭貴妃搞的鬼，但因為沒有確鑿的證據，後來雖然牽連了許多人，鄭貴妃仍然逍遙法外。史書上將這個案子稱為「紅丸案」。它與「梃擊案」、「移宮案」合稱明朝三大疑案。

◆推薦時間：西元 1644 年

安全指數：★　新鮮指數：★

是年，北京被李自成攻破，崇禎皇帝在煤山自縊而亡，明朝滅亡。

北京城內城被攻破之後，守城官兵盡皆逃亡，崇禎皇帝心灰意冷，叫來了皇后和自己的兒子。他囑咐諸人一番之後，皇子們換上破舊的衣衫，皇后回宮

自縊而亡。崇禎又砍殺了自己的女兒與諸妃子，方才作罷。走投無路的崇禎披頭散髮，穿著白色中衣，光著一隻腳來到象徵江山永固的萬歲山（煤山），在一棵歪脖子枯樹上自縊而死。

最該去的地方

◆北京

現代人所看到的北京城，在明朝時就已經粗具雛形。明時北京城的格局在風水學上很有一套，不論是建築物的位置、數量，還是採用的顏色方面，都非常講究。

北京城分為內城和外城。內城周長四十五里，外城東南西北三面共二十八里。在朱棣遷都北京之後，因曾經的元皇宮已經拆毀，朱棣便興建了紫禁城──就是現代的故宮了。

而北京城中的市集主要分布在城的西部。主要的市集在正陽門的棋盤街、燈市、城隍廟以及崇文門一帶。這裡百貨雲集，熱鬧異常。在城隍廟市，每個月初一十五，都會有許多人出來擺攤。這裡販賣的，主要是各個朝代的古董，非常值得一逛。

◆南京

明朝時的南京城，可看的很多。秦淮河、夫子廟、烏衣巷……對了，還有故宮。

說到紫禁城，說到故宮，你所想到的一定是北京。但是，你可知道，北京故宮，是完全模仿南京故宮建造的嗎？雖然清朝時，南京故宮毀於戰火，但回到明朝的你，還是有機會去看看傳說中的南京故宮的。

另外，被譽為世界第七大奇蹟的南京大報恩寺五彩琉璃塔，你也有幸一見。此塔的宮裡，傳說埋藏著佛骨，你一定要去頂禮膜拜一番。要是在現代，你可就沒這個機會了──在太平天國時期，此塔被毀壞。

對了，還有一個絕對不能錯過的參觀點──鄭和下西洋的船隊基地。那巨無霸的船隊，平時都停泊在南京。要出海時，就從南京出發，駛向世界各地。想像一下，在數百年前的明朝，在這海上絲綢之路的起點，人聲喧囂，巨艦來往……這是多麼壯觀的景象！

◆杭州

明朝遺民張岱在《陶庵夢憶》中，寫滿了自己對杭州的回憶。而明朝時杭州的繁華程度，也的確值得這位文學家終生為它的逝去而惆悵。明正德年間，朝廷再次疏浚西湖，開田三千餘畝，並增高加寬蘇堤，築小瀛洲，修建了張岱筆下的湖心亭。

明時杭州的工商業也非常發達。除了絲綢之外，杭剪、杭扇、杭粉、杭線、杭煙，合稱五杭，堪稱一絕。如果你想要討女孩子歡心，買一柄製作精良的杭扇，再來一盒純天然無化學添加劑的杭粉，再適合不過了。

找誰簽名

穿越時空的最大樂趣就是讓你和所謂名人故居遊說再見，因為別忘了，遊客們看到的每個人都是活生生的「歷史」人物。

在明朝，如果時間和條件允許，不妨在自由行行程安排中選擇下列的拜訪對象。

◆劉基

劉基（1311-1375），字伯溫，南田人。他於二十三歲時考中進士，效力於元王朝。在為官二十五年之後，四十八歲的劉伯溫徹底看透了元朝的黑暗，辭官回鄉隱居。西元 1360 年，朱元璋仰慕劉伯溫的名聲，盛情邀請他出山。彼時，劉伯溫已五十歲。他進獻「十八策」，成為朱元璋的主要謀士。明朝建立之後，他還協助修訂了明朝例法、律令。然而，雖然他於六十一歲時急流勇退，卻仍然難逃朱元璋的疑心，最後服下丞相胡惟庸送來的太醫藥，病重而死。劉伯溫是一個謀士、政治家，而真正讓他蒙上神祕面紗的，是在民間傳說中，他成為與諸葛亮齊名、具有占星與預言能力的神人。如果你回到明朝，一定要去見一見這位神人，問問他關於《推背圖》的祕密。

◆唐寅

唐寅（1470-1523），字伯虎，是江南四大才子之一。他擅長詩文，玩世不恭，曾中「解元」。在很多傳奇故事中，唐伯虎都是一個樂觀、古靈精怪的人。然而，現實中的唐寅的一生，卻始終不得志。他赴京會試時，因被舞弊案連累而絕意仕途，從此以賣畫為生。後來，好不容易他的畫被寧王欣賞，卻撞破寧王謀反，而不得不以裝瘋裸奔才得以脫身。此後，他的生活一直很潦倒，在五十四歲時就死去了。傳聞他死於自家的桃花庵內多日，才被鄰居發現。若你去見唐寅，一定要把周星馳演出的那個唐伯虎的故事講給他聽，以解他心頭的抑鬱。

◆鄭和

鄭和（1371-1433），原名馬三保，雲南人。他十歲時，因明軍進攻雲南

而被俘虜，成為太監。後來，他成為燕王的手下，並在靖難之變中立下戰功，被朱棣賜名鄭和，並封四品內官監太監。西元 1405-1433 年，鄭和七次下西洋，鄭和熟知西洋各國的相關知識，在外交方面也很有一套。於下西洋的過程中，鄭和提高了中國威信，處理了許多棘手的事務。有人說，鄭和七次下西洋，是為了與外國建交。但也有一種說法，認為鄭和下西洋的真正目的，是尋找其實並未死亡而是流亡在外的建文帝朱允炆。到底哪一種說法才是真的？回到明朝的你，一定要去找三寶太監求證一番。

◆吳承恩

吳承恩（1501-1582），字汝忠，淮安府山陽縣人，他是四大名著之一《西遊記》的作者。吳承恩生於一個沒落的商人家庭，他自幼聰穎異常，在科考上卻屢屢碰壁。中年時，他才補上「歲貢生」以任長興縣丞。但很快，他就因看不慣官場黑暗，憤而辭官，從此靠賣文而生。有人說，《西遊記》裡的許多角色，都是以吳承恩身邊的人為原型而改編的。如果你真的去見了這位偉大的文學家，一定要去他的左鄰右舍看看，是否能找到肥頭大耳的「豬八戒」，囉嗦陳腐的「唐僧」……

◆長平公主

長平公主（1629-1646），原名朱媺娖，崇禎帝次女。她的封號本是坤興公主，降清後才改為長平公主。她身世非常悲慘，雖是公主，奈何生於末世。李自成攻入北京後，崇禎帝對她道：「你為什麼要出生在我家！」揮劍想要殺死她，卻只是斷了她的左手臂。後來，她於順治二年上書求出家為尼，卻未得許，被迫嫁給崇禎帝當年選好的駙馬周世顯。公主心情抑鬱，婚後一年多就去世了。也許，前面的介紹讓你對這位公主感到陌生——但如果提起金庸的《碧

血劍》中的阿九，還有《鹿鼎記》中的獨臂神尼，你一定就會恍然大悟了。故事裡的事，總是更加淒美與傳奇。如果你能與長平公主見一面，一定要寬慰這個可憐的姑娘，告訴她，她也會被人寫入傳奇。

特別補充

◆老饕們看過來

明朝時，農業高度發達，這麼一來，明朝人的餐桌很大程度上就被豐富了。回到明朝的你，一定不要錯過一些具有特色的美食。如果你有幸體驗明朝的宮廷生活，那麼宮中按時令推出的各種特色食品，必會讓你食指大動。

正月間，宮中要吃許多點心。就拿元宵來說，這元宵是用糯米細麵做的，餡兒有核桃仁、白糖、玫瑰。做好之後，用酒水滾熟吃。二月有河豚，三月有糍粑、燒筍鵝。

四月時，要吃「不落夾」。這玩意兒是葦葉包裹糯米製成，味道與粽子相若。恰好此時櫻桃上來了，配著櫻桃吃，非常爽口。另外，還有「包兒飯」，這是精選肥而不膩的肉，與蔥、薑、蒜末兒一起拌飯，再以萵筍葉子裹住了吃。

五月吃馬齒莧，六月吃過水麵與新鮮蓮蓬。七月吃菠蘿蜜，八月自然是月餅與肥螃蟹。九月嘗花糕，十月天氣涼了，要吃溫熱的：羊肉、麻辣兔、虎眼、爆炒羊肚。愛吃甜食的話，有牛乳、奶皮、鮑螺。十一月吃糟醃的肉食和餛飩，十二月年末了，臘八粥、灌腸、清蒸牛乳白，都是要嘗的。

◆吃遍了皇宮，再來吃民間

明朝的普通百姓吃得一點兒也不差。《金瓶梅》裡描寫西門慶家的早餐，有四個鹹食，十樣小菜，四碗亂燉，拿來送各種粥。而中午就更豐富了，細細

數來，菜式有十餘種。

你若去北方，主食多是麵食。有火燒、餑餑、玉米麵果餡蒸餅子、荷花燒賣，等等。飯後的甜點，有白糖三壽糕、頂皮酥果餡餅、芝麻象眼、檀香餅……其中還有叫作「衣梅」的果脯。這是以各種植物，用蜂蜜煉製過了，再趁熱澆在楊梅上頭，外頭再以薄荷或柑橘葉子包裹。光聽這做法，就令人饞涎欲滴。

而你若渴了，有茶水與酒水可飲。明朝人吃茶，花樣繁多。他們喜歡在茶裡加各種花果，甚至薑和鹽。這樣泡製出來的茶，有胡桃松子茶、蜜餞金柳丁茶、鹹櫻桃茶、熏豆子茶、玫瑰潑鹵瓜仁茶……光聽這些名目，比現代奶茶店裡的還要多上許多倍。對了，有一種有趣的茶叫作「香茶」。這茶是將茶葉末子加香料、藥材一起製作成小餅子，飯後嚼一粒，權當口香糖了。

再說酒，金華酒、麻姑酒，都是好的。金華酒是金華產的，麻姑酒則是建昌府麻姑山泉水釀造的。《事林廣記》中記載，這麻姑酒，清香四溢，色澤金黃，就算喝醉了，也不會覺得頭痛口乾，真乃佳品！

◆科考

《范進中舉》的故事，你一定聽說過。那麼，回到明朝的你，可願意去體驗體驗令范進如癡如狂的科舉制度呢？在明朝，科舉制度進入鼎盛時期。科舉制度也非常完善。明朝的科舉考試，一共分為三級。

第一級，叫作院試。參加院試的人，叫作童生。當然，這些童生可不都是小孩子，他們中的許多人，都是長著鬍子的大漢，甚至是頭髮白的老頭子。院試的成績，一共分為六等，只有考到高等，才能得秀才的稱號。而如果好運地考到了一、二等，就可以參加第二級考試了。

第二級，叫作鄉試。這鄉試，三年才有一次。如果能在鄉試中過關，那就

是舉人了。注意，如果有了舉人的身分，就算一隻腳邁入官場了。范進同學就是在這一步泥足了許多年，以至於一朝通過時，喜極而瘋……而在鄉試中獲得第一名的，叫作解元。唐伯虎當年就中過解元。

第三級，叫作會試。參加會試的，都是來自各地的菁英。在會試中，會有三百人左右被挑選出來，稱作「貢生」。這貢生中的第一名，叫作「會元」。

到了這，還不算完。因為，還有最後的終極挑戰——殿試。這場考試的主考官，就是皇帝陛下本人。皇帝會向考生們提問，考生們現場回答之後，會得到評價，而被劃分進入不同的檔次——三甲。一甲的三人，是狀元、榜眼、探花，賜「進士及第」。二甲人數多些，賜「進士出身」。三甲人再多些，賜「同進士出身」。明朝只有兩個人曾連中三元，他們是黃觀與商輅。說到商輅，比起同樣是連中三元、但是沒事去招惹皇帝而被削了狀元頭銜的黃觀，可是名氣大得很多。商輅於宣德十年（1435），奪浙江鄉試解元。第二年會試落第，遂入太學潛心苦讀幾達十年。正統十年（1445）以會試、殿試雙第一，大魁天下。成為明代「三元及第」第二人，時年三十二歲。

話說，這麼一層層考過來，放現代來看，比上個清華、北大還難得多。但是這麼一路下來，按例也只能做個八品官，比九品芝麻官只大那麼一點點。

再說這八股文。八股文，是自朱元璋時期興起的，在此後的數百年裡，它一直陰魂不散，折磨著無數讀書人。

在科舉考試中，一共有三個科目。第一個科目是四書五經，第二個科目是實用文寫作，第三科是策論。這三科裡頭，最重要的是考四書五經的經義。

經義作答時，一般不可超過五百字。這就是所謂的八股文了。

這五百字分為破題、承題、起講、入題、起股、出題、中股、後股、束股、收結幾部分。其中，包含「股」字的四部分是精華，必須用排比、對偶的句式，才能過關。

這種死板的格式，令考生們非常痛苦。因為固定的字數限制，讓他們不得

不湊字數。

　　不過，真正的天才，是不會被這種奇葩的文體所限制的。所以，後來以八股取士選出的徐階、張居正之類的傢伙，都是一等一的強人。

　　如果你對自己的智商有信心，要不要去挑戰一下？

◆皇帝的愛好與特長

　　來了明朝一趟，如果有意仕途，好歹得了解一下自己將要服務的對象——明朝的皇帝們吧？嗯，下面介紹幾個癖好比較特殊的奇葩皇帝，先給你提點提點，省得你到時候馬屁拍錯了地方。

　　憲宗朱見深。他的怪癖是——姊弟戀。他最愛的女人萬貴妃，年齡比他大了整整十七歲。如果你想要討好這位皇帝，也許走萬貴妃的路子，很行得通。

　　武宗朱厚照，這輩子最感興趣的事情是——玩。是的，大概他做所有的事情，都是為了好玩吧。所以他建了豹房養動物玩兒，認許多乾兒子玩兒。不過，也許是他覺得整天逗弄寵物到底沒什麼趣味，乾兒子也都太聽話，於是他化名為大將軍朱壽，親自到西北視察。也不知是倒楣還是幸運，這位「大玩家」遇到了帶著五、六萬兵的瓦剌小王子……這位視戰爭如兒戲的皇帝，用遊戲的心態，居然好運地打贏了這一仗。不過，他也有倒楣的時候——三十一歲時，釣魚掉到水裡。雖然救上來了，但從此身體漸虛，幾個月之後就死了。如果你要討好這位皇帝，太簡單了，從現代帶幾個新奇玩具回去，一定會讓你官運亨通。

　　世宗朱厚熜癡迷仙術，整天煉丹，四十年都不上朝。後來，他聽人說，服用以處女月經製作的丹藥可以長生不老，便徵了許多十三、四歲的宮女，令她們每天只能吃桑飲露……小宮女們終於忍無可忍，發動了壬寅宮變，差點把他老人家給勒死。要討好這個皇帝，你可以找幾個有名的方士獻上去，讓「大神」

們給你美言幾句，一定會讓皇帝對你好感倍增。

熹宗朱由校的愛好是木工。他每天都在做雕刻，真是不亦樂乎。在乾清宮底下，他修了一條地道。等到有月亮的夜晚，這位不靠譜皇帝做木工做累了，就到地道裡，和宮女們其樂融融地做遊戲⋯⋯討好朱由校的難度不算太高，你從現代帶些好用先進的木工工具給他，一定能讓他樂開了花。

◆秦淮河訪美指南

杜牧有詩言：「煙籠寒水月籠沙，夜泊秦淮近酒家。商女不知亡國恨，隔江猶唱後庭花。」可見這秦淮河，自古就是脂香粉豔的銷魂蝕骨之地。而明朝時，十里秦淮的「第三產業」發展到了鼎盛時期。此地富商雲集，青樓林立，畫舫花船更是隨處可見。

明太祖時，皇家曾下令於元宵節時放燈萬盞於秦淮河上，彼時河景愈加絕美。回到明朝的你，是否想去金陵城，去秦淮河看看，順便會一會傳說中的秦淮八豔？

如果你已經準備好了，那就出發吧。

哎──等等，別急。首先，得給你介紹介紹，這秦淮八豔，是怎樣的八個人。否則你認錯了人怎麼辦？

這秦淮八豔，生於明末。此時，雖然國家已處於危難時刻，但秦淮河上，仍是一片笙歌。於諸脂粉中，最有名的有八個人──柳如是、顧橫波、陳圓圓、寇白門、李香君、馬湘蘭、卞玉京、董小宛，人稱秦淮八豔。這八人不但色藝雙絕，還都是頗有節氣的風塵俠女。

柳如是的名字，來自於辛棄疾詞「我見青山多嫵媚，料青山，見我應如是」。她於幼年時便被賣於盛澤歸家院，成為名妓徐佛的養女。十四歲時，她被人買走為妾，卻遭陷害而於一年後被驅逐，賣於娼家。數年後，她流落松江，

與東林黨人交往，常著男裝，同士人們高談闊論。一來二去，她與東林黨領袖錢謙益結縭。不久之後，明亡。柳如是試與錢謙益殉國而未遂。未幾，錢謙益鬱鬱而終，柳如是投繯自盡。

顧橫波與柳如是交好，兩人常以「兄弟」相稱。顧橫波居住之處叫作「眉樓」，一日，與錢謙益齊名的文人龔鼎孳來到眉樓。二十四歲的龔鼎孳與顧橫波一見傾心，崇禎十四年，龔鼎孳納顧橫波為妾。不過，這龔鼎孳的氣節卻約等於沒有──明亡後，他先是做了李自成的手下，後又降清，竟做到了禮部尚書，而顧橫波竟也得了一品夫人的封號。此行似乎有辱於秦淮八豔愛國之名，不過歷史細節後人們都無法細究，當年的顧橫波究竟是懷著怎樣的心情接受清廷的封誥，我們都不得而知。

陳圓圓芳名遠播，曾被田畹帶進宮送給崇禎皇帝。不過，崇禎皇帝因國事忙得焦頭爛額，看都沒看這美人一眼，就把人退了回去。田畹便順理成章占有了她。有一天，吳三桂在田府見到了陳圓圓，一見傾心，便將她討走了做小妾。但後來李自成攻破北京，他的手下劉宗敏搶走了陳圓圓。吳三桂大怒，竟因此引清軍入關，攻破李自成，搶回了陳圓圓。後來，吳三桂死後，陳圓圓不知所終。

寇白門是秦淮妓家寇氏的紅牌，十七歲時，被保國公朱國弼納為妾。誰知這朱國弼非常花心，聲勢浩大地娶了寇白門之後，很快就有了新歡。不久，明朝滅亡，朱國弼被軟禁。此時，朱國弼欲將一眾妾婢都賣掉，寇白門卻說：「賣了我最多得數百金，如果讓我去南方，一個月之內，我拿來萬金回報您。」就這樣，寇白門回到秦淮河，在舊時姊妹的幫助下，湊夠了兩萬白銀，從清廷手中贖回了朱國弼。朱國弼很感動，想同她重歸於好。寇白門卻說：「當年你從青樓贖了我，現在我又贖回你，兩清了。」她回到金陵，縱酒放歌，浪跡漂泊。後來，她又受了一次感情打擊之後，鬱鬱而終。

李香君曾給復社領袖侯方域做妾。閹黨阮大鋮卻排擠侯方域，且強迫李香

君嫁給田仰。李香君以死相抗，奈何侯方域被捕，她也被送入宮中。後清軍破明，侯方域降清，李香君下落不明。多年以後，孔尚任以她為原型，寫出《桃花扇》，讓更多人記住了這個奇女子。

馬湘蘭為人豪爽，擅長畫蘭竹。她仰慕江南才子王稚登，兩人多有交往，卻始終未曾結褵。馬湘蘭終生未嫁，於王稚登七十歲時，她買船載歌姬數人，去蘇州為王祝壽，歸來後大病而逝。

卞玉京本是官宦人家女兒，後流落青樓。她見庸俗之人時，幾不言語；但見到投契者，便談吐如雲。她與詩人吳梅村交好，但吳不願娶她。後來，明朝滅亡，吳梅村東躲西藏，無法與卞玉京相見。順治七年，在錢謙益的撮合下，卞玉京終於有機會與吳梅村見面。但見面之前，她忽然改了主意。兩人再次相見，是在數年之後了。兩人談了幾句故國往事，便從此再未相見。

董小宛與復社名士冒辟疆相好，明亡後，兩人共同流落江湖。雖然，董小宛嫁人九載後便亡故，但好歹也算有個好結局了。

看完這八個人的故事，你是否愈加想要見她們一面？

來，請你在掌燈時分來到秦淮河畔，坐上一艘畫舫，去訪美人。你看，秦淮河兩岸美人如雲，其中有多少奇女子的故事，等你去發掘。

第九章 回到清朝！

七日遊推薦行程

第一天 前往盛京，參觀瀋陽故宮，感受滿族人祖祖輩輩生活的白山黑水，並
且嘗試一些滿族人傳統的冰上運動——搶球與轉龍射球。

第二天 前往北京城，參觀紫禁城，如果有幸，你可以在宮中欣賞一次徽調或
昆曲；如果你到的年代夠晚，看京劇也不是不可能。娛樂過後，你可
以品嘗滿漢全席。

第三天 參加或參觀清朝後宮選秀活動。

第四天 參加一次木蘭圍獵，與皇帝一起獵鹿。

第五天 遊覽頤和園與尚未毀壞的萬園之園——圓明園。

第六天 遊覽北京東西廟會，購物，泡茶館，感受清朝北京的市井生活。如果
時間趕得巧，你可以去拜訪生活窘困的曹雪芹，與他聊聊。

第七天 前往廣州，感受清朝第二繁華的城市，品嘗各種廣式美食，順道去黃
飛鴻的武館看看。

行前須知

清朝（西元 1636-1912 年），是中國封建社會最後的輝煌。大清帝國的締造者，愛新覺羅氏家族，是滿族人——他們的前身，就是宋朝時讓岳飛無比頭痛的金人。數百年後，他們再次回來了。而這一次，他們成功地掌控了整個中原。

西元 1616 年，努爾哈赤建立了後金政權。二十年後，皇太極改國號為清。又過了八年，在攝政王多爾袞的帶領下，清軍入關，打敗李自成，逐步統一了中原。

清朝最初建都在赫圖阿拉城，後遷都遼陽，又移往瀋陽，最後定都北京，盛京（瀋陽）作為陪都。

清朝時，中原人口達到歷史頂峰。在康熙、雍正、乾隆時期，清朝的經濟發展到一個新的高峰，史稱「康乾盛世」。在良好的經濟環境下，在十八世紀末，清朝人口已達三億。與此同時，在文化方面，《四庫全書》的編著值得稱道，而在軍事方面，中俄邊界的確定，新疆的統一，都在史書上留下了濃墨重彩的幾筆。

然而，在清朝時，封建專制被推向高峰，文字獄興起，許多古籍被毀壞。更嚴重的是，閉關鎖國，資本主義萌芽被抑制。西元 1840 年之後，西方列強入侵，清朝被迫簽訂大量不平等條約，淪為半殖民地。曾經強大的大清帝國，迅速崩塌。1911 年，辛亥革命爆發。次年，中華民國成立，一個月後，清朝最後一個皇帝——宣統退位，清朝就此滅亡。

背景知識

南書房，這個書房不簡單

　　康熙皇帝繼位時，還是個八歲的小孩子。那時候的康熙，人小力弱，這使得強悍的輔政大臣鰲拜漸漸坐大。他把持朝政，剷除異己，直到康熙長到十六歲，已經有能力親政了，鰲拜仍然不願意交出權力，甚至敢堂而皇之地在朝堂上與康熙對抗，處死支持皇帝親政的大臣。

　　這讓康熙非常頭痛，他開始計畫除掉這個令他頭痛的權臣。首先，他挑選了一些年輕八旗子弟當侍衛，天天在宮裡玩摔跤。鰲拜出入時，看到皇帝整天和一幫小孩玩鬧，愈加覺得康熙貪玩，沒什麼能力。這麼一來，鰲拜更加囂張，為所欲為了。

　　有一天，康熙在南書房臨時召見鰲拜，鰲拜也沒什麼戒心，大搖大擺地就走進了南書房。照例，康熙皇帝給他賜了座──其實，這凳子的一條腿，是被做了手腳的。接下來，侍衛給他送上茶水。放茶的托盤是涼的，但茶杯卻滾燙，鰲拜一拿到手中，一驚，便扔下了茶杯。這動作一大，做了手腳的凳子也就倒了。鰲拜摔倒在地上，康熙身邊的身強力壯的少年侍衛們立即湧上前來，將這位滿洲第一勇士制服了。

　　康熙當著鰲拜的面，宣布了他的罪狀。

　　此後，鰲拜被康熙囚禁起來，兩個月之後，死在了監獄中。

　　康熙皇帝智擒鰲拜的南書房，就是由他親自設立的部門。設立它的本意，是為了讓康熙皇帝與翰林院臣子們吟詩作畫、讀書論道的。然而，南書房「非崇斑貴樑，上所親信者不得入」，使它成為一個皇帝嚴密控制的重要機構。在這裡，每天都有重要的詔令發出，這使南書房的地位愈來愈高。

實際上，康熙皇帝設立這麼一個私人的辦公地點，從很大程度上削弱了議政王大臣會議——滿族上層貴族共同議政會議——的權力。這是清朝高度集權的開始。

軍機處，權力核心

乾隆皇帝舉辦千叟宴的故事，你一定聽說過。

其實，這千叟宴，在康熙時期就辦過了，不過乾隆時期的千叟宴，聲勢更加浩大。乾隆邀請了約三千個老人，這些老人身分地位各不相同，從貴冑到平民，但凡是長壽者，都有機會在千叟宴上面聖。乾隆甚至還親自給九十歲以上的老人斟酒。據說這宴會上年齡最大的老人，已有一百四十一歲。乾隆與紀曉嵐還乘興作了一聯：「花甲重開，外加三七歲月；古稀雙慶，內多一個春秋。」

不過，你可知道這熱熱鬧鬧的千叟宴，其實讓清朝第一貪官和珅大撈了一筆呢？

其實，乾隆年間，千叟宴舉辦過兩次。第一次並不太成功，因為皇帝來得有些晚，菜餚都有些冷了。第二次，這千叟宴就交到了內務府總管和珅的手裡。和珅將個人小火鍋改造成加煙囪的大火鍋，避免了菜餚變冷，也讓現場氣氛更加熱烈，最愛面子的乾隆皇帝真是賺足了面子。而和珅自己，也大撈了一筆，內務府總管的位置，也坐得更穩了。

卻說這和珅，雖然是個貪官，但他的能力也實在是強——據說有一回，乾隆晚上看《孟子》，奈何注釋字體太小，看不清楚，便讓和珅給他掌燈。但和珅倒好，他直接問乾隆，到底是哪一句，乾隆告訴他之後，他便把注釋一字不漏地背誦了出來，真是一本活動字典了。記憶力超群、情商高、會拍馬屁的和珅，他的仕途當然不會止步於內務府總管——一人之下萬人之上、整天跟在皇帝身邊的軍機大臣，才是和珅玩得最風生水起的位置。

軍機大臣到底是什麼？真的有那麼厲害？

雍正年間，皇帝對西北用兵，因為害怕洩露機密，故而設置軍機房。進入軍機房處理政務的臣子，都是內閣中比較謹慎的。三年後，軍機房改名為「辦理軍機處」。

軍機處的設立，標誌著清朝中央集權發展到達了巔峰。軍機處的官員，包括軍機大臣（大軍機）和軍機章京（小軍機）。軍機大臣一般是皇帝親自遴選的，都是皇帝親信的臣子，例如和珅，就是其中之一。

皇帝將軍機處的權力不斷放大，議政王大臣會議被廢止，內閣也只能處理一般事務。軍政大權都落在了軍機處手裡，也難怪和珅一時間權勢熏天了。

文字獄，寫文章要小心

清朝乾隆年間，有個叫作王錫侯的舉人，自幼聰明過人，簡直可以算是個通才。某一年，這王錫侯認為，《康熙字典》裡頭的字數太多了，而且字與字之間沒有聯繫，查閱起來太過困難了。於是，他決定用「以義貫字」的辦法，把讀音或意思相同的字，編纂在一起。

王錫侯很快就編寫出了通俗易懂、便於查閱的《字貫》，出版之後，獲得許多人的讚賞，一時間洛陽紙貴。然而，王錫侯的仇家摘出《字貫》序言中說《康熙字典》的一句話：「然而貫穿之難也」，上書江西巡撫，聲稱王錫侯詆毀《康熙字典》，要求對他進行懲罰。

江西巡撫將這事報告給了乾隆皇帝。乾隆發現《字貫》中將孔子、康熙、乾隆名諱並列，便覺這大逆不道，要重懲王錫侯。誰知乾隆還未下令，想要討好他的江西巡撫便將王錫侯一家十幾口人都逮捕、斬首了。而奇人王錫侯的所有藏書和著作，都被付之一炬。

類似這樣因為文學方面的問題而罹難的文人，在清朝並不少見。比如，雍

正朝時，浙江文人呂留良，因文字方面的問題被牽連，而被剖棺戮屍，他的家人也被滿門抄斬。

關於呂留良案，在民間還有這樣一段傳聞：呂家有一個叫作呂四娘的小女孩僥倖活了下來，長大後混入宮中，得報大仇，斬下了雍正的頭顱，所以雍正下葬時，頭顱是黃金製造的。

當然，傳說不一定可信。不過，史書上記載的充滿血淚的文字獄，都是真實存在過的。

文字獄，顧名思義，即皇帝及其親信以詩文中的語句為藉口羅織罪名，以懲罰知識分子。在我國封建歷史上，它存在的時間並不短。但在清朝時，它發展到了一個極其嚴酷的巔峰。

順治時期，文字獄七次。康熙時期，十二次。雍正時期，十七次。而到了乾隆時期，達到了空前絕後的一百三十多次。在乾隆時期的一百三十餘次文字獄中，有四十七樁案裡的案犯被凌遲，家族中十五歲以上的男性，都被連坐斬殺。士人們的詩文，但凡涉及了「清」、「華夷」、「明」之類的字眼，都很有可能會被扣上罪名，身陷囹圄。

與此同時，許多書本也被篡改，乃至直接毀掉。清朝時的禁書五花八門，科技、思想、政治、歷史方面的許多書都被禁掉了。在這樣萬馬齊喑的嚴酷情形下，文人們惶惶不可終日，與明朝時文人的「囂張」，簡直不可同日而語。

如此一來，人才凋零，思想禁錮，中原地區文化科技的發展受到了阻礙，也為將來西方列強的入侵埋下了隱患。

八旗故事

孝莊太后的大名，你一定聽說過。她可是清朝初期一個偉大的女政治家！傳說孝莊在年輕時，就已經很有政治頭腦。

西元 1642 年，清軍俘虜了明朝的薊遼總督洪承疇，這洪承疇是明朝的封疆大吏，地位舉足輕重。皇太極大喜，想要收服洪承疇。因為收服了這個人，不但能夠讓明朝軍事力量下降，還能收攬人心。

但是，洪承疇寧死不屈，讓皇太極非常鬱悶。這時候，二十多歲的孝莊——彼時還是皇太極的一個妃子，毛遂自薦，親自勸說洪承疇。孝莊假扮成宮女，藏了一壺人參汁，來到了軟禁洪承疇的地方。

一開始，她絕口不提政治，只是溫柔地餵洪承疇喝下人參汁，然後兩人聊了很多知心話。漸漸地，洪承疇對孝莊有了信任。這時候，孝莊說明了自己的真實身分，並動之以情，曉之以理，數天努力之後，洪承疇終於臣服了。

除了上面的故事以外，關於孝莊的傳奇故事還有很多，其中頂有名的，當屬她和多爾袞之間的情感糾葛了。傳說在皇太極死去之後，孝莊以太后之尊下嫁給了多爾袞。而兩人之間，其實早就有情愫暗生……

歷史的真相到底如何，我們不得而知。不過，這個和孝莊傳過緋聞的多爾袞，也是個響噹噹的強人。他在政治和軍事上都很有一手。甚至連滿洲八旗上三旗的劃分，都和他有關係。

八旗是努爾哈赤正式創立的。一開始，只用黃、白、紅、藍四旗，後來這四旗更名為正黃、正白、正紅、正藍，又增鑲黃、鑲白、鑲紅、鑲藍，合稱八旗。後來，皇太極又增加了蒙八旗與漢八旗，共為二十四旗，構成了完備的八旗制度。

在作為主體的滿八旗中，正黃、鑲黃、正白（早期為正藍，由多爾袞改為正白），稱為上三旗，由皇帝親自領導。而餘下的，成為下五旗。

普通的蒙古和滿洲八旗中，男子十歲開始，三年就可以參加一次考試，合格者，獲得「守兵」的軍階，可以獲得軍餉。在這之後，每三年還可以參加一次晉級考試，級別愈高，軍餉愈多。這也從側面激勵了八旗子弟們努力鍛鍊身體，習武練功，以獲得更高的職位。

最重要的一點是，八旗制度有著血緣和族權的支持，使得八旗軍人更加團結。也難怪，早期的八旗軍隊強大無比，幾乎橫掃中原了。

滿官稱奴才，漢官稱臣子

中國古典文學瑰寶《紅樓夢》的作者曹雪芹，生活在清朝。

他少年時，過著如賈寶玉一般錦衣玉食的生活。然而後來遭到大變，從雲端落入凡塵，連生計都有了困難。艱辛的生活，讓曹雪芹有了更豐富的人生體驗，也促成了《紅樓夢》這部「滿紙荒唐言，一把辛酸淚」的奇書的面世。

其實，曹雪芹除了寫書之外，還有很多特長：中醫、繪畫，甚至做風箏，他都很擅長。不知你是否注意到，在《紅樓夢》中有許多關於風箏的描寫呢？那些漂亮的風箏，曹雪芹自己可都是會做的。生活困難時期，曹雪芹甚至還賣過風箏。他做的風箏，不僅有燕子、蝴蝶、螃蟹之類，甚至還有人物。這些風箏繪製精美，色彩豔麗，堪稱精品。

曹雪芹曾將自己了解的許多技藝——包括紮風箏，記錄在一部叫作《廢藝齋集稿》的書中，可惜這書已散佚。不過，據說曹雪芹紮風箏的式樣是保存下來了，新中國成立前北京幾家有名的風箏店賣的風箏，都是依曹雪芹的圖式製作的。

曹雪芹的博學多識，與他年少時優越的家庭環境不無關係。而他之所以能夠有錦衣玉食的童年，與他家先祖曾是滿人的「包衣」不無關係。

什麼是包衣呢？這要從滿洲人奇特的「奴才」文化說起。

由於是女真人的後人，早期滿洲社會奴隸制仍然盛行。在努爾哈赤征服女真其他部落之後，所有滿洲人都可以被當作是他的家奴。實際上，在滿洲人看來，「奴才」並不是一個罵人的詞彙，而包含著親近的意思。因為，奴才才算得上是徹徹底底的自己人啊。所以，在皇帝面前，滿洲貴族都自稱「奴才」。

現在你明白了吧？看電視劇裡，和珅在皇帝面前自稱「奴才」，而紀曉嵐則自稱「臣」，看起來似乎老紀不會媚顏屈膝，實際上是因為，老紀是個漢臣，根本沒有資格自稱「奴才」。

對了，除了名義上屬於皇族的滿洲貴族「奴才」們，還有一種完全隸屬於主人的奴隸——真正的奴才，被稱作「包衣」，在滿語中，是「家裡人」的意思。比如《紅樓夢》的作者曹雪芹雖然是漢人，但他的祖先卻是滿洲正白旗下的包衣奴才。

關東，滿族的保留區

清軍入關之前，在中原百姓們心目中，關東是一片荒涼苦寒之地。但是，在清朝康熙到雍正年間時，自然災害頻發，中原百姓們為了討生計，開始向東北遷徙，這種行為被稱為「闖關東」。

「闖關東」這種行為，在整個清朝中後期，都非常常見，甚至在新中國成立之前，仍有大批人「闖關東」。這些「闖關東」的人，大都是山東、河北、河南、山西、陝西等地的貧苦百姓。因為天災人禍，耕地匱乏，他們走上了艱辛的「闖關東」之路。

也許你會好奇，為什麼要「闖關東」呢？去關東有什麼困難嗎？

滿人入關之後，對於自己的老家滿洲——即東三省，仍舊非常重視。那裡，被他們當作自己的「大本營」。順治曾經說過，滿人最後的退路，就在滿洲。而雍正也說過，「朕夷狄之君」，「非中國人」，將自己與漢人清楚地區分開。所以，漢人是被禁止進入滿洲這個「龍興之地」的。

在山海關到鳳城南建立的「老邊」與開原東北至現在吉林市北的「新邊」，是人用柳條築起來的籬笆牆——滿洲長城。這牆將漢人與滿洲隔離開來，讓他們無法進入滿人的大本營。

不過，百姓們渴求一片廣袤、肥沃土地的願望，是簡陋的柳條籬笆無法阻止的。「闖關東」的人們歷盡千辛萬苦，頂著流民的身分，來到了東北的黑土地上。在西元 1911 年的統計中，東三省一千八百多萬人口裡，有一千萬左右都是從中原地區「闖關東」而來的。

入門指南

清朝漢人怎麼穿？

在漢人的傳統觀念裡，「身體髮膚受之父母」，是不可以隨便損毀的。所以，在清朝之前，漢人幾乎不剃頭。滿人入關之後，漢人男子才開始被強迫剃頭，而剃頭匠人這樣的職業，也就應運而生了。

清軍剛入關時，剃頭匠人一般是由軍人充當的。他們擔著剃頭挑子，給人剃頭。這剃頭挑子，分為前後兩頭。前面是一個生著火爐，有洗臉洗頭用具的木桶，後頭是個凳子。

剃頭匠人們用來擦刀子的布，上面寫著十個大字：「留頭不留髮，留髮不留頭。」漢人男子如果不剃頭，就只能被殺頭了。

剃頭挑子上還有巨大的鉤子，這鉤子非常堅硬，本來是用來搭手巾的。而在清軍剛入關那陣子，它還負責懸掛不肯剃頭者的腦袋，用來示眾。

這關於剃頭挑子的傳聞，是從清宮裡流傳下來的。到底有幾分真假，不得而知。但清軍入關時造成極大的殺戮，並且強令漢人剃髮易服，是的確存在的。

清朝時，暴力推行剃髮易服的制度，所有的男子，都必須穿著滿人的服裝。男人們剃掉前面的頭髮，腦後垂下一條長長的辮子。而漢族人的寬袍大袖

再難見到，取而代之的是馬蹄袖箭衣。

不過，因為「男從女不從」的說法，漢族女性並不需要穿旗裝——當然，如果她們樂意，也無人阻止。清朝早期，大部分漢女仍然穿著明時的小袖衣與長裙，自乾隆朝後，衣裳愈來愈寬而短。到了清朝晚期，女子們已經不大穿裙，而改穿褲子了。

那麼，旗人女子是怎麼打扮的呢？

她們穿著旗裝，梳「兩把頭」，穿「花盆底」鞋。有一點值得注意的是，旗人女子是不可以裹腳的，也不能穿漢服。在乾隆朝後，有很多旗女效仿漢服，並且裹腳，皇帝知道後大怒，甚至頒布了禁令，一旦查處違反者，必給予重罰。

社會風俗與文化

◆節日

在野史中，乾隆下江南似乎都是為了談戀愛。不過，據正史所記載，乾隆下江南時，還是做了許多實事的。

浙江海寧每天都有兩次潮汐，海堤易被沖垮，非常危險。乾隆到達海寧後，立即就到了修築海塘的現場。這修建海塘，有兩種辦法：一種是石塘，一種是柴塘。乾隆發現，如果修建石塘，要侵占許多良田與村莊，於是他決定修築柴塘，要官員們每年用竹簍裝上石頭，以便加固。

後來，乾隆還來過海寧數次，為修建海塘的事情操了很多心。

如果你看過金庸的小說《書劍恩仇錄》，一定知道那個「乾隆的真實身分是海寧陳家的兒子」的八卦，實際上這個八卦在海寧一帶流傳非常廣。當年好心為海寧辦實事的乾隆如果知道自己被百姓們這樣八卦，一定會大發雷霆吧。說起來，乾隆下江南時，還促進了一個清朝特有的節日的興盛呢。

那就是「娘娘會」。

自康熙年間開始，天津開始為祭祀媽祖而舉行大型的宗教活動。農曆三月二十三日，人們將媽祖神像抬到閩粵會館接受香火，乾隆下江南時，路過天津，看到這樣的景象，非常喜歡，並賜了許多東西。

這麼一來，因為沾了皇帝的光，娘娘會就改名叫作皇會了。而每年皇會時，臣子們為了拍皇帝的馬屁，都要給皇會許多資金支持，使得它愈來愈興盛。

說起清朝時的節日，其實大概都延續著明時的風俗。不過，也有一些變化。比如，端午節時，女子會用鳳仙花染指甲。小孩子染滿十根手指，都染成鮮豔的大紅色，而成人只染無名指和小指。再說燈節，它持續的日期，也比明朝時候縮短了一些。而各種彩燈的種類，也比明朝時更多——比如，冰燈，就是在清朝時，由滿洲傳入中原的。另外，舞獅子的習俗，也是在清朝時興起的。

另外，還有一些滿人特有的節日，比如為紀念定族名為「滿」的頒金節等，都非常熱鬧。

◆滿人的禮儀

西元 1793 年，英國特使喬治‧馬戛爾尼（George Macartney, 1737-1806）求見乾隆，希望他能夠允許英國使臣來北京開洋行，並且開放天津、寧波、舟山作貿易口岸。照清朝宮廷禮儀，馬戛爾尼應該給乾隆皇帝行跪叩禮，但他卻拒絕，只肯單膝下跪。

這讓愛面子的乾隆皇帝大怒，否決了馬戛爾尼的建議。這讓中國失去了避免鴉片戰爭的最後一線希望。

在清朝時，滿人在禮儀方面，還是很講究的。

請安禮，是非常常見的。晚輩每天要向長輩請安，路遇尊長也要請安。這請安有兩種方式。

其一就是「打千」。男人「打千」時，立正，撣左右袖口，左腳前移半步，下屈，右膝跪地，右手垂下，低頭俯身，口中要說：「某某給某某請安。」而女子則是站直後，將右足退後些，雙膝微屈，雙手放膝上，口中說：「請安。」如果是同輩之間「打千」，也不必動作太大，只要意思意思就行了。

「跪安」也是請安的方式之一。行禮者先撣袖，然後下跪，口中說：「某某給某某請安。」平輩之間，不行這種禮。

抱見禮，是滿族傳統大禮，一般是迎接很久不見的朋友或親家見面時行這種禮。行禮時，雙方對面站立，左右肩膀相碰，然後右手抱腰，左手撫背，貼著臉交流。最初，這是宮廷中最高規格的相見禮儀，不過後來，抱見禮被取消了，取而代之的是執手禮——因為這更加文雅，符合貴族的身分。但是，在滿族民眾中，抱見禮仍然存在。

跪叩禮也是滿族傳統大禮。有一跪一叩乃至三跪九叩，跪叩次數愈多，愈隆重。

◆民間組織

孫中山領導的辛亥革命，其實受到了洪門的幫助，而他本人，也是洪門弟子。洪門是清朝時期的一個地下幫會，其目的是為反清復明，雖然屢遭清廷鎮壓，但他們仍舊是屹立江湖不倒的第一大門派。在清朝時，雖然在文學方面戒令很嚴，但在民間幫會組織的建立方面，是相對寬鬆的。清朝時，不但男子可成立組織，女子也可以。

浙江嘉興平湖乍浦鎮，自康熙年間開始，成為港口。因為商業與手工業的繁榮，各種民間組織不停出現。各地的商人，在這裡建造同鄉會館。他們相互扶持，同氣連枝，做生意時也能更加得心應手。

在少數民族中，也有許多組織。侗族有村寨形成的組織「款」；裕固族大

頭目與各個小頭目之間的隸屬關係，儼然是組織的形態；瑤族的石碑制組織制度嚴格……

最值得一提的，是女子組織。陝西有未出嫁姑娘組織的「乞巧會」。她們集資當作會費，放債收利以維持組織運轉。組織裡的職務，由眾會員輪流承擔，每到七夕節，會員們便舉行乞巧活動。

廣東有個奇特的女子組織叫作「金蘭會」。會員中的女子，終身不嫁。即便強迫嫁人，也不肯與丈夫同居，甚至有可能裝神弄鬼，殺死丈夫。金蘭會的會員叫作自梳女，她們都必須嚴格執行幫會規則，否則會被會中姊妹責罰。

當然，除此之外，還有一些打著反清復明旗號的地下幫會，比如上海大名鼎鼎的洪幫——天地會，還有小刀會等。他們組織嚴密，互相以「切口」對答，在許多文學作品中都能看到這些幫會的影子。

實用指南

穿越前的準備

◆歷史書

清朝末年，各種內憂外患，讓中華民族承受了各種苦難。如果你帶著一部歷史書，悄悄將這部書交到乾隆或者康熙手中，會有怎樣的後果呢？

這兩個帝王雖然並非完人，但他們也是清朝帝王中的佼佼者。如果他們看到了書中記載的大清帝國乃至整個中華民族將來的命運軌跡，會有怎樣的想法呢？他們會選擇相信，還是把這一切當作一個笑話？

如果他們願意去相信這一切的話，也許歷史就會被改變。鴉片戰爭不會爆發，列強也無法戰勝中國……

◆天花疫苗

順治、同治兩個帝王，都是死於天花的。順治且不說，單說同治，死時不過十九歲。在他死後，慈禧就掌握了大權。且不說同治本人的能力如何，如果有天花疫苗，能夠讓他免於一死的話，慈禧也許就不那麼容易大權在握，而大清帝國的下場，也會好很多吧。

◆掃描器

清朝時，由於文字獄的興起，使得許多珍貴的文獻被篡改，或從世界上消失。為了保護漢人的文化遺產，你一定要帶上一臺掃描器，趁大量圖書被毀壞之前，將它們的內容掃描下來，好好保存。

當然，千萬要記住，清朝時是沒有電的。所以你得自己帶上太陽能發電機——也許挺麻煩，但是為了文化傳承，你就委屈委屈自己吧。

帶多少錢去清朝

◆經濟狀況

清朝早期，因為連年的戰爭破壞，使得整個中原呈現出百廢待興的景象，在經濟上並不太景氣。不過自順治朝之後，清朝的經濟開始飛速發展起來。到了康熙時期，三藩平定，臺灣統一，國家外患減少的同時，康熙帝又施以仁政，減少賦稅，治理水患，使得農業、手工業都非常興盛。大量的絲綢、棉布、瓷器、茶葉輸入外國。

這種繁榮的經濟狀況，一直持續到嘉慶年間，才開始走下坡路。嘉慶年間，白蓮教起義，農民失地，都給了清廷重大的打擊。再加上閉關鎖國政策，使得資本主義受到抑制。

鴉片戰爭之後，西方先進手工業產品衝擊了中國落後的手工業產品，使得手工業者的生計變得艱難。而連年的戰爭，使得賦稅增加，農民的負擔也愈來愈重，加之通貨膨脹，清朝的經濟狀況已經差到了極點。雖然後來興起洋務運動，但仍未能力挽狂瀾。

所以，如果你要穿越，最好選擇康乾盛世時期吧。

◆錢幣

清朝的貨幣，主要包括銀錠、銀元和銅板。

銀錠，因為地方的不同，鑄造形狀也不同。不過，大部分銀子都被鑄造成船形或元寶形，其重量從五十兩、十兩到五兩、四兩不等。如果你去外面消費時，大方地扔出一塊銀子，店家一定就曉得你是個大款（有錢人），會小心招待你了。

清朝的銀元，最早是仿造外國銀元鑄造的。上海、漳州都曾經鑄造，臺灣也曾鑄造過三種銀元。

銅錢，上面一般都印著「元寶」或「重寶」字樣。各帝王在位期間，所發行的銅錢各不相同。清朝早中期，一千個銅錢折合一兩銀子。在清朝晚期，由於政府財政緊張，而產生人為的通貨膨脹，出現了一當四至五十的「重寶」，乃至一當百甚至千的「大錢」。

另外，清朝也有紙幣發售，不過因為樣式與面額都很複雜，所以不推薦剛剛到清朝的你使用。

總而言之，比較上面的幾種貨幣，還是銀子和銀元比較可靠。

最佳穿越時間點

總的來說，清朝社會還算比較穩定。不過，到底穿越到哪個年代比較好，還是需要仔細考慮。

◆推薦時間：西元 1636 年
安全指數：★　新鮮指數：★★★

是年，清太宗皇太極廢除女真族名，定族名為「滿洲」。

西元 1637 年，山西與河南發生罕見的旱災與蟲災。此後，大饑荒接踵而至。百姓們沒有糧食，只有吃樹皮草葉。等到樹皮草葉都吃光了之後，開始吃人，甚至有母親殺掉自己的女兒烹食。明崇禎帝本就已被李自成起義軍弄得焦頭爛額，國庫空虛，卻還不得不撥款賑災，這使得搖搖欲墜的明帝國雪上加霜，也給清朝入主中原提供了便利。如果你要穿越回到這一年，一定要慎重。因為大範圍的饑荒與戰亂，是非常危險的。你要是被起義軍的流矢擊中，或者被餓暈了頭的饑民煮熟吃了，可就得不償失了啊。

◆推薦時間：西元 1747 年
安全指數：★★　新鮮指數：★★★★

是年，乾隆皇帝開始征伐回疆、西藏等地香妃的傳說，你一定聽說過。香妃的原型，就是乾隆皇帝的容妃。容妃來自回疆。在某次叛亂之時，香妃的叔叔及兄長聯合清軍平定了叛亂，此後，香妃便隨著兄長一同進京，入宮被封為「和貴人」。未過幾年，她便晉升為嬪，後封妃。在乾隆的後宮中，香妃地位很高，也極受寵愛，甚至還和乾隆一起下過江南。和傳說中早逝的香妃不同，歷史上的容妃，活了五十歲才因病離世。

◆推薦時間：西元 1840 年

安全指數：★★　新鮮指數：★★★

是年，林則徐被革職，英國發動鴉片戰爭。

第一次鴉片戰爭的直接導火索，是林則徐禁煙事件。林則徐在道光帝的授意下，來到廣州。他勒令外國煙販交出鴉片，並禁止再販賣。如果再有犯者，鴉片沒收，販者就地正法。禁煙活動中，林則徐盡量親力親為。他甚至召六百餘名學子以考試之名，進行了一次問卷調查。此後，林則徐在虎門海灘當中將所有鴉片銷毀，令圍觀者拍手稱快。

◆推薦時間：西元 1900 年

安全指數：★★　新鮮指數：★★★

是年，庚子事變中，慈禧太后下令，殺死了所有外國人——包括公使，並向世界宣戰。然而，可悲的是，僅僅過了一個月，八國聯軍就攻占了天津，又過了一個月，北京城被攻陷，慈禧太后與光緒帝倉皇出逃。圓明園被八國聯軍燒毀，大量文物流失海外。

大事：慈禧下令殺死在華的外國人之後，聽信愚昧的守舊大臣，相信義和團民刀槍不入，試圖以義和團的力量與外國人抗爭。在清廷的支持下，義和團打出「扶清滅洋」的口號，進京勤王。雖然他們拆電線、毀鐵路，攻入了天津租界，然而冷兵器終究不是槍炮的對手，八國聯軍最終攻入北京城，而慈禧則帶著光緒與一些大臣逃亡外地。

◆推薦時間：西元 1912 年

安全指數：★ 新鮮指數：★★★★

　　是年，孫中山在南京宣誓就任中華民國的臨時大總統。一個月之後，清宣統帝退位，清朝滅亡。充滿戲劇性的是，僅僅一個月之後，臨時大總統之位到了袁世凱手中。軍閥混戰在中華大地上拉開了序幕。

　　袁世凱竊取革命成果之後，下令解散中國國民黨，並將國會解散，廢止中華民國臨時約法，將內閣制改為總統制……袁世凱就這麼折騰著，直到西元1915 年，在「人民」的請願下，袁世凱恢復了君主制。他接受皇帝之尊，建立「中華帝國」。他的這一行為遭到孫中山、梁啟超等人的強烈反對，蔡鍔與唐繼堯等人也宣布起義，發動了「護國戰爭」。在多方勢力逼迫之下，袁世凱稱帝的鬧劇終於結束了，他宣布退位，恢復「中華民國」。這麼看來，袁世凱似乎是個徹頭徹尾的「壞人」。然而，1914 年，在袁世凱所帶領的北洋政府的力爭之下，在與日本的「二十一條」談判中，爭取了最大的利益，避免中國成為第二個印度。這麼看來，袁世凱也不是一無是處。

最該去的地方

◆盛京

　　盛京，即今天的遼寧瀋陽市。西元 1625-1644 年，盛京是後金（清）的都城。遷都北京後，成為陪都。後又在此地設「奉天府」，取「奉天承運」之意。

　　盛京分為內城與外城，內城在明朝時，就已粗具規模，只是毀於戰亂。清朝時，努爾哈赤與皇太極都曾重建內城。在內城裡，有故宮、汗王宮、王府、衙門、廟宇等許多建築，是早期清朝皇族們生活之地。

　　而外城，則是在康熙年間建造的。外城面積十餘平方公里，為圓形。其與

方形的內城結合在一起，形如太極。漢式的方與滿式的圓的結合，體現了滿漢文化的融合。

如果你有幸在燈節時來到繁華的盛京城，一定有機會看到一個恍若仙境的世界——滿城五光十色的冰燈，可令你眼花繚亂。這冰燈，可是滿人帶來的新鮮玩意。

◆北京

清朝時的北京，與我們現在所看到的北京，還是不盡相同的。

清朝時，北京城的格局與明時相似，但在建築上有了一些改變。清朝時，對明皇宮進行了翻修與重建，使建築物更加壯觀。同時，也撤銷了明朝時的「皇城」。曾經的內廷供奉機構被改造成為民居，內城中的許多衙署也都被改成了民居。

不過，這些民居並不是所有人都可以居住的。只有滿人，才能在內城居住。而王府，也都修建在內城裡。至於總讓統治者不太放心的漢人們，就只能住在外城了。實際上，外城也並不賴——外城的商業區非常發達。有書記載，清朝時，北京城內的商業會館多達一百八十二所。

另外，大量黃教寺廟與園林，也都在北京城內興建起來，使得城內景致更加優美。

◆廣州

清朝時，廣州是海上貿易的中心。乾隆年間，廣州城成為向許多國家唯一開放的通商港口，廣州十三行壟斷了中國的對外貿易。當時，廣州成為繼北京、倫敦之後，世界上第三大的城市。

廣州城中，有繁華的商館與店鋪。因為這裡遍地是商機，許多外地客商遷

269

入廣州淘金。在帶來資金與人才的同時，他們也帶來了各地的不同文化，帶來了寺廟、園林和各種風格不同的建築。

在清朝末年，各種近代工業都在廣州興起，新式學堂也開始建立，這座城市開始有了現代城市的雛形。這裡，是大清帝國距離西方文明社會最近的地方。

找誰簽名

在清朝，如果時間和條件允許，不妨選擇下列的拜訪對象。

◆海蘭珠

海蘭珠（1609-1641），蒙古科爾沁部人，是孝莊太后的親姊姊，被皇太極封為宸妃。海蘭珠嫁給皇太極時，已經二十六歲。在古代時，這已經算是非常晚婚了。而更加奇怪的是，在史料記載中，海蘭珠二十六歲之前的經歷，完全是一片空白。正是這樣一個如謎一般的女子，獲得了皇太極幾乎所有的愛——不但獲封了「宸妃」這個「不合規矩」的稱號，甚至在她因喪子而病重之時，令尚在前線的皇太極連夜趕回盛京，只為見她最後一面。海蘭珠死後，皇太極更是悲痛欲絕，食不下嚥，甚至昏死過去。此後，皇太極心灰意冷，身體每況愈下，兩年之後也去世了。怎樣，你是否覺得海蘭珠的傳奇與神祕，簡直符合大部分穿越小說中女主角的形象呢？如果你回到清朝，一定要去看看海蘭珠，並且問她：「你不會真的也是從現代穿越回來的吧？」

◆納蘭容若

納蘭容若（1655-1685），原名納蘭性德，清代最著名的詞人之一，著有

《飲水集》。其中「人生若只如初見，何事秋風悲畫扇」一句多被人稱道。納蘭容若是大學士明珠的長子，自幼才華橫溢，十八歲中舉，十九歲因病未參加殿試，三年後，得中進士，深受康熙喜愛，成為一等侍衛。納蘭容若二十歲時，與盧氏成婚，三年後盧氏因難產而去世。此後，容若多有緬懷之作。可惜的是，天妒英才，納蘭容若三十歲時，就因病去世了。有一個有趣的小段子不得不提——年羹堯就是納蘭容若的女婿。

◆ **曹雪芹**

曹雪芹（約 1715-1763），名霑，字夢阮，號雪芹，《紅樓夢》的作者。曹雪芹生於豪奢之家，康熙下江南時，曹家接駕四次，可見聖眷之深。曹雪芹自幼見慣世間繁華，但在他少年時，隨著雍正皇帝的繼位，曹家的榮光一夕之間如風雲盡散。曹家被迫從江寧遷回北京，而生活境況也變得非常窘迫。世態炎涼，讓曹雪芹對世界有了更多感慨，也促使他寫出了《紅樓夢》這部奇書。若你去見曹雪芹，一定不要忘了問他，在他的設定裡，《紅樓夢》到底有怎樣的結局？而那個化名「脂硯齋」的人，真的就是史湘雲的原型嗎？《紅樓夢》中的一眾奇女子，是否都有原型呢？這麼多的問題，等著你去尋求答案。

◆ **和珅**

和珅（1750-1799），原名善保，滿洲正紅旗人，曾任大學士、軍機大臣、翰林院掌院學士、步軍統領等要職。其子為乾隆最寵愛的十公主之額駙。歷史上的和珅，並不是電視劇裡的猥瑣老頭；相反地，他是個相貌堂堂的帥哥。和珅不但擅長文墨，在武藝方面也絲毫不落下乘，堪稱全才。他不但精通滿、漢、蒙、藏語，甚至還能在馬戛爾尼訪華時，充當英語翻譯。和珅把乾隆皇帝的性格摸得很透，加之才幹出眾，成為乾隆皇帝最寵愛的臣子。藉著聖寵，和珅也

貪了許多錢，以至於後來嘉慶即位抄和珅家時，所獲頗豐，民間甚至有「和珅跌倒，嘉慶吃飽」的說法。其實，和珅年輕時，一心報效國家，是個清廉的官員。只是後來受不住誘惑，才在貪污之路上愈走愈遠。如果你能見到年輕時的和珅，一定要告訴這個年輕人，守住自己的本心，不要重蹈歷史的覆轍。

◆慈禧太后

慈禧太后（1835-1908），姓葉赫那拉氏，咸豐帝的嬪妃，生子載淳，即同治帝。後來，慈禧聯合恭親王發動了辛酉政變，誅殺了八大臣。同治帝即位後，慈禧開始垂簾聽政。後同治帝早夭，光緒帝即位，慈禧在宮中權力愈來愈大，皇帝已成為如同傀儡一般的存在。慈禧沉迷享樂，並在這上面斥資甚巨。更令人扼腕的是，在慈禧的授意下，清政府在與諸列強的鬥爭中，慣會服軟，以至於簽下許多喪權辱國的條約。如果你有機會見到尚未坐上太后之位的慈禧，一定要在她的宮鬥之路上使些絆子，讓她無法獲得咸豐帝的寵愛——就算是為了中華人民著想吧……

特別補充

◆宮廷選秀

如果你看過許多清穿小說，那麼，你一定對那些介入「九龍奪嫡」故事的穿越女們非常感興趣。她們運用自己的現代知識，使得自己所支持的皇子，在奪嫡之路上走得更加順利。

看到寵冠後宮的穿越女們，你是否也想要去「宮鬥」一番呢？

但是——先別急，你得先弄明白，怎麼才能和皇帝的兒子、侄子，或者皇帝本人攀上關係。

如果你想要和皇家貴冑有點糾葛，首先，你得進宮。這皇宮可不是那麼容易就能進去的。如果你穿越成一個普通漢人女子，這輩子入宮基本上就沒戲了。你得是一個旗人。如果是滿人或者蒙古人，那是最好的。如果屬於漢軍旗，也有機會進宮。再不濟，你也得是個包衣出身，才能參加選秀。

　　而這選秀，也分為兩種。第一種，是三年一選的。這一種，選的是滿蒙漢八旗人家裡十三到十七歲的女子。第二種，則是一年一選，選的是上三旗包衣人家十三歲到十七歲的女子。如果你參加的是第二種選秀，那麼你要出頭的機率不算大，因為這種選秀選的是宮女。你進宮之後，多半是做些端茶遞水的活。如果你夠幸運，也許會被皇帝臨幸，這樣你就能成為品位較低的嬪妃。但實際上，大部分宮女都是在皇宮裡工作到二十五歲，然後出宮嫁人的。

　　下面重點要說的，是第一種選秀。這種選秀，選的是「主子」——將來的嬪妃，或者皇子王爺的福晉。

　　如果你穿越成一名旗人女子，那麼，下面的步驟你就要聽仔細了。

　　參加選秀，第一關是「體檢」。如果你身上有殘疾、病痛，或者長得比較抱歉，那麼你就沒法去選秀了。

　　第二關，通過了「體檢」的秀女們，都要乘坐騾車去京城，進宮候選。當然，每三年入宮的秀女們數量眾多，這入宮的順序，也有講究。如果你家有個親戚在宮裡當嬪妃，那麼你就可以排在前面。如果你上次參過選，這次是來「複試」的，那麼你可以隨後。排在最後的，就是沒啥背景，第一次來選秀的姑娘們了。

　　進宮後，你一定要好好拾掇自己，注意儀態——因為，接下來你就要見到太后或者皇后了。你會被安排和數個秀女站成一排，讓上位者選閱。注意，你一定不要試圖進行一些比如抹花粉、引蝴蝶之類的小動作。因為，大清帝國甄選后妃的兩條標準，是「品德」和「門第」。品德，即是說能夠被選中的秀女，一定要寬和、大方、矜持……總之，就是傳統的大家閨秀。而門第，簡單來說，

就是「拚爹」了。一個好的家世，能讓秀女更容易獲得聖眷。

　　選秀時，很多人都會被淘汰——即「撂牌子」。被「撂牌子」的秀女們，就可以回家了。而「留牌子」的，則有可能會被皇帝自己看中，或者指給某個宗室子弟。

　　說到這裡，想必你也對清朝選秀的制度比較了解了吧？如果回到清朝的你，能夠好運地被留牌子，也不要高興得太早——因為，完全有可能出現一種恐怖的情況：宮中某個貴人看你不爽，故意留下你的牌子，卻又不給你指婚。這樣，你就只能一輩子不嫁了。

　　另外，就算你真的能夠成為皇帝的枕邊人，也不一定是一件好事。因為，進宮之後，你就很難再見到自己的家人，也許終生都被桎梏在這深宮當中了。

　　何況，剛剛被選上的你，一般都是最低等的「答應」或者「常在」，頭頂上，還有許多高位的嬪妃，掌握著生殺大權。也許，你一個不小心，就會丟了性命。

　　總之，宮門有風險，你可要謹慎啊！

◆老饕們看過來

　　「民以食為天」，回到清朝，飲食問題，是你不得不考慮的。在這裡，就為你介紹介紹清朝的美食，你如果有時間，一定要去嘗個遍。

　　清朝的統治者來自於東北，所以滿人的飲食有著東北的淳樸之風。

　　入關以後，滿人為保持自己的特色，在飲食方面還是保留著滿人的傳統。各種原汁原味的野味，時常出現在皇親國戚們的餐桌上。北京城裡甚至還有專門的關東貨場，供滿人百姓購買「家鄉的味道」。

　　不過，清朝皇宮的餐桌上，還是遠遠不只有這些來自東北的豐厚之味。漢人的飲食，也占據了一席之地。從最能體現清朝宮廷飲食的「滿漢全席」上，

就能看出這一點。

「滿漢全席」一共包含了五十六種大菜。各種滿漢的代表性美味，在席上都可以看到。實際上，滿漢全席雖然看起來奢侈，但對於宮廷飲食來說，也只是小意思而已。在清朝末年，國力已衰弱之極時，宣統帝的早餐尚且有數十樣菜色，如口蘑肥雞、櫻桃肉山藥、黃燜羊肉、羊頭片汆小蘿蔔、五香乾、烹白肉、鴨條溜海參、驢肉燉白菜、花椒油炒白菜絲、鹵煮豆腐、熏肘花小肚……

數量之多，不可一一枚舉。但就這些菜名，已看得人眼暈。實際上，清朝時不只宮廷飲食精緻，民間美味也不遑多讓。清人李漁與袁枚，都是具有代表性的美食家。他們的意見，代表了當時大部分文化人的飲食品味。李漁愛吃螃蟹，認為最好的吃法，是全蟹蒸熟，再自己解蟹殼，慢慢吃，這樣才最原汁原味。再說袁枚，愛吃燕窩。他吃燕窩的方法，非常麻煩：用泉水浸泡二兩燕窩，去掉裡面的黑絲，用嫩雞湯、好的火腿湯、嫩蘑菇煮這燕窩，等到燕窩成為玉色了，就可以吃了。

另外，《紅樓夢》中所描述的美食，也令人饞涎欲滴。就拿茄鯗和荷葉小蓮蓬湯來說吧。茄鯗，是將茄子皮去了，切成丁。然後用雞油炸過，同雞脯肉、香菇、筍、蘑菇、豆腐乾、乾果，一起切碎，拿雞湯煨乾了，以香油收了，與糟油拌了，放在瓷罐子裡面密封。要吃時，取出一些，與雞肉一起拌好了便好。其製作流程之複雜，堪得上「食不厭精、膾不厭細」了。再說荷葉小蓮蓬湯，是將麵以銀模具壓製出蓮蓬、荷花的樣子，配上雞湯，荷葉水煮熟便好。這個倒是不複雜，但是很精巧、細緻，有些「風雅」的意思。

最後，再講一講點心吧——不論在哪個時代，點心都是非常具有時代特色的。紀曉嵐曾作詩讚京都杏仁茶味道好，這杏仁茶，是一甜杏仁精加大米麵、桂花、糖，煮熟而成的，是北京一大特色。小窩頭，則是用細玉米麵、黃豆麵、白糖、桂花和溫水做的。非常細膩，入口甜軟。有詩云：「百黏江米入蒸鍋，什錦餡兒粉麵搓。渾似湯圓不待煮，清真喚作艾窩窩。」艾窩窩一般在每年春

275

節時上市，賣到秋初才下市。北方小吃，還有臭豆腐，最有名的是「王致和」的。酸梅湯，是宮裡傳出來的。餑餑，分大八件兒及小八件兒，就是各種糕點。至於南方小吃，有叫花雞，將生雞裹泥烤熟。廣東及第粥，內有肉丸子、豬肝、豬腸粉……從宮裡吃到民間，再從北方吃到南方，你一定能夠獲得超前的滿足。

◆花樣娛樂

　　來到清朝，好吃的嘗過了，好玩的，你當然也都要體驗體驗！接下來，就給你送上一篇清朝娛樂攻略吧。

　　廟會，早在遠古時期就已經存在了。但是，清代時的廟會，比之前的任何一個朝代都要熱鬧繁華，商業氣息也更重。清朝早期的廟會，在報國寺一帶最興盛。到了康熙年間，護國寺與隆福寺也相繼開設廟會，共稱東西兩廟。隨著兩廟興盛，北京城內城的商業也愈加繁榮。在廟會上，你可以看到各種演出：木偶戲、高蹺、古彩戲法、雙簧……非常熱鬧。如果你喜歡民間小玩意兒，在廟會上也能買到，如麵人、走馬燈、空竹、九連環、糖人、假面……樣式新巧，價格不貴，帶一兩件作紀念品，最好不過了。

　　說到清朝，還有兩個娛樂活動不得不提——鬥蟋蟀與熬鷹。清朝時，鬥蟋蟀的活動非常盛行。北京甚至有「以蟲會友」的「封盆」格鬥，你也可尋一隻蟋蟀，去參加試試。記住了，你選蟋蟀時，要沒有四病——仰頭、卷鬚、練牙、踢腿。顏色也是黃色最上，赤次之，黑再次，白最下。要是你能贏了，還能獲得許多彩頭呢。

　　熬鷹，是八旗子弟們非常喜歡的一項娛樂活動。得到一隻好鷹——如「海東青」之類的品種後，將之困住，使牠無法睡覺。一連幾天，鷹野性消磨，便服人管了。此後，還要訓練鷹聽懂口哨，替人捕獵……大概過半個月，鷹能聽

人訓練，便算是熬成了。帶著鷹去外面狩獵，一聲呼哨，那鷹便飛去捕捉獵物，真是拉風極了。

如果你喜歡劇烈一點的體力活動，搶球和轉龍射球都是你不可錯過的。這兩項活動，都是穿著底部綁著鐵條的「冰鞋」，在冰上進行的。搶球時，一人將皮球踢出，餘下眾人速滑而出，追搶那球。搶到後再踢出，如此反覆多次，搶到球的次數最多者獲勝。

轉龍射球，即在一門上下懸「天球」與「地球」，參賽者三人一組——一個舉著旗子在前面，兩人舉著弓箭在冰面滑行。經過懸球的門時，兩個持弓者一射天球，一射地球。射中次數多者勝。

逛茶館，也是一項具有清朝時代特色的娛樂方式。在老舍的話劇《茶館》中，就能窺出，清朝遺民們仍舊熱愛著這項活動。清朝時，不論南北，各地的茶館業都非常興盛。北京的茶館，有名的就有大柵欄的馬思遠茶館、永順軒、五合軒、高明遠、東鴻泰……統共數十家，而遍布胡同裡的小茶館，就更是不計其數了。那些高級茶館，大都裝飾華麗，陳設講究，客人在彼處除了可以喝茶，還能吃飯用點心。

如果你嫌北方茶館還不夠講究，可去揚州。揚州茶館大都建在園林中，環境優雅，且點心也更加精緻。在清人李鬥的記錄裡，揚州的茶館「樓臺亭舍，花木竹石，杯盤匙箸，無不精美」。而且，這些茶館的名字，如「雨蓮」、「小方壺」、「品陸軒」之類，聽來也更加風雅。更值得一提的是，揚州茶館中供應的小吃，也極有特色：雙虹樓的燒餅、二梅軒的灌湯包子、文杏園的燒賣、小方壺的菜餃，都是極品。而那些沒什麼名氣的小茶館，也有各種糕點，值得一試。

除了北京、揚州兩地，成都和廣州的茶館，也都各具特色。

其實，清朝人逛茶館，不單單是為了喝茶，更多的是為了與朋友聚會聊天，或者是來聽戲的——北京的一些大茶館裡，都有精彩的曲藝表演。

不過，如果你想要聽戲，還是得專門上戲園子，或者去宮裡，才能更真切地體會其精髓。

在紫禁城中，有十餘座戲臺。最大者有三層，修建得非常華麗。宮中的戲，有昆曲、秦腔、徽調、弋陽腔。你若想要欣賞其他地方戲，也能遂願。乾隆年間徽調四班進京之後，京劇漸漸衍生。如果你是個京劇票友，那就有福啦！

中國歷史穿越指南：逛名城、訪美景，跟歷史人物聊八卦
原書名：《回到古代去旅行：逛名城、訪美景，跟各朝大咖聊八卦》

作　　　者———解愛芹
設　　　計———呂德芬
內頁排版———林鳳鳳
特約編輯———劉素芬
責任編輯———劉文駿
行銷業務———王綬晨、邱紹溢
行銷企劃———曾志傑、劉文雅
副總編輯———張海靜
總　編　輯———王思迅
發　行　人———蘇拾平
出　　　版———如果出版
發　　　行———大雁出版基地
地　　　址———台北市松山區復興北路 333 號 11 樓之 4
電　　　話———（02）2718-2001
傳　　　真———（02）2718-1258
讀者傳真服務—（02）2718-1258
讀者服務 E-mail—— andbooks@andbooks.com.tw
劃撥帳號 19983379
戶　　　名　大雁文化事業股份有限公司
出版日期 2023 年 10 月 三版
定　　　價 400 元
ISBN 978-626-7334-41-6
有著作權・翻印必究

國家圖書館出版品預行編目資料

中國歷史穿越指南：逛名城、訪美景，跟歷
史人物聊八卦／解愛芹著 . – 三版 . – 臺北市
: 如果出版：大雁出版基地發行 , 2023. 10
面；公分
ISBN 978-626-7334-41-6（平裝）

1. 中國史　2. 通俗史話

610.9　　　　　　　　　　112014174

如果